音楽のある部屋

ディレッタントの流儀

ITO
MITSUMASA
伊藤光昌

春秋社

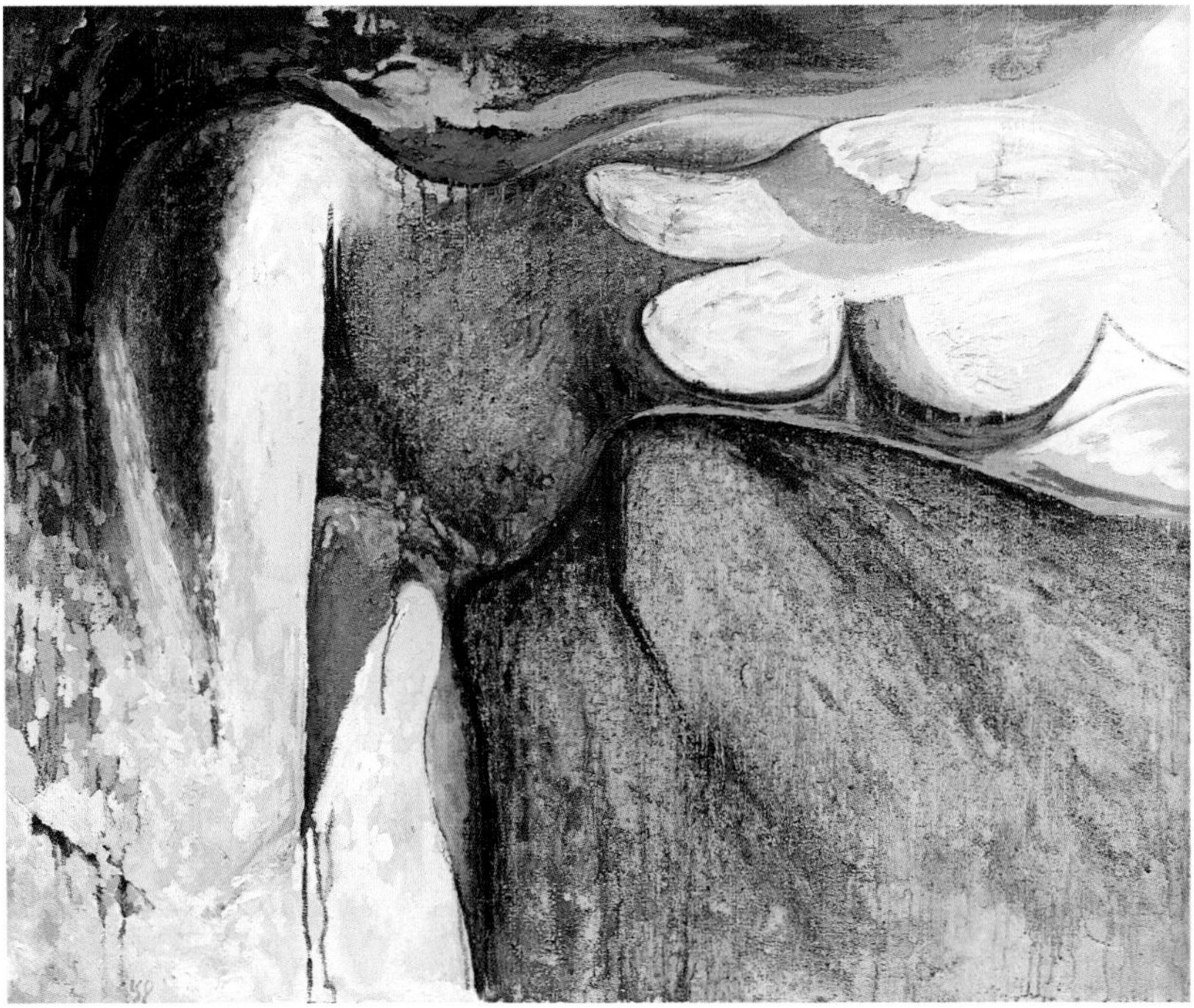

飯田善國

『宇宙的な泡』

1955 年頃

油彩・カンヴァス　80.7×100.2

目次

PART Ⅲ　音楽の「昨日の世界」と今日　ゲスト　矢部達哉

音楽のある部屋

ディレッタントの流儀

PART I

出会いの風景、人々の跫音

インタビュー構成&エッセイ

1　青春のベルリン

僥倖《ぎょうこう》という言葉があります。私の半生、とくに若い頃は僥倖の積み重ねだったのではないか、と思うときがあります。何か眼に見えない縁としか言いようのない偶然の賜というのでしょうか。そこにはたくさんの人との出会いがあって、私の中でいまも生きている、そんな感じがします。ここで私は、そうした人々について、ささやかなスケッチを試みようとしております。多少、私自身のことにふれることもありますが、あくまで語り部の立場でいようと思います。

1.　父のこと

▼本書の著者、伊藤光昌《みつまさ》は、昭和一四年、千葉県御宿《おんじゅく》に、父・庸二《ようじ》、母・静子《しずこ》の三男として生まれた。

祖父（鬼《き》一郎）は早くに亡くなったので、接点はありません。初等教育と女子教育に専心した人というふうに聞いています。千葉県の御宿尋常高等小学校の校長を長年つとめておりました。

明治の初め、台風で学校の校舎がことごとく倒壊。再建するにもお金はない。どうしたものかと考えて、町に二七〇軒くらい住居があって、九年間、それぞれの家から毎日五厘ずつ集め、それが学校を再建する資金となり、千葉県御宿町に「五倫黌《ごりんこう》」が誕生します。

五倫黌、その「リン」という字は、海軍出身の識者がいて、お金の五厘ではなく、儒教にある「人として守るべき道」、五倫の「倫」がふさわしい。それで、五倫黌と命名したということです。私はそこ（御宿小学校）を卒業しております。

祖父は平和主義者で、世界を平和にするためには初等教育でどういう指導をしているか、各国の教育のありようを理解し合うのが大切だという考えで、世界中の初等教育の教科書を集める活動をしておりました。

現在もこの活動は続いております。

▼父・庸二は海軍の技師として、日本最大の技術者集団〝海軍〟の象徴的存在であったという。

父は東大時代に海軍の委託生となり、海軍に入隊して二〜三年してのち、一九二六年から二年半、無線用真空管の研究でドイツへの留学を命ぜられ、ドレスデン工科大学のハインリヒ・バルクハウゼン〔Heinrich Barkhausen：1881-1956〕教授（電気工学）に弱電工学を学び、博士号を取って帰ってきました。

父の教育方針にこういうのがありました。男子は公立へ行くこと。理工系の場合は東北大学、文化系は東大ほかどこでもいいということでした。その伝に従って、長兄と弟は東北大学、次兄は文化系で東大に進みました。私だけ好きなことしかやらなかったものですから落第しまして、なんとも父親の期待に沿えなかったわけです。

とにかく大変厳しい人でした。私なんか怒られてばかりでしたが、今考えてみると、やはり非常に筋が通っていたんです。ただ、私が高校一年のときに五四歳で亡くなった。本当におやじが必要なときにいなかったという、これは非常に残念なことです。いろいろと父から学べたかも知れませんね。逆に、もし長く生きていたら、ぐうたらになっていたのかもしれないという思いもありますが（笑）。

▼《伊藤庸二造兵大尉（のち大佐）は、海軍の電子技術を育てた草分け的な存在である。しかも、単なる補助兵器の域を出なかった電波技術を索敵、攻撃兵器に応用すべきだと早く提唱していた逸材でもあった。》（中川靖造『海軍技術研究所―エレクトロニクス王国の先駆者たち』、光人社、二〇一〇年）

さらに、「科学的探究を重んじる天才技術者タイプ」で、「電探（レーダー）の開発のリーダー的存在」であり、かつ「電波研究の現場主義と反骨精神の持ち主」であったという。そうしたユニークな軍人ないし科学者としての奮闘ぶりは阿川弘之の小説にも登場する。

父の仕事は、ある程度は知っておりました。とはいっても、まだ子供でしたので。父に連れられて光輪閣《こうりんかく》に行った記憶があります。高松宮様と昵懇にしていた、という言葉が正しいのかどうかわかりませんけれども。勝浦に海軍の基地があって、宮様はよく勝浦に来られていた。「伊藤君の家はこの近所だろう」と、立ち寄られたこともあったそうです（昭和一四年のこと）。現在、来臨された石碑が建てられています。

軍人としての父のこととあわせて、私の中の戦争の記憶としてまざまざと残っているのは、疎開先での爆撃音です。

一九四五年五月二〇日、ひときわ大規模な東京大空襲があるんですが、このときに母方の祖父母が亡くなっています。大人というのは泣かないものだと思っていたのですが、母の涙を初めて見ました。

私たちは甲府の太田町というところに疎開しておりました。父が情報を得て、近々甲府への敵機来襲があるから直ちにそこを離れるよう知らせてきたんです。それで近所の人たちにも伝えたのですが、誰も信じようとしない。それほどに平穏だったんです。でも、母は父の言うとおりに、子供たちを連れて静岡県の島田へ向かいます。汽車に乗って暫く行くと、案の定、すさまじい空襲が始まった。その爆撃の轟音は今でも耳に残っています。それで、甲府は全滅してしまう。海軍の火薬庫があって、それが敵に察知されていたらしい。郷里の御宿は、海岸沿いにあるので艦砲射撃の恐れがあるからと離れていたんですが、皮肉なことに御宿は被害なしでした。

▼終戦後、伊藤庸二は「海軍技術史」の編纂の仕事に携わる。昨今、ロボットに象徴される自動制御技術は艦砲の射撃盤装置の延長にあるといわれている。日本のエレクトロニクス開発は電波技術の開発と深く関わっている、とも。海軍に託されたもろもろの技術開発は、次世代の科学研究に受け継がれることになる。

こういうことは私の兄のほうがよく知っているんですが。当時、軍事機密書類はすべて焼却命令が出されていました。そんなことをしたら、せっかくの研究の蓄積が無駄になってしまう。そう危惧した父は、海軍の技術電波関係の貴重な書類を御宿の生家に運ぶことにしました。海軍の技術史を後世に残そうと、それは必ずや日本の将来の技術復興に役立つと考えたんです。別途、太平洋戦争史の編纂プロジェクトが進んでいたこともあって、父は方々に散らばっていた技術資料を極秘に集め、占領軍に没収されないようにしていました。大きな軍用トラックで二〜三台の厖大な分量でした。

後日、そうした電波技術が今日のさまざまな分野に影響を与えていたということがよくわかってきます。技術面で言うと、ドイツやアメリカと競争していたらしいのですが、日本もすぐれたものを持っていたわけです。だから、将来は協力し合って実用化していくべきだ、と。

▼伊藤庸二の若き日には軍人技術者とはまた別の面があった。ドイツで長くベストセラーになっていた『Der Struwwelpeter』という絵本を翻訳して出版している（邦語タイトル『ぼうぼうあたま』）。

これはドイツの幼児教育の絵本です。医師のハインリヒ・ホフマンという人が一八四八年に出版して、連綿と読み継がれてきたものです。我々兄弟はこの絵本で育ちました。後年（一九八一年）、フランクフルトにハインリヒ・ホフマン協会が設立されて、私もその活動に加わります。これにはゲアハルト・H・ヘルツォークという素晴らしい推進者がおりました。このことはあとでお話しします。

2. 留学

▼幼児の頃に父が持ち帰ったSPレコードに親しみ、そこから音楽への関心が始まる。中学でヴァイオリニストの友人がいて、高校では絶好の音楽環境にあって、クラシックが身近になるも、一方でにわかに進学問題が…。

父が亡くなって、高校生の私は、できそこないの自分にますます自信がなくなって行ったんです。そんな矢先、面倒見のいい伯父（日本無線、マグネトロンの開発者）から、とにかく進学しろと、旧制の武蔵高等学校（新制の武蔵大学）に入学することになりました。

早くここを出ることばかり考えていたんですが、三年生になって経営工学という分野に進んで、財政学の佐藤進先生のご指導を仰ぐことになったんです。

ある日、佐藤先生から「伊藤君、将来どうするつもりかね」といわれて、即答できずにいたのですが、兄貴たちがアメリカに行っていたものですから、「二〜三年、アメリカで遊んでくるのもよいでしょうか」と、暢気に申しましたら、苦笑いされて、「いまはアメリカばやりだけど、文化は欧州だよ」と。ドイツ留学の経験のある先生ゆえのアドバイスだったたかもしれません。

大学一年の時、留学中のシュテフィ・シュミット博士と田園調布駅で偶然に出会い、親しく交際するなかでドイツ語を教えてもらったりしていましたから、私にとってはまたとないチャンス到来となったんです。これまた僥倖に恵まれたと言うべきでしょうか。

▼一九六三年の一〇月、ドイツ留学。東西冷戦下のベルリンを選んだのは……。

ドイツに行く決心をしたのは、大学の佐藤先生のアドバイスでしたが、あえてベルリンにしたのは、亡父のドレスデン工科大学留学時代に同級生で親友のマルティン・クルーゲ博士から勧められてです。シュテフィ・シュミット博士からの後押しもありました。

シュテフィ・シュミット博士はベルリンに住まわれていて、近くでいろいろお世話できるから、こちらに来なさい、と言われていたんです。彼女は、一九二二年、ベルリンに生まれ、専攻は民俗学です。東京学芸大学で浮世絵を研究するため、ドイツ学術交流会（ＤＡＡＤ）の奨学金を得て来日していました。日本に着いて三日目、駅の改札口で、たどたどしい日本語で渋谷行きのホームを尋ねられ、私も同じ方向だったのでご一緒したのが、お付き合いの始まりでした。

以来、我が家にもよくやってきて、日本の習俗など興味津々、それこそ矢継ぎ早の質問攻めに。そのたびに説明が大変でした。好奇心は絶え間なく、「地獄絵」を見たいということで、ドイツ大使館の領事部が特別に手配をしてくれて、一緒に奈良県天理市にある長岳寺に赴いたことも。彼女の日本文化への眼差しには深い共感と愛情が含まれていました。

私はベルリン生活の三年間、彼女からドイツ語のみならず、ドイツおよびヨーロッパの文化を教えてもらいました。いまでもそのことに感謝しています。

ベルリン行きを強く勧めてくれたもう一人、マルティン・クルーゲ博士は、本来はドレスデン工科大学のバルクハウゼンという偉大な教授の後継者になるべきところ、ナチス支配下での学問の自由に危機を感じて、産業界に転じたんです。戦後、ドイツの電機／情報通信機器メーカーSEL社［Standard Elektrik Lorenz］の筆頭重役を務められた方です。

私はドイツでは、ベルリン工科大学［Technische Universität Berlin］で三年間、経営工学を専攻しましたが、在学中、クルーゲ博士のおかげでSEL社の本社（シュトゥットガルト）の工場で、十ヶ月ほど工場管理の実習をさせてもらいました。実際の現場で、切削加工の時間をSEL社の基準に則って測定し、評価する仕事です。ドイツではREFAシステムという標準作業時間を設定するシステムが浸透しており、SEL社はそれをもとに社内規格を設けていました。

▼REFAは、一九二四年に設立された「労働時間決定のための帝国委員会［Reichsausschuß für Arbeitszeitermittlung］」に遡ることのできる組織で、現在は、仕事の設計、会社の組織、会社の発展の分野における科学と教育の推進を行うことを目的としている。

標準作業時間は、実質作業時間に損失時間を加算するのですが、REFAシステムでは、損失時間としてトイレおよび一休みする時間（休憩ではなく作業中に一服する時間）を長年にわたって測定し、そのデータをもとに料率が計算されていました。SEL社は社員六万人ほどの大企業でしたが、ここでの実習は後々非常に役に立ちました。

私は、クルーゲ博士の許でみっちり直接のご指導をいただきました。毎日、その日私が行ったことの詳細を報告書にする、もちろんドイツ語で。そして、添削して戻されます。厳しい人でしたが、非常に愛情あふれた方でした。

シュテフィ・シュミット博士とマルティン・クルーゲ博士の二人のほかに、ドイツでお世話になった方にもう一人、エーリヒ・シェーファー博士がいます。シェーファー博士も父の親友で、バルクハウゼン教授の研究室で助手をしていた方です。父の性格をよく知っていて、「ドクトル・イトウは誠実で天才的な技術者だけれども、ドイツの文化や習慣を知ろうとして一生懸命だった」と懐かしがっておられました。彼は東ドイツに住んでいて、最終的にはライプツィヒ放送局の局長を務めていました。引退してのち、お嬢様が東にいたものですから、東に留まりました。晩年ももちろん毅然としておられましたが、必ずしも幸せじゃなかったんじゃないか、という気がしてなりません。

▼一九六〇年代の冷戦構造はかなり厳しい状況ではあったが、政治体制とは裏腹に芸術都市ベルリンは活況を呈しているように見えた。

ベルリンは特殊な都市《まち》でした。東西ドイツが分かれていて、西ベルリンは東ドイツのなかの孤島のように、英仏米の三国管理で、しかも壁に囲まれて存在していました。ただし、西ベルリンにはジーメンスがあり、テレフンケンがあり、さらにはAEGなど大企業がたくさんありました。それは政策的な思惑がはたらいていたと、私は今でも理解しております。何とかして西側陣営は西ベルリンを保っていこうとしていたし、もしそこが失われていたら、西が主導した吸収合併というのはなかったと思います。

考えてみれば、両大戦間には首都として、また世界の文化を牽引する都市の一つとして機能してきたのがベルリンだったわけですから。かつての栄華を取り戻すことが想定されていたかどうかわかりませんが、ともあれ西側陣営は、西ベルリンを維持しようとかなり力を入れていたようです。クラシックからポピュラーまで、欧米の一流芸術家・演奏家がひっきりなしにやってきました。東は東で、それに対抗するかのように、ソヴィエト、東欧圏の一流演奏家が来て、しょっちゅうコンサートが開かれていました。

▼留学生活も一年を経て、少し余裕が出てきたところで、コンサートやオペラに通い始める。あこがれの本場のクラシックに接することができるとあって好奇心全開となる。

私が感じたのは、やはり向こうの聴衆は、素直に音楽に耳を傾けるといいますか、ごく自然な形で音楽に溶け込むような印象を受けました。というのは、当時の日本だと、どこか構えるような余所《よそ》行きの雰囲気があったと思います。当時、クラシック音楽といえば、限られた人の高尚な趣味といった感があって、一般大衆向けではなかった。ところが、ドイツでは、本当に生活にとけこんでいました。

それはどこから来ているのかと時々考えることがありましたが、なんといっても教会が大きな役割をもっていたんじゃないか、と。向こうの子供たちは、物心つかないうちから教会に通っていて、日曜日は必ずミサで音楽をやっている。もっぱらプロテスタントの教会ですけど、私もよく教会に音楽を、主にバッハのカンタータやミサ曲を聴きに行きました。

だから、そうした歴史と伝統の希薄な日本だと、どうしても教養主義的になってしまいがちなんです。私にもそういう傾向がありましたが、一九六六年、プラード音楽祭でカザルスを聴いて、完璧に打ちのめされてしまいました。音楽をからだ全体で味わうというか、解説なんて要らないという気持ちにさせられたんです。この衝撃は一過性のものなどではなく、部屋にある音楽書を全部捨ててしまったほどです。

ザクセ家の命運　東ドイツの人々 I

ベルリンの壁（一九六一〜八九）が崩壊して三〇年になる。一九六三年から六六年まで、その壁の中に三年間暮らし、東西の政治的緊張を西ベルリンで体験した。一九六一年八月にベルリンの壁が建造されて二年余、東西のイデオロギーの対立が最も激しかった時代であった。西ベルリンでの生活は、私のそれまでの世界観を変えさせることにもなった。

一九六〇年のこと。東ドイツから父宛に一通の葉書が届いた。ドイツ文字の手書きであり判読に苦労したが、文面は、「ドクトル・イトウ、戦中戦後の困難を乗り越え、息災でいるか」との簡単な問い合せで、差出人は、ヨハンナ・ザクセ［Johanna Sachße］という夫人からであった。父は、一九五五年に亡くなっていたので、私が習いたてのドイツ語で、彼女にそれだけを伝えた。しばらくして長文の手紙が送られてきた。その手紙は、東ドイツの重なる検閲を受けて、到着までに手紙の日付より半年近く要していた。彼女は、一九二〇年代後半から三〇年代前半を、ドレスデン工科大学外国部に勤務しており、外国人留学生を担当し、それを通じて留学中の父を知ったことがわかった。その手紙の行間から、東ドイツの生活が幸せでないことが読み取れた。

私の西ベルリン時代（一九六三年一〇月〜六六年一〇月）、彼女に東ベルリンで会えないか連絡をとった。三ヶ月後、開封され検閲を経た手紙が届き、東ベルリンに行くことは事情があって不可能なので、自分を訪ねて来てほしいと言ってきた。東ドイツを経験する良い機会と考え、六四年一二月六日から九日の三日間の旅程で彼女を訪ねた。ザクセ家の居住地ブッシュ・アルトマルク［Busch Altmark］は、西ベルリンの北西、東ドイツとの境界線からハンブルク方向約五〇キロに位置した。東ベルリンからローカル線を使って、約三時間半の行程である。西ベルリンから直接行くことができれば、一時間余の所であるが、当時は、西ベルリンから東ドイツに入るには、東ベルリン経由が義務づけられていた。

ブッシュ・アルトマルクは、オスターブルク市の郊外約一〇キロ北西に位置し、戦火は免れたものの寂れた寒村であった。三〜四〇軒くらいの集落で、人口は二〇〇人足らず。食料品を売る店が一軒あるだけで品物は置かれておらず、休業状態であった。舗装も壊れ、至る所に水たまりがあり、曇っていたせいもあり、陰鬱な雰囲気であった。

数年前に亡くなった彼女の夫は、農学修士であった。ザクセ夫人によれば、社会主義体制前の高等教育修了者は、入党しない限り特に冷遇されて、その家族の子供たちは、原則、高等教育を受けられなかった。夫は党員になることを拒んだために冷遇されて、ザクセ家は、一九五〇年代半ばにこの地に配属された、と夫人は言っていた。

ザクセ夫人の話は、主に現体制への不満と、東ドイツの一般市民の生活の不自由さについてであった。お茶の時間になり、下校した二人の子供たち姉弟が話に加わった。彼女は、愚痴として出る体制批判を子供たちが聞き、自由世界を知らない彼らの考えに影響を与えることを恐れていた。彼女によれば、東ドイツは、ナチス体制を全面否定しながら、多くの制度を踏襲し、特に密告制度は、さらに組織化されて、近所付き合いの会話でも発言に細心の注意を要するとのこと。現に、数年前の村会での彼女自身の愚痴が、体制批判と取られて密告されて以来、党の監視下にあり行動が制限されて、すべての手紙のやり取りが検閲されていた。それにより、ザクセ夫人は、彼女の住んでいる自治体の外には原則出ることを許されず、それが東ベルリンへ来られない理由であった。

その日も私が来ていることを自治体は解っているので、どこかでザクセ家を監視し、近隣の人々は好奇の目で私たちを見守っているはずだとのこと。私の訪問が、ザクセ家に迷惑が掛からないかと尋ねたが、貴方は西からのドイツ人の訪問でなく、日本人（外国人）であるので、問題ないと言っていた。

昼食（ドイツの正餐）をご一緒したいと、前もって連絡しておいたが、一〇キロ以内のレストランは全て開店休業状態とのことで、結局、彼女の作ったオープンサンドを食べることになった。お茶の時間は、彼女手作りのリンゴパイと、コーヒーに似た飲み物が出された。東ドイツの一般市民は、コーヒーとチョコレートを入手できず、雑穀を焦がして挽いたものを飲んでおり、それは何とも言えぬ不思議な味だった。また、果物もリンゴ以外ほとんど手に入らなかった。私はその状

ザクセ家

況を聞いていたので、持ち込みの許される量のコーヒーとチョコレート、バナナを持参して喜ばれた。

ザクセ夫人は、東ドイツ体制の言論・行動の制約及びザクセ家への扱いに、精神的に疲れ切っていた。別れ際に「私は、六〇歳になるのを楽しみにしている。六〇歳になったら、東独難民として、西ドイツに移住ができるから。勿論、子供たちとの別れは悲しいが……」との言は、私の心に重く響いた。東ドイツは、男性六五歳以上、女性六〇歳以上の年金生活者の西ドイツ移住を歓迎した。しかし、決められた僅かな西マルク（この場合のみ、東独住民は、東マルクと西マルク1対1で東ドイツで交換できた）と、衣類や洗面用具以外の私物持ち出しは禁じられていた。

彼女は、言葉通り西ドイツに移住、ケルンの東独難民施設に入っていたが、ドイツ再統一を見ずして亡くなった。一九八〇年代初頭、ケルンに彼女を訪ねたが、ベッドと机、小さな箪笥と小型テレビが置かれているだけの狭い部屋に住んでいた。子供たちにも会えず、果たして彼女の欲していた西ドイツの生活が東ドイツより幸せなのか、私は疑問に思った。

ザクセ家の子供たち、エリカとゲアハルト姉弟は、この環境下でのびのびと育っていた。二人とも秀才で成績優秀、それが評価されて、

ザクセ家の裏庭にて
（左から）
ゲアハルト、ザクセ夫人、エリカ

特別許可にてギムナジウムに進学できたと語ったとき、ザクセ夫人は初めて笑顔を見せた。

令息ゲアハルトは、工科大学の土木工学科を最優秀の成績で卒業し、土木修士を取得した。彼は、党員になることを拒んだために、父親と同じ運命を辿り、東西ドイツの国境に近い寒村で、土木関係の指導を行っていた。卒業成績から党員になれば、東ドイツで高級官僚として従事できたであろうに、何故この道を選んだのかとの私の問いに、「私の主義であり、共産主義は人間を歪め、不幸にする」との一言。私が東ドイツを訪問するたびに、行く先々の私を訪ねて来てくれた。

東西ドイツの国境の行き来がある程度緩和された時点で、彼は、西ドイツ行きを申請して一九八八年一月九日〜一一日の週末を、フランクフルトの我が家で過ごした。これが、彼の初めての西の体験であった。フランクフルトの街の繁栄に、東の体制の問題を痛感したのか、街中の居酒屋で飲んだ折、ワイングラスを置き、一時《ひととき》考え込んでいた。壁崩壊後も何度か我が家にやってきたが、間もなく進行性皮膚がんを患い、若くして亡くなった。

私は、その死に心を悼めたが、短期間ながら心より憧れていた西側の自由な空気に触れることができたことを慰めとした。令嬢エリカとは、その後連絡が取れず、消息を知らない。

当時の情勢を記すと、ドイツは、戦後四ヶ国管理下に置かれ、米国、英国　仏国、ソ連管理地区に分かれ、米英仏管理地区を西ドイツ、ソ連管理地区を東ドイツと呼んだ。ベルリンは、東ドイツの中に孤島として存在、同じく四ヶ国管理下にあり、米英仏管理地区を西ベルリン、ソ連管理地区を東ベルリンと呼んだ。東西ドイツの国境は、行き来ができなかったが、ベルリンは、一九六一年八月までは東西の往来が自由であった。ベルリン市内の境界線を経由して東側から西側への人口流出が続き、東ドイツに深刻な影響を及ぼした。それに危機感を覚えた東の体制が、一九六一年八月一三日にベルリンの壁を建設し、西ベルリンの周囲をすべて有刺鉄線で隔離、のちにコンクリートの壁を造った。

壁建設後、西ドイツ住民は、決められた期間に限って（イースター、クリスマス期間）、東ドイツ訪問が許可された。親族等の受入れ体制の存在が前提であり、その条件を満たしたとしても、必ずしもビザがおりるとは限らなかった。

東ドイツの一般市民の旅行は、原則、東ドイツ内に限られ、居住する自治体内は自由であった。自治体の外へ出る場合は申請して、行った先の自治体に、確かに現れた旨の届け出が義務付けられていた。

西の人間の東ドイツ訪問は、一日あたり西独マルクでDM25を1対1で東独マルクに国境で交換させられて、出国時には東独マルク持ち出しは許されず、残りは没収された。外貨稼ぎの一環であった。西ベルリンの交換所での西と東マルクの交換レートは、当時は1対3～6前後であったが、壁崩壊前は1対12～15になっていた。壁崩壊前の三～四年は、入国管理が杜撰になっており、西で交換した東のマルク持ち込みも、ほとんど放任状態になっていた。

東ベルリンに「パンコウ」と呼ばれる地区がある。東ドイツ政府の所在地で、西ドイツは、東ドイツ政府をパンコウと呼んでいた。そこには、インターショップと称する非関税店があり、政府関係者及び外国人が、西の贅沢品、コニャック、スコッチウイスキー、米国製タバコ等、西の通貨、USドル及び西独マルクで、西よりも遥かに安価で購入できた。

西ベルリンと西ドイツの間の往来は、指定されたアウトバーン、直通列車（東ドイツ領内では国境駅以外停まらない）、および空路により可能であった。東ドイツを横切る際の安全は、協定で保障されていた。西ベルリンに乗り入れる航空機は、米英仏と連合国の航空会社に限られた。

西ドイツは、当時、徴兵制が敷かれていたが、西ベルリンに籍を置く人々は、それを免れた。したがって、徴兵逃れの目的で西ベルリンの大学に籍を置く学生が多くいた。

私は、一九六三年一〇月〜六六年一〇月の間、西ベルリンに滞在した。ベルリンの壁が建設されて二年余、西ベルリンはまだ殺伐としていた。至る所に機関銃を携えた警官が、二人組で立っていた。西ベルリンは原則軍隊を持てず、非常時には警官が即軍隊の機能をするようになっていた。西ベルリンで西ドイツの政治的行事があると、ソ連のミグ戦闘機が、編成を組んで西ベルリン上空を低空飛行し、その騒音、振動、風圧はすさまじいものであった。それによる老人のショック死が報道され、また、私の下宿の窓ガラスも振動により割れたことがあった。

下宿は、チェックポイント・チャーリー（壁建設後、東西ベルリン間の行き来ができた米国管理地区のチェックポイント）に徒歩五分、壁の近くで米国管理地区にあった。一度経験したが、夕刻、東側の壁沿いに明るい火の玉が打ち上げられ、その直後に、東から西への逃亡者を狙撃する銃声が響きわたった。壁倒壊までに東ベルリンから逃れようとして撃たれ死んだ人は一二〇人〜二〇〇人、東ドイツから逃げようとして死んだ人は、ベルリンでの死者と合わせ一二〇〇人と言われている。

連合諸国及び西ドイツは、西ベルリンを保持するため、いろいろな対策を講じた。人口減を抑える施策の一つが兵役免除であった。さらに、文化面に力を入れていたのであろう。音楽界をとって

ベルリン市街略図（伊藤光昌留学当時）

西側から見た
チェックポイント・チャーリーと
東ベルリン（一九六四年二月）

みると西側諸国の一流演奏家が、クラシック、ポピュラーの分野を問わず西ベルリンにやってきた。また、東ベルリンは、それに対抗するかのように、ソヴィエト連邦を中心に、東欧圏の一流演奏家が集結し、政治とは裏腹に、東西ベルリンは一大音楽文化都市となっていた。

（二〇一九年一〇月）

日本文化に魅かれて

シュテフィ・シュミット博士を訪ねて

大学一年生であった。

田園調布駅の改札口を通り抜けた所で、外国人の女性に声を掛けられた。たどたどしい日本語で「渋谷に行きたいのですが、どのホームから乗ったらよいですか？」と尋ねられた。私もちょうど渋谷に行くので、ご一緒しましょうということになった。

この婦人がシュテフィ・シュミット［Steffi Schmidt］博士であった。

三日前、ドイツから交換留学生として来日、これから二年間、学芸大学で民俗学を専攻、日本の浮世絵を研究するとのことだった。折しも私は、第二外国語でドイツ語を始めたばかりであったので、渋谷で別れる前にドイツ語を教えてくれませんか、と思い切って尋ねてみた。

シュテフィ・シュミット博士は、ドイツのボン大学で博士号を取得し、ベルリンのダーレム博物館の東洋科に学芸員として勤務していた。専門は、日本の美術史である。ダーレム博物館には、一度訪れたことがあるが、浮世絵を多く所蔵しており、彼女の仕事は、その整理とカタログ化であった。ドイツ政府交換留学生としての来日は、その下準備もあったようで、結果として二年半となった日本滞在中、草書、変体仮名を自由に読みこなせるようになっていた。一九七二年には、浩瀚な『ベルリン東洋美術館所蔵 中国・日本木版画目録』という労作を上梓している。

私が本物の浮世絵に初めて接したのは、ベルリンであった。彼女に頼み、ベルリン東洋美術館所蔵の歌麿、国貞、国芳、豊国等の作品を見せてもらった。しかし、私は、それらの作品に世間で言われているような感動を全く覚えなかった。そこで、何故、浮世絵が欧州で受け入れられたのか、シュテフィに訊いてみた。

「何の説明もいらず、そのまま目に入ってくる美があったからではないか」

との答えであった。

彼女の最終肩書は、ダーレムのベルリン国立博物館東洋美術館副館長であった。

ところで、ドイツ語のレッスンは、月一〜二回のペースで行われた。このレッスンは、日本の習慣等に関する課題が主で、私にとっては、ドイツ語学習よりも日本文化全般の勉強となった。穏やかな人柄で、好奇心旺盛な人であった。

ある日、日本の家で縁側にお線香を置いているが、仏教的にどんな意味があるのかと尋ねられたことがある。縁側に置く線香の意味が解らず、また、ドイツ語を理解する能力もなかったので、何を見たのか簡単な図を描いてもらった。それは、蚊取り線香だった。

日本の着物についてもいろいろと尋ねられたが、ほとんど答えられず、それならば一度晴れ着をまとってみてはどうかということになり、親友のベアトリクス・フォン・ラゲー教授〔Beartrix von Rague〕と共に我が家で実際に母の着物を着ることになった。

また、お盆を体験したいとのことで、二人で千葉の御宿にやって来て、盆飾りの作り方、盆の送り迎えを我々と共に行った。

ベアトリクスは民俗学者であり、ベルリン自由大学で博士号を取得、教授〔Professor〕の称号を得ていた。シュテフィと同時期にドイツ学術交流会（ＤＡＡＤ）の奨学金を得て日本に留学し、彼女を通じて親しくなった。


私のベルリン時代には、シュテフィと彼女の両親、フリッツとエリーザベトに大変お世話になった。彼女の両親は、当時東ベルリンに住んでおり、ベルリンに到着して間もなく東ベルリンを案

シュテフィ、着物を着る
（一九六一年、東玉川にて）
（左から）ベアトリクス、シュテフィ、母静子

内して貰い、初めての共産圏の体験となった。娘シュテフィは、西ベルリンに住んでいて、週末を両親の家で、あるときは両親が娘の家で過ごす生活であった。私は、彼らが西ベルリンに移転するまで、東ベルリンのシュミット家をよく訪ねた。入国手続きを済ませ、東ベルリンへの出口でフリッツは私を待っていてくれた。

東ベルリンへ入るには、数ヶ所決められたチェックポイントがあったが、私は、地下鉄でフリードリヒ通り駅まで行き下車、改札を出た所からそのままビザ申請所に導かれて「一日ビザ」を申請する、そのルートを使った。ビザ取得後は、厳重な持ち物検査が待っており、それを通過して、初めて東ベルリンに足を踏み入れることになる。持ち物検査は、主に東のマルクの西からの持ち込み、印刷物、すなわち西の新聞雑誌等の持ち込みに対してであった。あらゆる印刷物は、日本語であっても没収された。上着を脱がされて検査され、しばしば靴も脱がされることもあった。東ドイツの国境警察がコントロールに当たり、機関銃を肩にかけての対応は、初めは無気味だったが、しばらくして慣れた。地下鉄を降りてから東ベルリンに入るまでほぼ一時間を要した。

シュテフィの父フリッツは、帆船乗りで世界の海を渡り歩き、英語に堪能な人だった。彼が船を降りた地は、オランダのデン・ハーグであり、ベルリンに落ち着く前の年月をオランダで過ごしていたという。両大戦に参戦した辛苦を多くは語らなかったが、時々聞くことができた。彼は、敬虔なカトリック信者であったそうだが、二度の戦争を通じて神の存在は無いと確信し、以後、無宗教であると言っていた。フリッツは、大変な勉強家であり、豊富な知識の持ち主であった。ドイツの習慣等を、歴史を織り交ぜながらよく教えてくれた。男の子のいないシュミット家で、私は息子のように可愛がられ、日本の家族の呼び名「みつぼう」で呼ばれていた。九八歳で亡くなった。

戦後のベルリンの音楽史で、ベルリン・フィルハーモニーの復興期に、指揮者が大きな問題となった。ヴィルヘルム・フルトヴェングラー、セルジュ・チェリビダッケ、ヘルベルト・フォン・カラヤンの問題である。本命とみなされていたセルジュ・チェリビダッケは追放されるという不幸な形でベルリンを去ったのだが、その本当の理由を私は知りたかった。シュミット家に呼ばれ、夕食時にそれを話したところ、フリッツが約三ヶ月かけて、その時点で解っていることを詳細に調べてくれた。それが一九六〇年代末から七〇年代にかけての日本で、幻の指揮者と言われたチェリビダッケ・ブームが到来した折、畏友三谷礼二や他の音楽評論家等への情報提供源となった。

後年、シュミット家は、マールブルク及びバーデン＝バーデンで毎年、夏の休暇をすごした。マールブルクは、我々の住んでいたフランクフルトより北東約五〇キロに位置し、週末を時々一緒に過ごした。一九七一年は、ちょうど日本から母が来ており、週末を彼らと楽しんだ。シュテフィにとっては母とは日本滞在以来の再会であった。

一九七七年二月五日、フリッツの九〇歳の誕生日が祝われ、シュテフィの親友で日本留学を共にしたベアトリクスと私が

シュテフィ家の居間で（1963年10月26日）
（左から）父フリッツ、シュテフィ、母エリーザベト

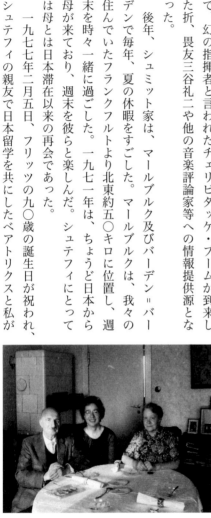

招かれた。この会が、シュミット家全員が揃って取った最後の写真となる。その数ヶ月後に彼女の母親エリーザベトが亡くなった。

一九九〇年四月一九日、ベアトリクスから、シュテフィが亡くなったとの電話を貰った。享年六七歳であった。両親が他界して以来一人住まいで、博物館の重要な会議に無断欠席したので、不審に思った博物館員が見に行ったところ、ベッドで亡くなっているのが発見されたそうだ。死因は心臓発作であった。

彼女は、私にドイツ文化の理解への入口をつくってくれた。日本での時間、ベルリンでの時間、社会人としてのドイツでの歳月、その節々で彼女の存在は大きかった。多くの思い出を残してくれた。彼女の死は、私のドイツの一時代の終焉でもあった。

後年、ベアトリクスと、ベルリンのシェーンブルク墓地の彼女の墓を詣でた。両親の傍らに葬られている。

（二〇一九年一二月）

2　鮮烈な個性の肖像

芸術家とは傑出した創造の才に恵まれた特別な存在である…。若い頃、そんなふうに思っていて、どこか敷居が高そうで近づきがたいイメージがありましたが、なんと私がきわめて個性的な二人のアーティストと生涯に亘っておつきあいすることになろうとは…。発端は、やはり音楽を介してだったんです。

〔1〕三谷礼二

そのひとりが三谷礼二さんです。ベルリンでいっしょに出向いたオペラやコンサートはいまでもなつかしく思い出されます。なにより私自身の人生の岐路で、さりげなく縁をつくってくれた恩人でもあったのです。

1. オペラに行く

▼三谷礼二（一九三四～九一）。日本を代表するオペラ演出家。その卓越した芸術への眼差しは、作品上演の実践と先鋭な批評精神に如実に表れている。若き三谷礼二は日活での仕事と並行して劇場運動に勤しんでいたが、一九六五年、三〇歳の時、欧米の劇場・演奏会探訪の旅に出る。

一九六五年の一月のこと、ベルリンの私の所に知人から連絡が来ました。三谷礼二という者が東ベルリンに行きたがっているので、案内を頼まれてくれないか、と。東にはしょっちゅう出向いていたので、気軽に引き受けると、さっそく三谷さんがやって来た。彼はすでに欧米の劇場やコンサートを見聞して回っていたんですが、東ベルリンだけが残っていた…。

東ベルリンではどんなオペラが上演されていたか。いろいろと調べて、早速、観たのがプロコフィエフのオペラ《炎の天使》でした。私も初めて接する舞台。地味な内容なので、一般受けはしません。ところが、三谷さんは舞台で繰り広げられているドラマ作法から登場人物の一挙手一投足まで、それこそ食い入るように見ていました。ああ、この人はオペラを全身で吸収しようとしているんだな、と。オペラが終わって、音楽談義。もっぱら私は聞き役でしたが、さめやらぬ興奮のままに三谷さんの情熱溢れるオペラ論を夜が更けるまで聞かされたものです。こうして三谷さんとの交友が始まりました。

▼《ハインツ・リュッケルトのリアリスティックな演出で《炎の天使》を見た夜のことは忘れられない。…三〇代はじめの気鋭の作曲家らしい野心作だが、何しろラストの修道女たちが次々と衣服をかなぐり捨てていくシーンは凄まじいものがあり、プロコフィエフ自身が何より反クレムリン的、反ヴァチカン的なことを知っていた。》（三谷礼二『オペラとシネマの誘惑』〈遺稿集〉清流出版、二〇〇六年）

とにかく三谷さんの舞台を見る目は、細部に及ぶいっぽうで、作曲家の創意を汲み取ろうとしていた。そうやって総合的なオペラトゥルギーの技法をマスターしていったと思います。

彼はその年の五月に帰国。私もベルリン留学を終えて、少し遅れて日本に帰りました。すると、さっそく三谷さんから連絡が入り、何やら新しいプロジェクトを立ち上げるらしい。ついては協力してほしい、と。いつもの熱弁ぶりが伝わってきて、有無を言わさぬ勢いだったものですから、つい二つ返事。それが「二〇世紀音楽を楽しむ会」でした。私には勤め人の生活があって多忙の中、それでもできるだけ時間を割きました。

2. 二〇世紀音楽を楽しむ会

ベルリンでは、駅の売店や街角の新聞売り場でベルリンのコンサート案内の小冊子［Führer durch

die Konzertsäle Berlins〕が出ていて（今でも）、そこから情報を得たものです。ベルリンに限らず、ヨーロッパの音楽界では、二〇世紀の音楽はすでに主要なレパートリーになっていて、私はさほど抵抗はなかったのですが、当時の日本では、現代音楽も含めて、紹介が遅れていたようですね。

やがて徐々に会の活動の骨子が固まっていき、同会の相談役に作曲家の入野義朗氏と戸田邦雄氏をお迎えし、三谷さんは企画を推進する同人代表、活動の場となる喫茶店「ジロー」のオーナー沖晃司氏がスポンサー兼同人を担うことに。で、私がその末席を汚すことになりました。

▼「二〇世紀音楽を楽しむ会」は一九六七年から七一年まで続いた。その意欲的なプログラムには目を見張るものがあり（巻末、資料参照）、二〇世紀の音楽にじかに接する絶好の場となった。

会の趣旨は、二〇世紀に入って作曲された作品を楽譜のなかに留めおかずに、実際に音にするというところにあった。ここが肝心なところで、年代順に、実際に音にする。とにかく〝新しい音〟にふれることに皆の関心が集まりました。クラシック音楽は聴き慣れた古典作品だけではない、ということです。そして、六七年五月二八日、「一九一〇年代の音楽」として第一回目がスタート。七一年一二月まで、四年半にわたり多彩なプログラムが組まれました。

その間、私は仕事柄、日本を離れた時期も多くありましたが、この活動にずっと関わってきてひとつわかったことは、いわゆる古典となって遺ってゆく作品というのは、最初から決まっているものなのではないか、と。二〇世紀も後半になり、一部の作品はすでにこの時点で古典の風格をもつものもありましたが、多くの二〇世紀音楽の評価はまだ定まっていなかった。例えば、バルトーク。いまでこそ重要なレパートリーの一角を占めてはいますが、当時の日本ではあまり注目されていないようでした。《アレグロ・バルバロ》はすでにドイツで聴いていましたが、この曲を最初に聴いたときにはそれこそ鳥肌が立つほどの感銘を受けたものです。ピアノという楽器をあたかも打楽器のように表現するユニークさ。会の第一回目の冒頭を飾ったバルトークに惹かれた聴衆は多かったと今でも思っています。

それはそうと、六九年六月一三日の会（演奏会場は山手教会礼拝堂）には、ルチアーノ・ベリオ氏が参加してくださったんです。作曲者自身の指揮で、《五つの楽器と磁気テープのためのディファレンス［Differences for five instuments and tape］》という前衛的な作品でした。ほかに規模の大きいアンサンブル作品では若杉弘氏がタクトをふって、会を盛り上げて下さったことも懐かしく思い出します。

一九六〇年代末から七〇年代にかけて、三谷さんのエネルギッシュな活動が冴え渡るんですが、私にとっても、「二〇世紀音楽を楽しむ会」は私の青春そのものでした。なにより、日本の音楽界のなかで、きわめて重要な活動だったと、いまさらながら思っています。どうして成就できたのか？　音楽を心から愛し、それに大局的な視点から揺るがぬ信念を持った人々の集いであったことなんですね。それと、こういうふうに言うと語弊があるかもしれませんが、入野・戸田両先生にしても、われわれ同人にしても、音楽を学校や大学で専門に学んだことのない人たちの熱意によるものだったんです。

後日、立派なオペラ演出家になる三谷礼二の出発点もここにあったのだと思います。

3. 激動の中で

▼一九六六年一〇月、伊藤光昌は留学を終えて帰国。その年の暮れ、東証上場の放送機器・家電メーカー会社（世界で初めて放送用＋家庭用ヴィデオテープレコーダーを開発・発売）の社長と偶然知り合い、入社を勧められる。

その会社に勤めることになるんですが、一九六八年九月、さっそくドイツ現地法人フランクフルト駐在員として派遣され、初仕事はプラハで開催される見本市「ジャパネックス」の準備とアテンドでした。チェコ民主化の動きがソ連軍によって八月末に弾圧されて（「プラハの春」）わずか一ヶ月半後のことです。

それで、厳戒態勢のプラハ空港に到着。窓から滑走路周辺にソ連の戦車が配備されているのが目に入り、物々しい雰囲気が機内に伝わってきました。入国審査のあと、空港建物内の至る所に機関銃を持つソ連兵がいて、五年前、ベルリンの空港に降り立ったときのことを思い出しました。

街中の道路も戦車と機関銃を持ったソ連兵に占拠されていて、市民の影はありません。道標はことごとく黒く塗りつぶされていたんです。ソ連軍に道を解らなくするための、プラハ市民によるせめてもの抵抗と聞きました。

このプラハ滞在で、〝兵士シュヴェイク〟の話など、チェコ人の生き方を知りました。

▼『兵士シュヴェイクの冒険』は、チェコのヤロスラフ・ハシェク（一八八三～一九二三）の連作短編集で、ある愚直な兵士が第一次世界大戦で出会う滑稽なできごとの数々が描かれている。昨今の研究では、歴史を描くにもユーモアがある点にチェコ文学の特徴があると言われている。

この家電メーカーは、中堅の大変すばらしい会社でしたが、結局、過剰投資で資金繰りの問題が起こって、大手企業に吸収合併されてしまいます。新しい組織のもとで自分の居場所がなくなり、失業。一九七〇年五月のことです。

オペラを勉強するためにフランクフルトの我が家に滞在していた三谷さんが私のことを心配してくれて、学習院での後輩にあたる長谷川喜一郎さんを紹介してくれました。

三谷さんと長谷川さんは大学時代の先輩後輩の仲なんです。長谷川さんは三谷さんに対しては絶対服従のようなところがあるように見えました。長谷川さんにしても親分肌ですが、どういうわけか三谷さんはさらにその上をゆく存在だったんです（笑）。なにしろ三谷さんという方は中曽根康弘さんに一目置かれていたくらいですから。そういう不思議な面を持つ人でした。

私は長谷川喜一郎さんに拾われ、一九七〇年六月、株式会社長谷川歯車に入社し、新しい事業に従事することになります。

▼大型減速機メーカー、株式会社長谷川歯車の副社長、長谷川喜一郎は当時、新分野を模索していて、ある技術に着目していた。それがアメリカ発の「ハーモニックドライブ」だった。ライセンスを持つUSM社と長谷川歯車は、一九六四年に技術提携し、翌年、国産第一号機が完成。七〇年一〇月、ハーモニックドライブを製造販売する会社を設立。同年、西ドイツにHarmonic Drive Systems GmbHを設け、アメリカ、日本、西ドイツの世界三大工業先進国で事業を展開する体制が整う。

4. 独自の演出法の開花

▼三谷は他方、「室内オペラの実験」を創始し、東京における小劇場運動の推進役となる。そして、この試みもシリーズ化され、のちに「東京室内歌劇場」へと発展していく。

私は長いドイツ生活に入りましたので、演出家三谷礼二の活躍をリアルタイムで目撃することは叶わなかったのですが、三谷さんがオペラ活動で何を考え、何を志向していたか、遠方からも理解できるようになっていました。

▼三谷礼二は、六九年に東京室内歌劇場を創立してのち、七一年、モーツァルトの未完の歌劇《カイロの鵞鳥》で演出家として本格デビュー。以後、多くのオペラを演出。七四年の《蝶々夫人》はそのオリジナリティあふ

れる特異な演出が大きな反響を巻き起こした。肝臓疾患による闘病生活を経て、八四年、《椿姫》で復帰。九〇年の二期会公演《蝶々夫人》にいたるまで五四作品の演出を手がけた。

オペラを映画のように表現するというのは三谷さんの著作にも出てくる彼のモットーなんですが、《蝶々夫人》のすばらしさは人伝えに聞くに及んで、なるほどと思いました。いつも聞かされていた三谷さん独自の演出法が実を結んでいく、リアルな表現を醸し出す演出こそ彼の真骨頂だと思います。

▼《あの人は、私の知る限り、日本人のオペラ演出家の中でも希有の人だった。こういう人こそ芸術家というのだろう。彼の演出には豊かな花と詩と、そうして真実があった。……オペラの演出は、こんな天才的なものでも、年々歳々くりかえされるわけにはいかないものだ。はかない生命。三谷演出にはそのはかなさも意識してとらえられていた。でも、私たち、それをみたものは忘れない。彼は忘れられない光を作品に当て、忘れられない色と形でオペラを舞台化した。》（吉田秀和「朝日新聞」夕刊、一九九一年四月一八日付、三谷礼二『オペラのように』筑摩書房、一九九二年に再録）

三谷礼二演出《蝶々夫人》の舞台（一九七七年、日生劇場）

繊細な音楽享受と旺盛な批判精神の発露。演出家三谷礼二の仕事は、短い生涯の中で存分に発揮されたと私には思われます。

そして、芸術文化全般に対する彼の先鋭な批評眼はいまでも異彩を放っているのではないか。病魔と闘いながら、激越なまでの力強いメッセージに接するとき、私はひたむきに自分の信条を貫き通そうとする三谷さんの心情に共感するとともに、青年時代にもどったときのような気持ちにさせられます。

▼《あいまいな様式主義と、狭い伝承主義に支えられ、「楽譜に忠実」なる美句のもとに「個」、創造性を圧殺した画一専門教育と。なれ合う高等機構の中で、技術の問題を一元化し、教条的で特権的なクラシック・ファンに古典の鑑賞を限定した日本的西洋音楽消化は、我が国の姿そのまま。音楽本来の個の自由、人間性尊重に真の精神的理念的な活性を復権させせんとする、意識と方法論を持つ同志よ集まれ！

医学と多くの献身に再三救われ、私は世界レベルでの民衆連帯のための、「音楽」の一部分を非力ながら担おうと、苦しかったガン病棟から生還したのだ。》（前掲書『オペラとシネマの誘惑』）

信念の人　三谷礼二

一九六五年一月一二日、日本オペラの興隆をめざして、西ベルリンに勉強に来ていた三谷礼二と初めて会った。彼の学校の後輩で、ドイツ語学者の津川良太の紹介である。

「先輩の三谷さんが東ベルリンのオペラに行きたがっている。伊藤さんが行く折に連れて行ってほしいんだが……」

二月二七日、《フィデリオ》（オトマール・スウィトナー指揮、ベルリン国立歌劇場管弦楽団（東ベルリン）、エーリヒ＝アレクサンダー・ヴィンツ演出）をはじめ、いくつかのオペラを観劇したのが親交の始まりであった。

彼は、寸暇を惜しんで欧州中の、南はパレルモから北はスウェーデン、フィンランドまでのオペラハウスを訪れ、公演を通じて作品と演出を実体験し、オペラに関する自身の確固たる考えの形成を図っていた。

三谷礼二は、非常に特異な経歴の持ち主であった。三菱商事の設立者の家に育ち、学習院時代は、当時の皇太子（平成天皇）の学友であったと聞いている。学習院大学時代、日活の映画「孤独の人」に皇太子の学友として出演し、それが、当時の院長安倍能成の逆鱗に触れ、退学するという事態に発展した。

その辺の事情について自らは語らなかったが、退学するにあたり安倍能成に呼ばれた時の話をしてくれたことがある。院長室を訪れた彼を迎え入れた院長は、「君とは退学について話しても平行線を辿るのみ、今日は、漱石の話をしよう」と言って、当初一〇分の予定が一時間に及んだとのこと。この時の安倍能成との時間は、彼にとって忘れられない一時となったようだ。

一九六六年一〇月、私がベルリンから帰って、母親の許に着いて一息ついたところに、先に帰国していた三谷礼二から電話が掛かってきた。

「今度、新しい音楽活動をはじめたいのだが、伊藤さんに同人として参加してほしい…」

彼の言うことなので間違いないだろうと、活動の内容などよく理解しないまま同意した。それが「二〇世紀音楽を楽しむ会」であった。

桐朋音楽大学の入野義朗、戸田邦雄両教授を相談役に迎え、渋谷の喫茶店「ジロー」のオーナー社長沖晃司、三谷礼二と私が同人となり、六七年五月二八日に発足し、七一年末まで続くことになる。そして、この会が室内オペラに繋がっていき、わずか四年半の活動が日本の現在の音楽界の一つの核になった、と私は自負している。これは、三谷礼二の一貫して揺るぎのない信念の結実であった。

一九六八年五月、私は、結婚した。結婚披露宴の司会を三谷礼二がやってくれた。彼の司会は温かい正確な日本語でのものであり、当意即妙な対応は、我々の門出に花を添えてくれた。

一九六八年九月、私は、あるエレクトロニクス企業の駐在員としてフランクフルトの現地法人に赴任した。しかし、この企業は七〇年三月、経営破綻し、大手企業に吸収合併された。この新組織に私の居場所はなかった。

三谷礼二は、一九六九年四月、第二回目の音楽修行で欧州に来ており、我が家を拠点に活動していた。ある時、彼から話を向けられた。

――ぼくの親しくしている後輩に、長谷川喜一郎という男がいる。彼は、米国から技術導入した特殊歯車で、世界規模の事業展開を計画している。欧州での人材を探しているが、彼と一度会ってみませんか…。

溺れる者は藁をも掴む思いで、是非にとお願いした。この三谷礼二の一言によって、私は、長谷川喜一郎に拾われ、ハーモニックドライブ事業に携わることになる。

三谷礼二の交友範囲は非常に広く、学習院時代の多くの学友はもとより、実業界から芸能界、映画界、そして学者、政治家にまで及んだ。中曽根康弘元総理もその一人であった。そうした多彩な交遊関係の中で、三谷は、未来を語り、理想を語る論客として評価されていた。私といえば、たぶん彼の友人の中では異質の存在であり、いうならば、日常生活とクラシック音楽界の範囲での付き合いであった。

三谷礼二は容姿端麗、貴公子然としていて、女性にもてた。フランクフルトの我が家に滞在中、私でも名前を知っていたある著名な女優が、彼を追ってドイツまでやって来て、我が家に三日間逗留した。彼らの間に何が起こったのか、知る由もないが、彼女は失意のうちにドイツを後にした。

私は、ドイツに滞在していたため、三谷礼二の七〇年代のオペラ演出家としての活動を新聞雑誌で知るのみで、その舞台を直に体験する機会はなかった。たぶん七〇年代初頭からの十年間が全盛期ではなかったかと考える。

彼は、七〇年代はじめに帰国して、それまで蓄積し温めていた考えを具現するために、本格的なオペラ活動に入った。オペラは、いわば「金食い虫」である。喫茶店ジローのオーナー社長沖晃司の理解と支援を得て活動を続けた。東京のオペラ界では、彼の斬新な考えや、それに基づく演出が必ずしも受け入れられず、苦戦していた。それでも七四年演出の《蝶々夫人》は、高い評価を得て、現在なお語り継がれている。そして、今一人、彼に手を差し伸べたのが、関西の音楽界の大御所朝比奈隆である。彼により、三谷礼二は、関西歌劇で数々のオペラ演出を手掛け、長年温めていた舞台への考えを実現できた。

その後も、三谷礼二は、私のドイツ滞在中、何回か訪ねて来た。彼は、我が家を根城にして、相変わらず精力的に欧州中の劇場を訪ねていたが、一〇日に一度の割合で休養を兼ねて我が家に帰って来た。彼がいる時間は、私にとって極めて貴重な時間であった。新しい発見、彼の見てきたオペラ舞台の演出など、夜遅くまで話をした。シュポレットで経験した《アルジェのイタリア女》は、彼に大きな影響を与えたと思われる。いまでも彼の熱弁を思い出す。

――とにかく、意表を突かれたという感じだった。開演前に会場の明かりが全て消されて、観客の静寂を待つ。やがて、二階席の中央に照明があてられて、白の蛍光塗料で骸骨と手だけが描かれた黒い衣装を纏ったコーラスのメンバーが、悄然と入場、音の出ない拍手をしたのち、序曲が始まるという演出だ。過去の状態のまま現在もなおオペラが上演されていることに対する警告ではないか、と思った。

彼はまた料理の達人でもあり、食事をよく作ってくれた。それを味わうことは大きな楽しみだった。料理の極意の一つ、それは、ありあわせの材料でいかに旨い物を作るか、と彼はよく言っていた。私の妻は、彼に随分仕込まれた。彼女の料理を口にした彼は、「これでは旦那が可愛そう」と言い、調味料の使い方、出汁の取り方などを教えてもらった。彼女は、それをいまだに感謝している。

声楽で、特に発声において三谷礼二独特の境地を開いたのは、たぶん一九八〇年代半ばである。彼は、自分の考えに基づき訓練を授けたソプラノ歌手を連れてフランクフルトにやって来た。我が家でその歌を聴かせてもらったが、欧州の頭声の発声に慣れた私には、必ずしもすっきりと耳に入るものではなかった。

三谷がその歌と声を奇蹟と言っていたジェシー・ノーマンだが、私には若干、異論があった。確かにその声には圧倒され、感動させられるが、彼女の歌に、特に歌曲には感情や心配り等の繊細さ

マイン川岸辺のカフェで
三谷礼二と娘美保を抱く妻佐久子

が感じられなかった。一九八七年一二月四日、フランクフルトでジェシー・ノーマンの歌曲の晩を三谷礼二と聴いている。ピアノはフィリップ・モルで、マーラー、アルバン・ベルク、ドビュッシー、リヒャルト・シュトラウスの歌曲を歌った。

一九八九年、三谷礼二は、愛妻ひかり夫人、及び弟子たちと来独した。私たちが、長年住んだドイツを離れる年である。この頃、彼は、若い頃の輸血により罹患したC型肝炎が悪化、肝硬変が進行していた。残された時間が少ないことを自覚していたのであろう、夜二人で話したときのことだった…。

「もし、人間の体を生きたまま冷凍保存できるのならば、私は、冷凍され、肝硬変を治す術が完成した折に覚醒して治療を受けたい」

私は、どう答えたらよいのか解らなかった。

一九八九年一〇月、長年暮らしたドイツを後にした。米国経由で帰国、ニューヨークの宿で、同じ米国経由で帰国の三谷夫妻と合流した。

三谷礼二の音楽に関する知識・情報量は計り知れず、その範囲は、当時ほとんど情報が入らなかったソヴィエト連邦を中心に、共産圏まで及んだ。ソヴィエトでスヴャトスラフ・リヒテルなどと並んで実力派の閨秀ピアニスト、マリア・ユージナも、彼が早くから目をつけていた一人であった。

一九六九年頃であったと思う。三谷から、ユージナの録音を東ドイツで入手できないかと訊かれ、その時、私は、初めて彼女の存在を知った。早速、東ベルリンとライプツィヒの東ドイツ国営のレコード店に問い合せたが、カタログに名前は載っているものの在庫はなかった。次の生産（計画経済）は、一九七〇年代後半になるとの連絡があった。

一九七八年頃、偶然、フランクフルト・アム・マインのレコード屋で、ユージナの録音第一集を見つけ購入し、帰国の折、彼に贈った。いっしょにその演奏を聴いたが、特にモーツァルトの二短調ピアノ協奏曲は素晴らしいものだった。第二集を入手したのはそれから六〜七年後である。

一九九〇年の秋頃から、三谷礼二の病状は悪化し、急速に衰えていった。

私は、できる限り時間を見つけて彼を見舞った。病床では、音楽に関する話がほとんどだった。ヴィルヘルム・バックハウスの最後のリサイタル、カレル・アンチェル、東ベルリンで初めて聴いたセルジュ・チェリビダッケ、ジェシー・ノーマン、キリ・テ・カナワ等々について。特に、チェリビダッケが東ベルリンで指揮したブラームスの交響曲第四番、アンチェルとベルリン・フィルによるドヴォルザークの交響曲第八番は、三谷とベルリンで一緒に聴き、演奏会後、夜更けまで、ツォーロギッシャー・ガルテンのワイン・ロカールで話し合った忘れられない演奏会であった。彼は、アンチェルを二〇世紀最大の指揮者の一人と言い、私もそれを実感していた。

一九九一年二月末に、彼から頼みたいことがあるとの電話を貰った。病状がかなり進行していて、いつもの艶のある声は力なく掠《かす》れて、聞き取りにくかった。

——飯田善國さんにぜひ会いたいのだが、その機会をつくってくれないか。以前から会いたいと思っていた…。

私は、てっきり面識があると思っていたが、そうではなかった。

すぐ飯田善國に電話をかけ、三谷の要望を伝えた。

三月三日の夕方、飯田と私は、三谷礼二を目黒の自宅の病床に訪ねた。その時、彼の意識は、まだはっきりしていたが、すでに声を出す体力を失っていた。飯田善國を目前にした三谷礼二は、大粒の涙を流し、無言のまま彼の手を握っていた。

三谷家を辞し、自由が丘で彼と寿司をつまみながら、三谷礼二について語り合った。私は、飯田善國が三谷礼二のために時間を割いてくれたことに心から感謝した。彼も、「三谷さんに会えてよかった」と言ってくれた。

三月一九日の晩、私は、彼を見舞った。翌日からドイツへ出張で、息のあるうちにもう一度会っておきたいと思ったからだ。すでに、彼は意識混濁の状態にあり、私は、黙って彼の手を握り、半時間くらいいて、三谷家を辞した。

ドイツへ到着し、フランクフルトのホテルにチェックインしたとき、彼が亡くなったとのメッセージを手渡された。一九九一年三月二〇日であった。

覚悟はしていたものの、その現実に直面して、私は、二〜三日、茫然自失の状態であった。

三谷礼二は、理想を語る人であった。彼がいるとどんな場においても中心となり、その豊富な知識と語彙豊かな話術は人を惹きつけた。

一九九一年五月三〇日、三谷礼二追悼会が、サントリーホールで執り行われた。

（二〇一九年一〇月）

[2] 飯田善國

1. アーティストの筆箱

話を留学当初に戻しますと、ベルリンに着いて一段落した頃、ベルリン市が外国人留学生を集めてベルリン（西ベルリン）のバスによる見学ツアーを企画してくれました。その際、一九六一年から六三年にかけて行われた国際彫刻シンポジウムの会場を見学することになりました。ベルリンの国会議事堂前の広場にひときわ大きな石彫があって、思わず惹きつけられました。高さは三メートルくらい、作者はYoshikuni Iidaとある。あとでパンフレットを見て確認したら、二三名の彫刻家と作品のリストがあって、飯田さんは「オーストリア代表」となっていた。日本人なのにどうしてなんだろうという素朴な疑問をもちました。

同じ頃、ウィーンの岸邉百百雄くんからコンサートの誘いが来たんです。今度、室内オーケストラといっしょに、そっちに公演に行くから、と。彼は、日本人としては最も早い時期に、すでにウィーンの第一線で活躍していました。

▼一九六三年一一月二五日二〇時、ベルリンのアカデミー・デア・キュンステにて。曲目はバルトークの《ルーマニア民俗舞曲》、ブリテン《シンプル・シンフォニー》ほか。ヴィルフリート・ベッチャー指揮&ヴィーナー・ゾリステン。

終演後、楽屋に挨拶に行くと、そこに彼とウィーンで親交のあった飯田さんが来ていて紹介されたんです。すぐさま、つい三週間前、国会議事堂で見た野外彫刻を私は思い出していました。そのことを伝えると、にこやかに応じてくださった。初対面の印象は、物静かで落ちついた方だな、と。独特の低音と眼光の鋭さが印象的でしたが。

▼飯田善國（一九二三～二〇〇六）、栃木県足利市生まれ。慶應義塾大学卒業後、東京藝術大学油絵科に学び、一九五六年、絵画研究のため渡欧。ローマで彫刻家のペリクレ・ファッツィーニに師事し、ミュンヘンでヘンリー・ムーア回顧展に接し衝撃を受け、彫刻の道に進む。一九六九年に帰国するまで、ローマ、ウィーン、ベルリンを拠点に活動し、ヨーロッパで彫刻家として認められ、評価された。一九七〇年代以降、美術界の新しい世代の旗頭となる。また、飯

飯田善國「HITO」(1963年作)
(ベルリンの国会議事堂前広場)

田は多岐に亘る才能の持ち主で、画家にして彫刻家、詩人にしてエッセイスト、批評家として活躍した。

コンサート以来、飯田さんの温厚な人柄に惹かれて、行き来するようになりました。年齢の開きがあるとはいえ、誰にも心を開いて接してくれる飯田さんに対して、偉い芸術家であることなどすっかり忘れて、普段着のおつきあいがはじまりました。

その後、飯田さんは、一九六九年に日本へ帰られるんですが、ドイツに来られると、我が家にずっと滞在するのが常でした。

私が結婚して家族が増えると、子どもの遊び相手になってくれたりして、妻に言わせると、「もうひとりの優しいお父さん」という感じ。ともあれ私の知っている飯田さんは、物知りで思慮深く、子どものように純粋で、ものごとの本質を見抜く人でした。とにかく彼の読書量たるや並大抵ではなく、その豊富な語彙で書く明晰な文章は非常に深かったと思います。もっとも、彼を量るには私の物差しは短すぎましたが。

▼普段の生活では、鷹揚で無頓着なところもあったという。ちょっぴりユーモラスな面も。

飯田さんの筆箱を覗いたことがあるんです。大きめのケースにはもちろん、筆記用具が入っているけれど、それに混じって、歯ブラシとか、何に使うか分からない代物がひょこっと出てきたり…。「ほら、何でも出てくるでしょう?」と。びっくりおもちゃ箱みたいで、妻や子どもたちもおもしろがっていました。きっと、創作上のインスピレーションが湧いたときなど、すぐに取りかかれるようにしていたのかなとも思いました。

こんなふうに、ずっと行き来しているなかで、私が不用意に「もう油彩は卒業ですか」などと失言してしまったことがあります。飯田さん苦笑して「ひどいことを言いますね」と、怒りはしませんでしたが。私が飯田さんの芸術家としての矜持らしきものを本当に知るのはもっと後になってからです。

▼飯田善國を慕う女性たち、その微笑ましき話題はつとに有名だ。もっとも当人にしてみればとりたてて意に介することではなかったようだが…。

飯田さんと一緒にドイツの町を歩いていると、女性が振り返るんです。ときには話しかけられたり。なんと表現したらよいのか、女性だけが感じる特別な電波を発していたんでしょうね。周囲では「おんなったらし」とか言う人もいましたが、それは大きな誤解で、女性が彼を放っておかなかったんです。積極的にアタックしてくる女性の付文《つけぶみ》が絶えなかったとか。飯田さんは、そういうことに無頓着だったので、ラブレターなどそのまま放っておいたりしていて、オーストリア人の飯田夫人（カタリーナ）は日本語が読めないので、私の妻が読まされたそうです。

▼カタリーナとは、ベルリンに来て知り合う。一九六五年に結婚。子どもが五人。

飯田さんはとにかく、言い寄られることがしょっちゅうでした。飯田さんの日記には女性の名がたくさん登場するんですが、多すぎて誰だかわからなくなるくらい（笑）。くだんの付文も、カテリーナさんはとっておいたのでしょうね。彼女は実は、フランス語も英語もラテン語も、四〜五ヶ国語、自由に話せるんです。日本語も読み書きは得意でなくとも、男女の機微を感じるというか、想像力を逞しくしていたんでしょう。家に帰ってこない夫のことを「夜の蝶」ならぬ「夜の蛾」だと言っていたくらいですから（笑）。

そんなわけでカタリーナからは「ヨシクニ、どこに行ったたか、知ってる？」と、よく電話がかかってきたんです、ドイツでも日本でも。この電話には大いに悩まされたものです。

2. ウィーンの「裸婦シリーズ」

そんなこんなで親しく行き来していたある日、飯田さんから三枚のスライド（ポジフィルム）を見せられるんです。小さなサイズなのでよく

フランクフルトで催された飯田善國個展で（1986年）
（左から）筆者、カタリーナ、飯田善國、ヘルツォーク

見えませんが、強烈な色彩と鋭角のラインが交錯するダイナミック感が伝わってきました。こんなことを飯田さんはウィーンでやっていたのか…。強い衝撃を受けるとともに、作品の来歴を尋ねると〔口絵、シリーズ中の一作〕――

「はじめて思いどおりの青が出せたんですよ」

「これは一つの宇宙を表現しているんです」

飯田さんは、よく「宇宙」「宇宙的」という表現を使ったのですが、俄然、実物を見たくなりました。それで、どこに所蔵しているのかと伺うと、「ウィーンに置いて来たけど、その後どうなっているかわからない」とのこと。これは何とかしなきゃだめだという思いが募ってきた。

▼《私は、ウィーンの下宿で描きはじめた裸婦像のなかに、初めて自分の捜し求めてきたスタイルの基本構造を発見した。それは空間を斜めに横切る裸婦像であり、裸婦という人間臭い形を取り乍ら、実は、それらは山嶽であり海であり、空であり、大地でもあった。よこたわる裸婦の背中は、美しい絶壁なのであった。》（飯田善國「風景画から裸体の風景画へ―裸体の発見」『飯田善國・絵画』銀の鈴社、一九九九年、所収）

あの「思いどおりの青」とは、あとで訊いたら、「魂の色彩、言葉に表せぬ深部のトーン」とか説明がありましたが、なお一層、裸婦シリーズの全貌を知りたくなりました。

そんなこんなで、ここから私のいわば画商行脚が始まったんです。

ウィーンに置きっ放しということは、かつての恋人ウタさん（二番目の奥さん）の許に一部はある。彼女は有名な舞台俳優で、それこそ飯田さんに首ったけという感じでした。飯田さんは一時期、役者の仕事をしていて、ウィーンでは著名な存在でした。ウタさんとも共演したことがあります。ウタさん宅を訪ねると、まず「善國、あんな不実な男はいない」と、ひとしきり悪口を聞かされるんです。毎度のことで辟易しましたが、彼女は、飯田さんを心から愛していることが伝わってきました。彼女はシャンパンが好きなものですから、いいシャンパンを一本持っていってご機嫌伺い。保管場所を聞き出すためです。

実際、倉庫のようなところに梱包されずに放置されていたものもあって、おおかた保管状態は芳しくありませんでした。

妻と旅行がてらウィーンに出向いたこともありました。妻にはまさか、飯田作品を取り戻す直談判に行くからなんて言えませんから。妻をホテルに残して、ちょっと散歩してくるから、と。ホテルに帰ってきたときは深夜、それも大荷物を持って来たんで、妻は仰天してました（笑）。ともあれ、飯田さんの裸婦シリーズが散逸せずに済んだのは、ウタ夫人の存在があったからなんです。

▼≪これらの油絵は、描かれたあと、私自身にも忘れ去られた。ウィーンのあるアパートの劣悪な条件の地下倉庫に長い間眠っていた。それを発見したのは、私の友人、伊藤光昌氏である。氏の努力によって、これらの作品は修復され、日本に持ち帰られた。そして、今、描き終えたばかりの姿で私の前に立っている…≫（前掲書）

私はとくに飯田さんの研究をしているわけじゃなし、美術館巡りは好きだけど、系統立てて勉強したこともありません。音楽鑑賞と同じで、いいものはいいというふうな見方なんです。せいぜいそんなレヴェルですから、愚かな自分をさらけ出して、飯田さんを唖然とさせたこともありました。デン・ハーグのある旧家が所蔵品を処分するというので、出張先のアムステルダムからの帰途、立ち寄ったんです。古紙に巻かれた画布らしき一束があったので、わずかのお金を払い、持ち帰りました。なんとパウル・クレーとココシュカが混じっていて、飯田さんに見て貰ったら、これは本物だよ、と。ところがクレーの額縁がひどく傷んでいたので新しいのに取り替えてしまったんです。額縁もそのままであれば、本物の証明になり、価値もあがったはずなんですけどね。特にクレーの場合、額縁に凝っていて自分でこしらえていたと飯田さんから教えられました。

一時期クレーは通常のキャンバスに油彩で描くのではなく、唐人袋のような布にさまざまな画材を用いて描いていたとのこと。布の裏面から色を表に滲み出させて、絵筆の棒で猫の姿を描き、それに彩色したりした時代があった。その一つなんです。

▼飯田善國は一九六九年に帰国。南画廊で彫刻の個展開催。以降、彫刻家として、オールラウンドなアーティストとして活躍。若き日からウィーン時代へと描き継がれた油彩作品の再認識・再評価は、美術研究の大きなトピックスになっている。絵画作品を集めた展覧会は、一九九二年に千葉県の月の沙漠記念館、そして目黒区美術館、一九九七年には鎌倉の神奈川県立近代美術館で本格的におこなわれた。そして、画集の完成。それはコレクションの地道な作業と作品修復がなければ日の目を見なかった。

飯田さんはこの裸婦シリーズのためにデッサンをたくさん残しています。それも取り戻して、私のところに二〇年ぐらい保管していましたが、こうした資料も含めて、ちゃんとしなきゃいけないということになったんです。

▼二〇〇〇年、ハーモニック・ドライブ・システムズ創業三〇周年を記念して長野県の穂高工場内にIIDA-KANを創設。飯田善國作品の展示館となる。

飯田さんとの四三年にわたる長いおつきあいで、私は、美術館に所蔵されていない彼の全作品を託されました。彫刻、油彩画、素描、その他、収蔵作品は約五〇〇点余に及びます。

3. ベルリンの憂愁

私は飯田さんの留学前のことやローマ・ウィーン時代のことはあまりよく知りません。ベルリンで知り合って以降の飯田さんのことは、ある程度は知っていますが。

そもそも飯田さんのイタリア留学のきっかけは、作家の

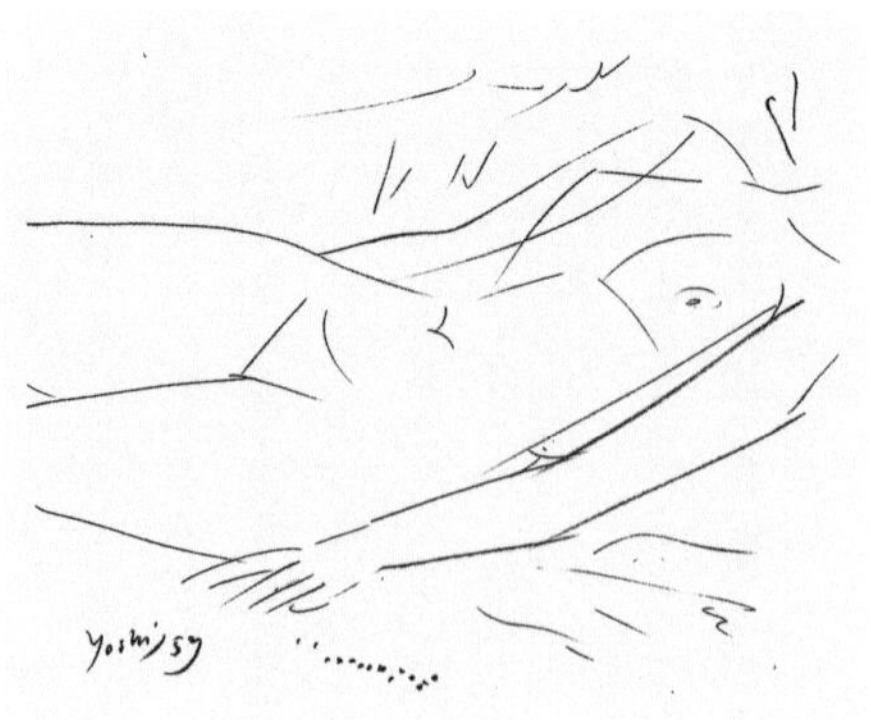

飯田善國「裸婦デッサン」
（1959年、フェルトペン&紙）

野上彌生子氏の勧めであったと、飯田さん自身おっしゃっていました。当時、飯田さんは結核で、いっとき北軽井沢で静養していたんです。彼の師、梅原龍三郎画伯の別荘の管理みたいなことをしていました。そのお隣が野上さんの住いで、親しく行き来しているうちに、飯田さんの戦地に赴いた話に野上さんが惹かれたということです。

飯田さん自身、いつか自分の従軍体験をもとにした長編を書くつもりではいたようなんですが、飯田さんの「梨花」という日記（創作ノート）を野上さんに提供したものと思われます。野上さんの小説『迷路』の中国戦線の描写は、そこから取られているんです。その辺のことに関しては、小平麻衣子さんの優れた研究があります。

▼《兵隊たちが駅々で肉マントウなどの食物を求めるシーン、列車から兵隊の白いシャツが印象的に残る情景、そして、「飼料徴発隊」において、粟殻や豚、卵を徴発し、そこをゲリラに襲われる一連の流れや、「ビーゴロ」をいち早く察知する中国人のキャラクターなどは、順番や細部を入れ替えながら、『迷路』に生かされている。》（「野上彌生子『迷路』の基礎的研究―飯田善國・田辺元との関連について」（『藝文研究』（慶應義塾大学）二〇一九年一二月）所収）

飯田善國の戦争体験もまた苛酷なものだったようで、「梨花」の内容から推し量ることができます。現に、中国戦線の塹壕の中で梱包紙の渋紙に描いたデッサンが残っています。これらは帰国時、没収されることを恐れ、ゲートルと一緒に足に巻き、持ち帰った、と言っていました。さらに、「夜の目黒」シリーズなど、不気味なまでに暗いトーンは戦争を想起させます。

▼飯田善國のヨーロッパ滞在は、当初二〜三年のつもりが一二年に及んだという。ローマでの一年半、ウィーンに六年、ベルリンには四年。ローマで彫刻の魅力を発見し、ウィーンで裸体画に引きこまれ、そしてベルリンへ……。

ローマにいるとどうもうまくいかないので、ウィーンに移ったんです。ところがウィーンに移ったら移ったで、今度は、居心地がよすぎる。どこか落ち着きすぎていて、すべてが出来すぎている。これでは自分がだめになるんじゃないかということでベルリンに移った、と言っていました。あの彫刻シンポジウムがきっかけのようです。

ベルリンにはなにか惹きつけられるものがある——そういうふうな言い方はしませんでしたが、戦禍に打ちひしがれた現在進行形の都市の姿、東西の緊迫したあの雰囲気は独特で、曰く言いがたいものがありました。私も体験していて、わかるんです。直截的に肌に触れてくるような感触。ベルリンは政治や経済のことからいろんな問題を抱えていました。

今思うと、飯田さんは、コスモポリタンな感覚の持ち主で、人格が国境を超えてしまっていたといいますか。彼にとっては、日本でもドイツでもイタリアでも、どこでもよかったんだと思います。彼は、たまたま日本人であったということになるのではないかと思っています。

飯田さんが私によく言っていたのは、「人間の一番不幸なことは、無国籍（精神的にも物質的にも）になることとです」と。外国で生活する場合、親はどちらの国にするかを決めなきゃいけない、子どものために。それで飯田さんは、日本人だから日本を選んだ、と。飯田さんの言うことは正しいと思います。

飯田さんはものすごく家庭を愛していました。愛し方が普通ではなかったということになるかもしれないけれど、それは我々と比較してもしょうがないでしょう、正真正銘の芸術家でしたから。

私は飯田さんが亡くなったときは本当に悲しかった。心を占めていた大きなものが突然すっぽりなくなってしまったような…。

4. 槇文彦との協働

▼帰国後、町田に住み、最先端の野外彫刻を手がける。彫刻家としての飯田は、一九六三年、ユーゴスラヴィアで開催された彫刻展「Forma Viva」に『HITO』（男と女、木彫）を出品して以来、ベルリンの国会議事堂前の大きな石彫『HITO』（赤色砂岩）を経て、ステンレスやブロンズ等を駆使してのユニークな作品群が脚光を浴びる。

町田のアトリエは地下にありましたが、使っていなかったような気がします。飯田さんの場合、室内での作品は、ヨーロッパ時代の『HITO』シリーズに見られるように、素材が木から石、金属へと行くんですけれど、野外彫刻は大きな作品《もの》が多かったから、現場に行って作っていました。事前にスケッチでコンセプトを煮詰めていき、マケット（小さな模型）にして、後は工房作業となるわけです。ベルリン時代はすべての制作工程を自分でやっていたようですが。そうしたなかで、パリの近代彫刻美術館の庭に置かれている作品、あれはいい作品です。また、ウィーンに点在する彫刻の数々、ベルリンの消防署前など、私の好きな作品があります。

　野外彫刻作品では、前橋の噴水とか、エスキースや設計図のようなものがたくさん残っていて、見ていて楽しい。それらはすべて穂高の**IIDA-KAN**にあります。

▼IIDA-KANは槇文彦の設計になる。館の入口には彫刻「SCREEN-CANYON」(一九六三年作)がある。

　これは大作です。私の好きな作品のひとつです。かつて京都国立近代美術館で見たこの作品が忘れられず、もう一度見たいと思っていました。で、この作品が収蔵される建物の建設が中止されて行き場がなくなったと聞いて、穂高工場での委託展示を申し出たんです。

　ある日、飯田さんをよく知る友人が工場にやって来て、この作品を見た瞬間、「これは善國が女性の恥部を無意識に表現した」と、私に言うんです。そんなものなのかな、と聞き流してはいたんですが、後日、作家の宮本輝氏が訪ねてきて、「この作品は何を意味するのか」と訊かれたので、うっかりそのことを伝えたんです。そうしたら、彼のエッセイ本(『真夜中の手紙』新潮社、二〇〇一年)に書かれてしまった――「友人の会社に置かれている彫刻は、女性の恥部だそうで、それを会社に展示する友人もたいしたものだ」と。出版されてしまったのでもはや訂正は出来ませんが、思わぬ方向へ行ってしまいました。

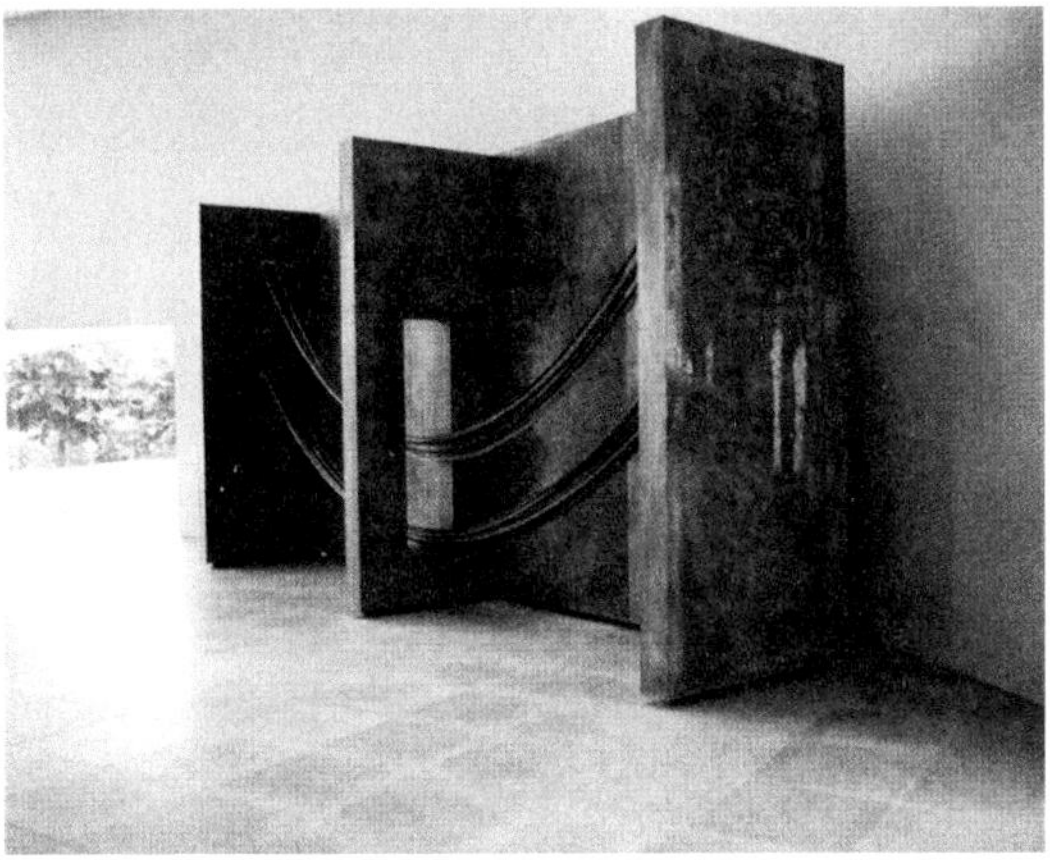

飯田善國「SCREEN-CANYON」(1963年作)

ギャラリー棟「IIDA-KAN」の外観(「TRIAD」の一棟)

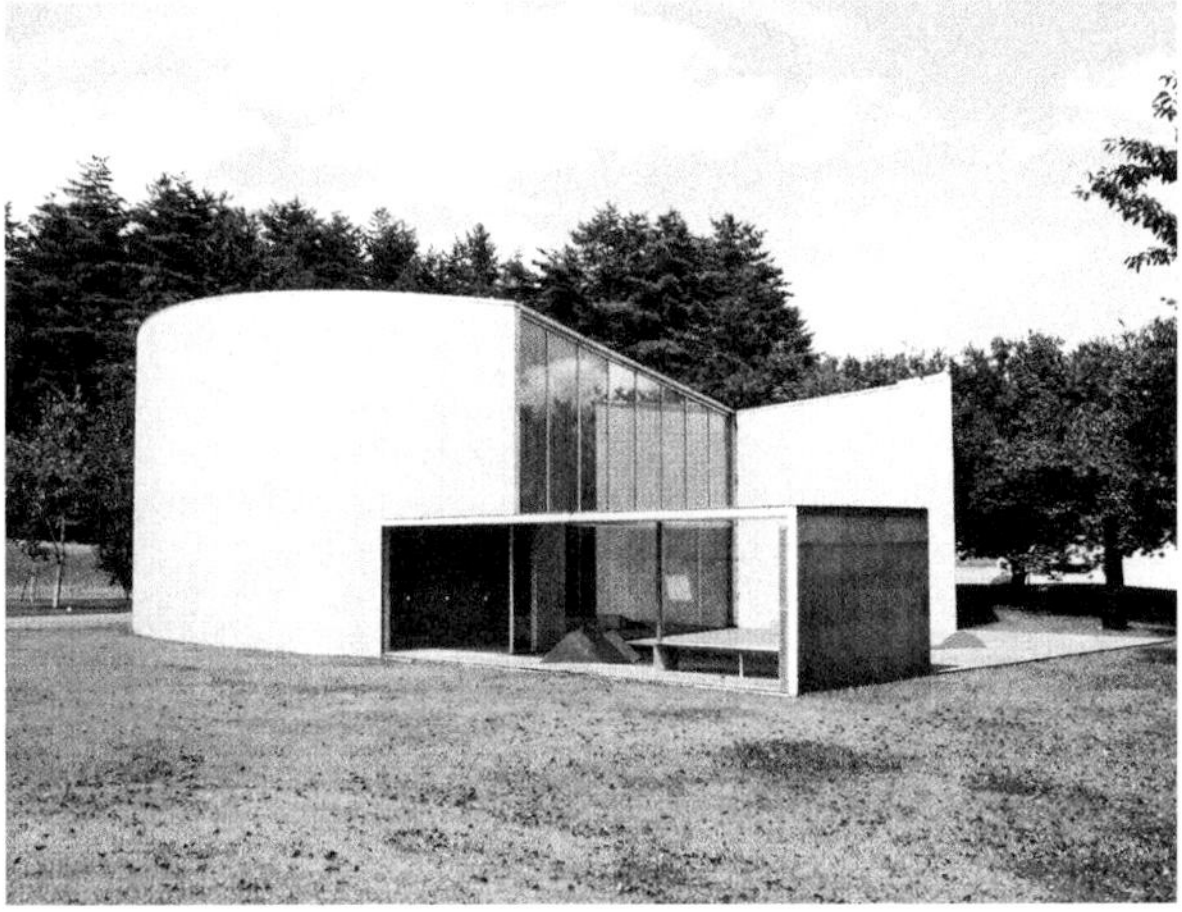

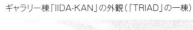

▼建築家の槇文彦氏とのコラボは、一九七〇年代以降、注目すべき作品がたくさんある。「ステンレスの林」（大阪千里中央地区センタービル、一九七〇年）、「知識の花弁」（慶應義塾図書館新館、一九八一年）、「きらめきの時」（富山市民プラザ、一九八九年）、「風のように、光のように」（東京体育館、一九九〇年）、「Light Mobil」（サンド薬品筑波研究所、一九九三年）。

有名なのは千駄ヶ谷の東京体育館前にあるステンレス作品ですね。野外彫刻というのは、いろいろと制約があって、企画展がなかなかできません、設置場所の問題もあるし。そこが残念なところですが、飯田さんの野外彫刻はモダンで、個性的です。

都市空間のなかでの建物と野外彫刻というコンビネーションは、現代人の美的感性にとって非常に大切なものだと思います。とはいうものの、野外作品であるがゆえの弊害も出てきます。立体彫刻「ステンレスの林」は、その後、開発で建物が壊されたのと同時に、取り払われてしまった。新宿の住友ビルもそうです。建物の老朽化で改修がおこなわれ、あの三角広場を別用途でリニューアルしたら彫刻作品もどこかに移動してしまったんです。広く親しまれてきたパブリックアートが消えていくのはさびしいものです。

▼芸術作品が経済原則に巻き込まれて消えていく運命は避け得ないものなのか。今後、都市の根本的なグランドデザインの重要性がますます問われていくことになるだろう。

飯田さんと槇さんとの協働は目を見張るものがありますが、もともと槇さんが飯田さんにアプローチしたというふうに私は聞いています。槇さんが飯田さんの作品を気に入って、自分の建物とのコラボレーションという形で展開したいと望んでおられた、と。だから飯田さんが元気だったら、もしかして、ニューヨークのグラウンド・ゼロの跡にも飯田さんの作品が建っていたかもしれません。

▼《彼（飯田）は、彫刻は宇宙と人間、或いは彼自身の間にあって、悪魔的な宇宙にむかってささげられるものだという。宇宙は敵だともいう。しかしその敵は魅力的な敵らしい。イルージョンとしての宇宙感覚は、暗黒の中に浮遊性、膨張性を示す。きらめくステンレスの造形は愛する宇宙への生贄なのだろう。》（槇文彦「永遠の青年作家　飯田善國」、『槇文彦＋飯田善國　TRIAD』所収のエッセイより）

槇さんは飯田さんが好きだった、人間的に。飯田さんについて、槇さんはこう書いておられます――「どんな場合においても自分のスタンスが変わらない人だった。自分の意志をビシッともっておられる人だった」と。

＊この項は、「IIDA-KAN／伊藤会長インタビュー記録」（二〇二一年一〇月一五日）も参考にさせていただきました。（編集部）

タブロー再生の息吹き

『飯田善國・絵画』出版に際して

飯田善國さんに初めて会ったのは一九六三年一一月二五日、私の留学先、当時の西ベルリンにおいてである。私の中学時代の親友、ウィーンで活躍していたヴァイオリニスト岸邉百百雄くんの演奏会に、ウィーン時代親交のあった飯田さんも来ておられたのだ。楽屋で岸邉君から「彫刻家の飯田さん」と紹介され、以来、師として畏友として今日に至っている。

飯田さんの絵画に接したのは、それからだいぶ時間を経た一九七八年頃と記憶する。カッセル市のドクメンタ（現代美術展）に来られた飯田さんが、フランクフルトの我が家に暫く逗留された折、ウィーン時代制作の油彩画三点のスライドを見せてくれたのである。

その時の何か背筋を電流が流れたような衝撃を、いまだにはっきりと覚えている。総てから解放された、何と自由奔放で力強い線。当時の私は、欧州各地の美術館で巨匠たちの作品に直接ふれ、自己の趣向が明確になってきた一方、それまで見知った日本の作家たちの線が何とも弱々しく映り、日本の洋画に興味を失ってもいた。そして、飯田さんと言えば、かつて画家として日本で嘱望されていたことを知ってはいたが、限界を感じ彫刻へ転じたのだろうと勝手に解釈していただけにショックは大きかった。

飯田さんが置いていった、というより飯田さんから分捕った三枚のスライドを折に触れ眺めるうち、是非実物を見たいという願望が私の心に芽生えた。やがて一九八〇年代の初め、フランクフルトの我が家に再び逗留された飯田さんのウィーン行きに同行し、私はついに念願を叶えた。初めて目にした三点の作品はスライドとは別物だったが、私の想像通りのものでもあった。これらの作品を所有したいという思いが強く湧き、その場で所有者に譲渡を申し入れた。幸い提示された条件は私の能力限度内だったので、早速一点をフランクフルトに持ち帰った。その後もウィーン出張のたび所有者と交渉を重ね、一点ずつ購入することとなった。

私がウィーンにあった飯田さんの作品を是が非でも入手したくなった今一つの動機は、「これらの作品は将来、所有者の代が移れば、恐らく捨てられる運命にあるだろう」という危惧だった。すでに破損の進んだものもあり、私はこの点でも焦りを感じた。実際、私の所有となったウィーン時代の油彩十点のうち九点には大修復が必要となった。

初期に入手した三点はフランクフルトの修復家ユリウス・ギーセン氏の手で、折れた木枠や剥落部分などの修復がなされた。次の三点は展示の形跡があり、額縁つきの比較的良い状態だったが、やはり絵具の剥落など、日本に持ち帰ってから岩井希久子氏の手によって修復がなされた。

最後の三点は、三枚重ねで巻いたまま長年放置されていて、開梱してみると、ほぼ二センチ毎に縦に亀裂が入り、その亀裂沿いに一センチ幅で絵具が剥落、あたかも格子障子の如き状態だった。これらは日本で岩井氏に修復を依頼。絶望的とも思われたが、三年半の歳月を費やして完成、飯田さんの立ち会いのもと、「描いた当時そのままの姿」とのことで納入された。その時の感激は今も忘れられない。

　最後に本画集刊行に至った過程について書き添えるにあたりゲアハルト・H・ヘルツォーク氏にふれないわけにはいかない。フランクフルトでの最初の修復に際し、経験のない私に貴重な助言を与え、即座に修復家に電話してくれたのはヘルツォーク氏だった。彼は飯田さんのウィーン時代の作品を一見、「ここに至る過程で他にも良い作品があるに違いない」と看破し、私にカタログ・レゾネ作成を強力に薦めた。フェリックスミュラー、エックハルトのレゾネ作成に携わった経験を持つ彼から、私は、作品の淘汰を時代の決定に委ねつつ、あくまで自分が良いと評価するものを次代へ伝えようとする強い精神を学ぶことができた。早速、飯田さんに相談、山田敦雄氏、水沢勉氏、朝木由香氏に編集を依頼し、約三年がかりで刊行に到った。

（『飯田善國・絵画』（銀の鈴社、一九九九年）のあとがき）

3 切磋琢磨

1. ドイツで考えたこと

▼三谷礼二氏の紹介で新たな職を得て、伊藤一家はドイツでの生活が続く。一九七〇年代から八〇年代にかけて、時代も大きく変わってゆく。

私たちの住居は、フランクフルト郊外、三〇キロぐらい離れたディーツェンバッハというところにありました。新興都市で、最初のうちは、どこか居心地悪く、あまりなじめませんでした。まあ、住めば都というんでしょうか、さほど気になることはなかったですね。仕事場、ハーモニック・ドライブ・ドイツの所在地はランゲンというところで、フランクフルトから真南に約一〇キロのところ、空港から約一五分の距離にありました（今はリンブルク）。

▼一九七〇年代は仕事の面では試練の日々であったが、なんとかのりこえて、すっかりドイツでの生活に馴染んだ。それとともに、多少は客観的に物事が見えるようにもなり、異文化から来る違和感のようなものはなくなっていた。

ひょんなことから異文化意識みたいなものを感じることもありましたが、長年ドイツ生活にどっぷりつかることになり、ドイツ人のライフスタイルというか、生活感情みたいなことが気になることもなくなってきました。

よくドイツ人と日本人は似ているなどと言われますが、全然違います。例えば、ドイツ人は非常に朝が早い。会社もそうですけれども、工場などは、二交代で、朝の六時ごろに始まるところもありますから。

私のベルリン時代にマルティン・クルーゲ博士の会社で随分実習させてもらいましたが、朝が早いと同時に、あんなに悠長にやっていていいのかなと思うぐらい、のんびり仕事をしていたように見えていたんです。それでいて支障はきたさない。能率はいいらしい。これ、ある種、謎になっていました（笑）。

どうしてそういうことになるのでしょうか。やはりドイツ人というのは、仕事の面でも押さえどころがうまいというか、いろいろ工夫して効率を上げ、できるだけ早く片づけようという意識があるんです。それがみんなのコンセンサスになっていたようにも。それで、余暇を楽しむという割り切り方に徹していました。あれも決して悪いことじゃないなあと思って見ておりましたけれど、私もそれに慣れちゃって、日本に帰ってきたときなど、日本ではどうして皆さん遅くまで社に残っているんだろう、と。

私が日本と違うなと思うのは、休暇に対する考え方に現れているという気がします。日本に帰ってきてすごく違和感をおぼえたのは、「休暇をとらせていただきます」という言い方なんです。向こうは権利なんです。夏は優に一ヶ月ぐらい休みます。それでちゃんと仕事は回っていた。

▼労働時間が日本より年三〇〇時間短く、生産性は一・五倍といわれるドイツのお国柄は、生活の楽しみかたの違いから来るといわれている。働く意識の違い、ドイツ人の仕事観には独特のものがある。

職業に対するモラルといいますか、他者（社）の仕事を適正に評価し、尊重する気風があります。日本に限らず一つの風潮として、だれかが成功すると、それに乗じるといった性向がありますが、ドイツ人は元来そういうことをしません。他人の領域は侵さないといった感じです。とにかく、競争しない、たたき合いしない、まねしない……。

このことに因んで申しあげると、日本人の特性として、同じ方向を求めると言われています、仕事でも教育でも、どの分野にあっても。それは必ずしもよいことではないと思うんです。むしろ差をはっきりさせることが大事ではないか。これは格差ということでなく、それぞれの違いを意識することです。そのようにして尊重し合う。そのほうが、はるかに建設的ですし、自らの可能性も広がっていくと思います。会社でもそうですが、日本人は課題が与えられると、どこの国民よりすばらしい働きをしますが、肝心の課題を見つけられないとも言われ、そこが問題だと思うんです。

それは、仕事に限らず音楽の世界でも同じで、個性を重んじると言いながら、皆さん同じところに甘んじてしまうのではないでしょうか。間違っているかもしれませんが、私にはどうしてもそこが気がかりです。

▼ドイツのある識者に言わせると、戦後の都市再建には二つのパターンがある。一つは昔のドイツを再現する、クラシックな発想の町づくり。いま一つは高層建築に象徴されるような近代的都市。

フランクフルトは後者で、金融の都市、経済活動の中心地です。なにより、交通の便からしても、ハブ空港がある。ドイツのというより、ヨーロッパのハブ空港の任を担っているわけです。我々のハーモニックドライブという製品の開発や流通性からいくと、ルール地方とかシュトゥットガルト、あの近辺でもかまわないところですが、我々はここに来てほんとうによかった、結果としてですけど。なぜかというと、我々は今で言うベンチャービジネスの態勢を組んでいたわけです。ベンチャービジネスとなれば、一番大切なのは金融でしょう。とにかく短時間、近距離にあって、直《じか》に話し合えるという利便性・融通性を優先したんです。私もフランクフルター・バンクの人たちには随分助けられました。

じゃあ文化はどうかと問われますが、たしかに古き佳き伝統のような雰囲気は後退していました。もちろん、ゲーテの生地でもあり、歴史と伝統をほこる町ですが、文化的にはベルリンを頂点にすると、ミュンヘン、ハンブルク、それからシュトゥットガルトときて、五番目になりますか？　いや、デュッセルドルフのほうがフランクフルトより上かもしれません。とはいえ、立派な教会があり、旧市街も復興され、オペラハウスやコンサート会場もある。二つのオーケストラがあって、非常に充実しています。

▼フランクフルトはエンターテインメント・ビジネス花盛りで、活気あるアート・シーンが繰り広げられていた。

フランクフルトぐらいの大きさの都市になりますと、必ずオペラハウスがあります。オペラを毎日やっている（当地では火曜日が休みでしたが）。年初にオペラ公演のスケジュールが発表されて、演目や出演者が決まります。今年はこれが目玉だな、聴き逃していた演し物もあるな…。おお、ビルギット・ニルソンが来るぞ、プラシド・ドミンゴのカヴァラドッシが聴ける…。こんな具合に一人で盛り上がっていました。楽しみが増えます。これはぜひ行きたい！と、早くも手帳に書き込みます。そんなことを二十年以上、やってきました（笑）。

それと、やはりフランクフルトはいずれの面でも経済的な余裕がありますから、音楽プロモーターも一流どころを呼んでくる。今の東京みたいなもので、活況を呈していました。

もちろん、地元には大きなオーケストラが二つあって多彩なレパートリーを誇っているのも魅力です。フランクフルト放送響とオペラ劇場オーケストラは地元のオーケストラとして市民に親しまれていました。私も足繁く通いました。

もちろん欧米の一流オケもしょっちゅう来ておりました。ミュンヘンのバイエルン放送交響楽団も巡回ペースで頻繁にやって来ていましたし、ベルリン・フィルも毎年ではないにしても、フランクフルトの聴衆を沸かせていました。あと、ウィーン・フィルとかパリ管とか、目白押し。

というわけで、フランクフルトにいるだけで、十分楽しめるわけですが、やっぱりこれはと思うものや、好きな演奏家や演目ともなると、ベルリンやミュンヘン、シュトゥットガルトに足を運んだり、当時、壁があって、ドレスデンとかにはなかなか行きにくかったけれど、ライプツィヒに見本市があると出張を兼ねて、いや、コンサートに併せて出張の予定を組んだものです（笑）。

イタリアもすばらしかったですね。ミラノぐらいまでですけど、オペラを聴きによく行きました。ミラノに行く場合は車で、スイスを通過して行くわけです。七〇〇キロの行程。あそこまで行くと、さすがに日帰りはできないので宿泊して、ついでに美術館巡り。ロンドンもやはり音楽の中心地でしたから、娘や息子がロンドンの学校に行っていたときなど、必ずミュージカルやオペラを観るようにしていました。

フランクフルト歌劇場

2. フレンドシップ

仕事も軌道に乗ってきた八〇年代、フランクフルトの我が家にはお客様の出入りが多くなり、交友関係もますます拡がっていきました。ドイツや外国の方ともさまざまな出会いがあって交流が生まれ、なにより私自身の糧となるような経験に恵まれました。

▼当時、ハーモニック・ドライブ・システムズの穂高工場では、一九八〇年から会社主催のコンサート（ハーモニックコンサート）が始まっていた。伊藤はドイツから出演演奏家のプランを送ることになる。

日本での経営も軌道に乗ってきたところで、所敦夫社長（当時）から、文化活動を考えているが何がいいだろう、と相談があったんです。会社として土地の人たちに恩返しみたいなことを計画しているとのこと。一過性のイヴェントではなくて長続きができるのは、クラシック音楽がいいんじゃないか、とも。即座に大賛成して、演奏家の選出を任されました。

歌手の下村洋子（旧姓・中山）、ピアニストの藤村佑子、ヴァイオリンの豊田耕児、歌手の白井光子…、錚々たる方たちにコンタクトをとることになるんですが、みなさんドイツでも活躍されていて、親しくおつきあいさせていただいた方々です。八〇年代の日本の演奏家たちのヨーロッパでの活躍はすばらしいものがありました。

武満徹を世界中に広めた指揮者の岩城宏之さんとも、よくフランクフルトの我が家で酒盛りをしておりました。音楽家のみなさんは、お酒がすこぶるお好きなようなのですね（笑）。

音楽家ばかりではありません。作家の宮本輝氏との出会いも一風変わったきっかけがはじまりでした。

▼宮本輝、一九四七年生まれ。小説家。代表作に『泥の河』（一九七七年）、『流転の海』（一九八四〜二〇一八年）、『優駿』（一九八六年）。

あれは一九八一年のことだったと思いますが、朝日新聞の論説委員で天声人語も執筆されていた藤井さんという方からじきじき連絡が入ったんです。ミヤモトテルという作家が朝日新聞紙上で連載を始める、ドナウ川流域を舞台にした作品なので、現地取材を希望している、ついては私たちにコーディネートしてもらえないか、と。朝日新聞社ならドイツ駐在員はたくさんいるはず。どうして私たちに？と訝ってはみたものの、「非常に難しい方で、変わっている人ですから」と。

妻と顔を見合わせて、私たちも変わっているからかなと、無碍に断れなくてOKしてしまいました。小説家で、そんな方いたかな？　宮田輝（「のど自慢」や「ふるさとの歌まつり」でお馴染み、昭和を代表する名アナウンサー）じゃなくて（笑）。

しばらくして宮本輝氏がフランクフルトに来られた。我が家の本棚を眺めて、開口一番「僕の本はないんですね」と。

ともあれ、変わった方ということだったので、最初のうちこそ、注意深くしていましたが、次第に打ち解けて、そんなことは忘れてしまった。取材に同行することなく、案内人を見つけてあげたりして、取材旅行の合間に我が家でくつろいでいかれました。

▼やがて『ドナウの旅人』の連載が完結し、単行本になる（一九八五年）。

そうこうしているうちに、一介の会社員でしかない私がいつのまにか物語の中の登場人物のモデルにまでされてしまいましてね。うかうかしていられません（笑）。

▼《『三十光年の星たち』の（主人公）佐伯平蔵が働いていた会社の社長である伊佐木光政は、この人がモデルです。若くしてドイツで会社を立ち上げて、いまや誰もが知る立派な企業に育て上げた人です。今夜はこの人からもらったパブロ・カザルス演奏のチェロの名盤で「鳥の歌」を聴こうと思います。》（宮本輝『真夜中の手紙』、新潮社、二〇一一年）

宮本輝氏による創立30周年記念講演（2000年10月）

まあ、よほどお互い、気が合ったと言いますか、ざっくばらんな関係で、家族ぐるみでおつきあいがはじまって、いまでも行き来しております。毎年、夏の恒例、彼の軽井沢の別荘で「飲んだくれ」をやることになっています。端から見れば、やっぱりお互い変わっている者同士だったかもしれませんが（笑）。その後、我が社の創立三〇周年記念講演会などにも来ていただきました。

▼音楽家のみならず、伊藤家の交友範囲は、ますます拡がっていく。なかでもハインリヒ・ホフマン協会を立ちあげたゲアハルト・H・ヘルツォーク氏との出会いは、日本とドイツの文化交流に発展する。

前に私の父が若き日にドイツでハインリヒ・ホフマンの著作 Der Struwwelpeter（もじゃもじゃペーター、邦訳タイトル『ぼうぼうあたま』）を見つけ、それを翻訳したことをお話ししましたが、後年、この作家の研究者でもあるヘルツォーク氏によって「ハインリヒ・ホフマン協会」が設立されます。その下部組織として「ぼうぼうあたま」博物館というのができて、私も設立に携わりました。『ぼうぼうあたま』は、ほとんどの国で訳されていますので、この本の世界的収集と、ハインリヒ・ホフマン関係の資料を集めることになりました。

『ぼうぼうあたま』日本語版・表紙
（伊藤庸二訳、銀の鈴社刊）

ハインリヒ・ホフマンという人は医師の傍ら、ドイツ統一にも関わった人です。一八四八年、ドイツ諸邦の統一を目指し、三月革命でその頂点を迎えるわけですが、その際、パウルス教会でフランクフルト国民議会が開かれ、ハインリヒ・ホフマンもそれに参加しています。けれども実現叶わず、決裂してしまったわけですが、そのときに遺された彼の詩があります。「みんな一生懸命に議論したけれども、一生懸命過ぎたゆえに結実しなかった…」という内容です。

私が帰国する際に、ハインリヒ・ホフマン直筆の詩をホフマン家よりいただいてきたのですが、「ゲフンデン」という詩で、一八四二年に詠まれたものです。

一時、財政難で博物館の運営も危ぶまれますが、何とか乗り切り、今日に至っております。

▼ヘルツォーク氏の活動はその後軌道に乗り、九一年には彼の提案で伊藤の郷里にある五倫文庫と姉妹関係を結ぶことになる。一九九六年、『ぼうぼうあたま』に関する国際シンポジウムがフランクフルトでおこなわれた。日本からは伊藤美保（光昌の長女）が講演。その内容は、後日、"Struwwelpeter-Hoffmann, Gestern und Heute"（Sinemis, 1997）という単行本に収録されることになる（巻末、参照）。

一九八〇年に日本語版が再版になったとき、飯田善國さんにあとがきの寄稿をお願いしました。飯田さんは、お子さんが生まれて最初に、この絵本を買ってきた、と言っておられました。

▼≪『ぼうぼうあたま』の魅力は、やはりテキストと絵との緊密な一致にある。それらはどこか間の抜けた可笑しみのようなものと、ちょっぴり不気味さを感じさせるブラック・ユーモアとの混合である。…『ぼうぼうあ

たま』はドイツ人の発明した子供向け「十戒」であるように私には思われる。≫（再版のあとがき）

3. 帰国前夜

▼一九八九年一一月九日、ベルリンの壁崩壊。伊藤家が帰国の途に就くのは、その一ヶ月前のことだった。

思えば、ハーモニックドライブ事業に参画して、私の二度目のドイツ滞在は六八年の九月から結局、二一年という長きに亘ってしまいました。八〇年代に入って、日本でのハーモニックドライブ市場の形成も安定してきたこともあり、ドイツでの私の任務も一段落ついたこともあって帰国することにしたんです。

▼一九九〇年、ヘルムート・コール、ドイツ連邦共和国首相（一九八二〜九八在任）は、一六年にわたって首相をつとめ、冷戦終結の波にのり、ドイツ統一を成し遂げる。

世の中の変遷が急速に進んでいく時代で、東欧革命のなか、ベルリンの壁崩壊によって始まるドイツ統一。たしかに二度の大戦の経験から新生ドイツの誕生に警戒する向きもありましたが…。それと、経済的に困窮する東を吸収することに対する負担の大きさを危惧する見方もあったようです。

そこは、コール首相の英断により統一への舵を切ったわけです。

東西冷戦体制の象徴であるドイツ、しかもそれが先鋭化する東西ベルリン。ベルリンの壁崩壊の原動力となったのは、西側の豊かな経済や自由な文化にあこがれる人々の思いであったことはたしかですが、やはり東側の体制自体の崩壊が予見されていたんです。現に、八〇年代も後半に入ると、東のレストランなんかで私が外国人と知ると、一般市民が平気で体制批判をするようになっていて驚きました。今までそんなことはあり得なかったんです。そこには根深い経済問題と言論統制による精神的抑制が鬱積していたんだと思います。

▼ドイツ統一以前の経済格差はいかんともしがたく、東側は気息奄々たる状況に置かれていた。とくに住宅政策と労働の分業システム、その弊害は東ドイツの崩壊の予兆のように見えていた。

あるときまでは、東西の国境ラインはすごく厳重でした。いつもじゃありませんけど、靴まで脱がされて、東のマルクを隠し持っていないかと検閲。というのは当時、東に入るときには必ず、一日25マルクを1対1で替えなきゃいけなかったんですけど、西側で替えていくと大体三〜六倍で替えられました。壁崩壊前にはなんと一三倍に。それに対するコントロールもありましたが、一九八五年ごろからルーズになって、そういう検閲もほとんどなくなった。経済的には相当の差があったということです。

この頃になって、東ドイツの政府関係者及び大学教授らから、西の新聞・雑誌を持って来てくれないかという要望が出され、フランクフルター・アルゲマイネ紙やデア・シュピーゲル等を持参しました。それまでは西の報道に関するものはいっさい持ち込めませんでした。

また、何月何日何時頃、どこそこのチェックポイントを通過し東ドイツに入る、そう予定を知らせておくと、ほとんどコントロールなしで、東西の国境を通してくれました。

それから、あまり報道されなかったのですが、当時の東ドイツの顕著な問題として住宅政策がありました。

一九八八〜八九年ごろ、ドレスデンに行くと、街の表向きはさほど気にならないんですが、ちょっと脇道に入ると住めなくなった家がたくさんあるんです。市民曰く、新しくモスクワ・スタイルで建つ家の数と住めなくなっていく家の数が逆になってしまって、結局、住むところが非常に少なくなった。東では国の物だから家を自分で修理することはしない、壊れ放題になっている。モスクワ・スタイルと称する安普請の高層アパートには本当に住めなくなってしまった、と。

もう一つの難点は共産主義特有の分業システムです。

一九八九年、東からの行き来が比較的自由になったころ、私どもの会社にも入社希望者がいて採用したんですが、結局、しかるべき労働力にはなりませんでした。たとえば、倉庫に配属した人など、以前の分業システムが抜けきらなくて、どうもうまくまわらない。梱包している人が梱包材がなくなると仕事をせず、ただ待っている。どうして何もしないでいるのかと訊くと、材料がない、と。自分でとりに行きなさいと言ったら、それは私の仕事じゃない…。

分担作業で厄介なのは、生ものを扱うケースです。秋に東へ行くと腐臭に満ちているんです。サトウダイコンとかが腐ったまま放置されていたり。なぜかというと、収穫が予定どおりできないということです。収穫する人間と運ぶ人間が違い、それが全部狂っちゃっていましたから。それだけに限らず、あらゆる面でそうした弊害に直面する事態になっていました。

ともあれ、東ドイツの共産体制というのはいい意味で分業ですが、悪い意味で誰も責任をとらない、全体的な責任がとれないっていう形になっていたような気がします。それで、東ドイツが国として成立していた時代はそれがきちっとうまくいっていたようですが、あるときからだんだんそれが乱れていったために分業が全く機能しなくなっていきました。

それはやはり政治の責任だと思いました。「東ドイツの七つの奇跡」という印刷物が象徴的にそれを表しています［九九頁参照］。

その辺のところに東ドイツが崩壊につながっていった根っこがあるんじゃないかという気がいたします。やっぱり市民にとってはやりきれない状態であったと思います。

陰で音楽界を支えた人
ルイーゼ・コルプ夫人の愛

ルイーゼ・コルプ［Luise Korb］は、フランクフルト・アム・マイン市に当時存在したシュタインウェイの大手代理店、ピアノハウス・カール・ラング社の女社長であった。一九七六年、我々がカール・ラング社からピアノを購入した折に、彼女と知り合い親交が始まった。

三月末の土曜日、カール・ラング社を訪問。ルイーゼ・コルプにコンツェルト・フリューゲルから竪ピアノまで、約三〇台が陳列されているピアノ置場に案内された。当初、彼女は、私を外国人の興味本位の客と思ったらしく、通りいっぺんの応対であったが、会話をするうちに真剣に対応してくれるようになった。ピアノを熟知したその説明は、ピアノとはどんな楽器であるかを、素人の私に、今までとは全く別の観点から教えてくれて、そのプロ意識に感動した。

家庭で使うのでA–188あたりがその大きさから適当と考えて、それを中心に見せて貰った。三台のA–188が置いてあり、従業員が弾き比べてくれて、私は三台目のピアノを良いと思った。後日、妻と共に来るということで、とりあえず三台目に興味があると伝え、店を後にした。

現在、我が家の居間に置かれているA–188は、この三台目である。

このピアノを選んだことにより、ルイーゼ・コルプと親しく付き合うようになった。我々が購入したA―188フリューゲルは非常に良い出来だそうで、それを選んだことを彼女に褒められた。

　当時、フランクフルト・アム・マインで開かれたピアノ演奏会で、ホール備え付けのピアノに満足できない芸術家に、カール・ラング社よりピアノが提供された。ルイーゼ・コルプは、そのために、シュタインウェイ及び、他のコンツェルト・フリューゲル数台を、巨匠たちの練習用に、また、コンサートでいつでも使えるように、最良の状態で常時準備していた。カール・ラング社に演奏会で使用するピアノの選択と練習のために足を運んだ芸術家たちは、彼女によれば、ヴィルヘルム・バックハウス、ハンス・リヒター＝ハーザー、ヴィルヘルム・ケンプ、レナード・バーンスタイン、クリスティアン・ツィンマーマン、カール・エンゲル、アダム・ハラシェヴィッチ等であった。

　練習中は調律師が後ろに控えており、それは、ピアニストの欲する音に達するまでピアノの音色を揃えるためだとルイーゼ・コルプは説明してくれた。状況によっては、こうした綿密な作業は一日以上続くこともあるとのこと。それが一段落すると、コンサートホールにピアノを運び入れるのだが、搬入されたピアノは、運搬により、また環境の変化で、そこの湿度温度に合わせるために、再度、調整調律する作業が行われた。自分の楽器でないピアノ演奏会の準備の大変さを、私は教えられた。

　彼女は、私よりたぶん一五歳くらい年上で、独り身であった。彼女の家の居間には、写真立てに入った男性のモノクロ写真が置かれていた。その男性は、彼女の恋人か許婚者《フィアンセ》だったのではないかと私は思った。彼女の年代は、配偶者となるべき男性の多くが第二次大戦で亡くなっていて、独り身の女性が多かった。

ルイーゼ・コルプは、戦争を経験したためか、日常生活は、その社会的地位に比して極めて質素であった。また、自分にも他人にも大変厳しい人であり、その厳しさがしばしば摩擦を生み、一部から気難しい夫人と嫌われ、誤解される原因にもなっていた。私は、自分のドイツ語の理解度もあったと思うが、彼女から一度も不快な思いをしたことはなく、その会話は、常に楽しいものであった。食事を共にしたり、また、我が家にも何度かやってきた。

私は、妻佐久子が母親から受け継ぎ、また、彼女自身の音楽大学時代に使ったかなりの量の楽譜を整理したいと思い、譜面棚（家具）を長年探していた。適当なものが見つからず、ルイーゼ・コルプに相談したところ、昔は楽譜専用の棚があったそうで、彼女の家に祖父の時代から伝わるものがあり、現在使っていないのでそれを貰ってほしいといわれた。買わせてくれないかとの申し出に、「私の家に代々伝わる譜面棚を、あなたが継いでくれたらうれしい」と言われ、結局それを戴くことになった。一八〇〇年代後半にドイツで製造されたもので、現在、我が家の居間に置かれている。

一九八六年二月六日、ゲルトゥルーデ・ピッツィンガーを我が家に招いた折、ルイーゼ・コルプにも声を掛けて、午後の一時の茶会を楽しんだ。彼女は、ゲルトゥルーデ・ピッツィンガーとそれまで面識はなかったが、歌手としての彼女を熟知していた。羨ましいことに、何回かゲルトゥルーデ・ピッツィンガーの演奏をじかに聴いており、その

楽譜整理タンス

素晴らしさをかねてより私に語っていた。彼女は、ゲルトゥルーデ・ピッツィンガーとの邂逅を心から喜び、その機会を得たことに随分感謝された。

ルイーゼ・コルプは、戦中戦後については多くを語らなかったが、その苦難期を懸命に生き抜いてきたことを、彼女との会話から推測できた。名家の出身であったのだろう、彼女の話し方、立居振る舞い、そしていつも薄い緑系の服装に身を包み、その佇まいには品格があり、威厳に満ちていた。そして住んでいたフランクフルトの家の居間の調度品は、先祖代々使われてきたものであったと思われ、重みがあった。社長という社会的責任からか一見厳しい女性という印象を受けたが、彼女独特の優しさがあり、時々見せる笑顔は魅力的であった。

一九八六年春、彼女は現職を引退した。その年の一〇月二四日、フランクフルトのパークホテルで新人ピアニストの紹介を兼ねた「退任感謝の夕べ」が、大々的に開催された。約一五〇名が招待され、私も出席した。東洋人は私一人だった。このパーティで、彼女がいかにフランクフルトの音楽界を底辺で支えて来たかを実感し、感動したのを今でも思い出す。彼女は、音楽を純粋に愛し、音楽家とは一個人として、企業の打算を超えて接した。

一九八九年九月八日、私たちの帰国送別パーティに、彼女は来て

サロン・コンサート
（1986年10月24日、退任感謝の夕べ）
（前列右から3人目）ルイーゼ・コルプ夫人

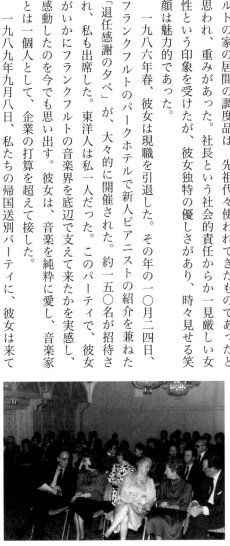

くれた。

その後、フランクフルトの家を畳み、郊外の保養地バードオルプの施設に移ったとの連絡があった。二〇〇〇年九月、妻佐久子とその施設を訪ねて、昼食を共にして旧交を温めた。それが彼女と会った最後となった。その折、彼女の住んでいたフランクフルトの家の居間に掛かっていた、マイセンの掛け皿を贈られ、現在、我が家の居間に置かれている。

ルイーゼ・コルプは、私の人生において、心に残る人格の持ち主であった。


（二〇一九年一月）

世界に翔る日本の演奏家たち

岸邉百百雄

中学の同級生にヴァイオリニストの岸邉百百雄がいた。小学校時代に日本音楽コンクールで三位となった逸材である。演奏会で忙しかったのであろう、あまり学校に現れなかったが、成績は常に上位一桁に入っていた。音楽の時間に時々演奏してくれて。音楽好きの私を喜ばせた。新設の桐朋学園に進学、卒業後、ウィーンに留学した。

私は、一九六三年一〇月末より、ベルリンに留学した。その年の一一月二五日、ヴィーナー・ゾリステン［Wiener Solisten］が、ウィーンよりベルリンに演奏旅行でやってきて、アカデミー・デア・キュンステ（ベルリン芸術アカデミー［Akademie der Künste］）のホールで演奏会を行った。岸邉百百雄がこの楽団の一員で同行、演奏会後、中学以来の再会を果たした。

岸邉百百雄はその後、ロッテルダム・フィルでコンサートマスターを務め、帰国。日本のオーケストラのコンサートマスターを務めながら、弦楽四重奏団を結成し、「二〇世紀音楽を楽しむ会」では、バルトークの弦楽四重奏曲第二番を演奏した。また、ハーモニックコンサートにも出演してくれて、名演を残している。岸邉百百雄は、インテリでバランスの取れた音楽家である。

藤村佑子

日本音楽コンクールで賞を取り、一九六二年、ロン＝ティボー国際コンクールのピアノ部門入賞者の藤村佑子が、ベルリンに滞在して、シュタインウェイの練習場で練習していると聞いた。練習場は、学校の真向かいだったので、彼女のピアノを聴きたいと思い、断わられるのを覚悟で訪ねた。彼女は十代の後半で、若さに溢れ、育ちのよさを髣髴させる明るい大らかな性格の人であった。練習をしばらく聴かせて貰ったが、師のミケランジェリ譲りのその芯のある抜ける音は、私の心に心地よく忍び込んできて、ピアノという楽器の素晴らしさ、凄さを実感した。それが契機となり、彼女との親交が始まり、現在まで続いている。

その後、藤村佑子は、一九六八年にミュンヘン国際音楽コンクールで三位（このとき一位一人、二位なし、三位二人）に輝き、欧州での本格的演奏活動に入った。ちなみに、翌年の声楽部門では、ジェシー・ノーマンが優勝している。

ベルリン、ハンブルク、ヴィースバーデン、フランクフルト、パリ、ロンドン、ミラノ、ローマ等でリサイタルが企画されて成功を収めた。シュトゥットガルトでのショパンのピアノ協奏曲第一番は名演で、思い出に残る演奏であった。ハンブルクに居を定めて、欧州で活躍した。現在は、故郷福岡を拠点に演奏活動と後輩の指導に当っている。ハーモニックコンサートにも再三出演、その素晴らしい音による演奏を披露している。二〇二〇年一〇月には、九州交響楽団とリストのピアノ協奏曲第一番及びベートーヴェンのピアノ協奏曲第五番を演奏し、健在振りを示した。

辛島輝治

辛島輝治のピアノ演奏を初めて聴いたのは、ベルリンであった。ベルリン音楽大学［Hochschule für Musik］のコンサートホールでシューベルトのソナタを演奏した。密度の高い音と言葉では表現しがたいシューベルトの調べに、辛島輝治の名前が、私の脳裏に刻みこまれた。そして、彼の演奏により、シューベルトのピアノ曲の独特の素晴らしさを改めて認識させられた。

シューベルトのピアノ曲をこよなく愛した三谷礼二は、彼のピアノ音楽を系統立てて演奏する機会をつくりたいと考えていた。そこで、ベルリンでの辛島輝治の体験を話したところ、是非彼によるシューベルトのピアノ音楽全曲演奏をやろうということになった。一九六八年四月二〇日に第一回の演奏会が「ジロー」で行われ、六九年一月二一日の第六回を最後に、この企画と演奏は大好評を博した。当時シューベルトのピアノ曲は、日本では、一部の曲を除き一般的ではなかった。このシリーズの全演奏の録音が残っていて、辛島輝治は、シューベルトのピアノ曲のスペシャリストとなり、現在に至っている。

宮原省吾

夭折したバリトン歌手宮原省吾との出会いも、ベルリンであった。DAAD（ドイツ学術交流会）の留学生として、ベルリン音楽大学でエリーザベト・グリュンマーの下、研鑽を積んでいた。日本では中山悌一門下として、ドイツ語の発音、発声を正しく学んでいたのであろう、まもなく頭角を現し、ドイツで演奏活動が出来るようになった。ハイデルベルクのオペラで首席バス・バリトン歌手として活躍し、ドン・ジョヴァンニ、ジョルジョ・ジェルモン、パリアッチのモノローグ等を歌った。一九七七年一月二二日、ハイデルベルクのオペラ劇場での《冬の旅》は、心に残る演奏であり、録音が残っている。エリーザベト・グリュンマーとヴォルフの《イタリア歌曲集》をベルリンのフィルハーモニーで演奏することが決まり楽しみにしていたが、彼女の急病で流れたことは、誠に残念であった。

彼は九州男児で、竹を割ったような性格の人間であり、その会話は、白黒がはっきりしていて気持ちが良かった。よく我が家にも遊びに来てワインを痛飲し、音楽から諸々の話題を深夜遅くまで語り合った。バリトン歌手としてドイツで高く評価されたが、天は二物を与えずで、彼の身長がもう一〇センチ高かったら、さらに大きな活躍ができたのではないかと思う。帰国し、洗足学園の教授の傍ら、オペラやリートで活躍したが、病魔に冒されて五〇代初めで亡くなった。聴く機会はなかったが、日生劇場でのヴォータン役は、素晴らしかったと伝え聞いている。

大野総一郎

大野総一郎は、フランクフルト放送交響楽団（以下ＲＳＯＦ）のソロ・ホルン奏者であった。知り合った当時は、音楽大学でグスタフ・ノイデッカー〔Gustav Neudecker〕について研鑽を積んでいた。偶然、我々の住んだフランクフルトの隣の家の三階に下宿していた。その一階がイタリアン・レストランでそこに食事に行き、彼と知り会い、親しい付き合いが始まった。

日本では、学生時代に東京交響楽団に入団しホルン奏者として活躍し、東京交響楽団を指揮したハンス・レーヴライン〔Hans Löwlein〕の勧めで、名ホルン奏者グスタフ・ノイデッカーへ弟子入りしたと聞く。ＲＳＯＦをよく聴きに行ったが、彼の柔らかく温かい音は、聴いていて気持ちが洗われた。彼によれば、ＲＳＯＦ時代、エーリヒ・ラインスドルフ、ヘルベルト・ブロムシュテット、またソリストとして五嶋みどり、マリア・ジョアン・ピリスとの共演が、思い出に残る演奏と言っている。特に、五嶋みどりのベートーヴェンの協奏曲は、「中へ中へ入っていく音楽」（大野総一郎言）で、素晴らしい演奏であったそうだ。ハーモニックコンサートにも何回か出演してもらい、安曇野で大野ファンが多くできた。

彼は、料理の達人で、フランクフルト時代、凝った手料理をよくご馳走になった。好奇心旺盛でいろいろな面に興味を示し、手がけたものはすべて一流のレヴェルに達した。

下村洋子(旧姓・中山)

中山洋子は、往年の名アルト歌手ゲルトゥルーデ・ピッツィンガーに教えを乞うため、フランクフルトに滞在中、親しくなった。芸大では中山悌一の指導を受けたことにより、発声とドイツ語の発音は基礎ができていた。ゲルトゥルーデ・ピッツィンガーの厳しい指導と彼女の弛《たゆ》まぬ努力もあって、フランクフルトを中心に演奏の場が広がっていった。しかし、家庭の事情で、道半ばで帰国を余儀なくされたことは、残念であった。

ゲルトゥルーデ・ピッツィンガーは、彼女について私に次のように語っている。

「洋子は、学生時代に基礎をきちんと学んだ。もし彼女がドイツに留まることが可能であったならば、歌手として道が開けたであろう」

中山洋子は、ヘルムート・ヴァルヒャ、ヘルムート・リリングとも共演している。ＲＳＯＦとの実況録音が数々残っており、ヘッセン放送局でよく放送されていた。彼女は、機知に富み、あっけらかんとした性格で、我が家にもよく遊びに来て、食事を共にしたり、ワインを一緒した。楽しいお酒であった。帰国記念演奏会には、ゲルトゥルーデ・ピッツィンガーも来日して、愛弟子を祝福している。

白井光子

一九七〇年代の初めと記憶する。シュトゥットガルトで彼女のリートを聴き、こんな素晴らしい歌手がいたのかと敬嘆した。その後、フランクフルト音楽大学の教授に就任、フランクフルト市郊外に居を構え、その時代に知り合いとなった。フランクフルトのオペラでも歌い、リート歌手としての白井光子は一流として、ドイツを中心に欧州、米国と世界中を飛び回って活躍をするようになった。大らかな愛すべきレディである。我が家にもよく遊びに来て、夕食を共にしたりし、楽しい時間を共有した。

ハーモニックコンサートにも何回か出演、当社創立二〇周年記念コンサートでは、白井光子、ハルトムート・ヘル、タベア・ツィンマーマン、エドゥアルト・ブルンナーで特別企画を組み、祝福してくれた。その後、彼女はカールスルーエ音楽大学の主任教授となり、多くの優れた後輩を育てている。

吉江忠男

フランクフルトのオペラに一九七〇年代後半より吉江忠男の名前が載るようになった。デトモルト音楽大学を卒業して、フランクフルト・オペラの専属バリトン歌手として入団するという逸材である。そのリリックな素晴らしい発声と発音は、高く評価されていた。リートも何回か聴く機会があった。フランクフルト時代、我が家にも遊びに来て、興に乗るとよく弾き語りで歌を聴かせてくれた。ハーモニックコンサートにも何回か出演して、その歌は、安曇野の聴衆を喜ばせてくれ、長野県岡谷の出身ということもあって、多くのファンを得ている。すでに齢八〇を超えているが、発声の基礎をしっかり勉強したのであろう、未だに歌っていて、その健在ぶりが聞こえてくる。

吉江忠男は、山菜茸の専門家で、フランクフルト時代、春秋にはよく山菜茸狩に連れて行ってくれた。イタリア料理の高級食材ポルチーニを食べきれないほど取ったのも良い思い出である。

徳永兼一郎・徳永二男

徳永兼一郎は、「二〇世紀音楽を楽しむ会」を通じて知り合い、この会の演奏家として不可欠な存在であった。彼の感性とその音楽性は、現代音楽であってもその片鱗が演奏の随所で聴けて、それが大きな喜びであった。一九六八年一一月三日及び一〇日の二回にわたるコダーイの無伴奏チェロ・ソナタは、彼の本領発揮の演奏であった。練習不足と彼は言っており、演奏に必ずしも満足していなかったようだが、名演であった。彼の音楽は天才的で、聴く人の心に理屈なく無意識に入って来て魅了した。

一九八〇年代末であったと思う。フランクフルト空港で友人を見送り、空港ホールを駐車場に向かっていると徳永兼一郎が向こうから歩いて来た。久しぶりの彼の姿に懐かしく、思わず声をかけた。彼は、私を覚えていなかったが、ジローの「二〇世紀音楽を楽しむ会」を通じてすぐに思い出してくれ、東京行き便の出発時刻まで、約一時間、空港の喫茶店で話をした。ハーモニックコンサートへの出演をコダーイの無伴奏チェロ・ソナタの演奏でお願いし、快諾を得た。その後、二～三年を経てコンサートの具体的な話をしたいと思い連絡したところ、病魔に冒され深刻な状態であるとのことに暗澹たる思いであった。その夭折は、音楽界の大きな損失であった。一九九六年五月二五日、青山葬儀所での告別式で彼に別れを告げた。

徳永二男は、徳永兼一郎の弟であり、徳永兄弟としてその名声を耳にしていた。徳永二男のスケールの大きさと天才的な聴く人を惹き付ける演奏は、私を魅了した。大野総一郎と親交があるとのことで、ハーモニックコンサートでの共演が実現して、それが契機となり、ハーモニックコンサートに再三出演して貰うことになった。二〇二三年一月一四日の安曇野でのコンサートが決まっている。徳永二男は、カザルスやメニューインの如く音楽を語る演奏家である。彼は、進化し続け、聴くたびに音楽（人間）の深さを感じさせる。

徳永兄弟は、世界一流の音楽家である。

（二〇二二年三月）

かけがえのない友人たち　東ドイツの人々 Ⅱ

一九六八年九月一七日、私は、フランクフルト・アム・マインにある日本の放送機器・家電メーカーの現地法人の駐在員として赴任し、再びドイツの地を踏んだ。初仕事は、同年一〇月三日〜五日にチェコのプラハで開催された見本市ジャパネックスの準備とアテンドであった。その年の初めに起こったチェコ民主化の動きが、ソ連軍によって八月末に弾圧された、いわゆる「プラハの春」が終結して一ヶ月後である。私は、日本の見本市事務局に、この混乱期になぜ見本市開催を延期しないのか問い合わせたが、数年前より決まっているので動かせない、と回答があった。

厳戒態勢のプラハ空港に到着。窓からは、滑走路周辺のいたるところに、ソ連の戦車が配備されているのが目に入り、物々しい雰囲気が機中に伝わってきた。ゲートに着く間、特に空港では写真を撮らないように、また、市内での撮影には十分注意するようにとの放送があった。入国手続きは、見本市ジャパネックスのための特別査証をフランクフルトで申請し持参していたため、比較的簡単に済んだが、それでも一時間余を要した。入国検査を通って、まず目に入ったのは、空港建物のあらゆる所に機関銃を持つ二名一組のソ連兵だった。

見本市ジャパネックスの用意した自動車に乗り、ホテルに向かった。ここでも運転手から、ソ連兵や戦車を車窓から撮影しないようにと注意があった。街中の道路も、機関銃を持ったソ連兵と戦車により占拠されていて、市民の影はなく、道標はことごとく黒く塗りつぶされていた。ソ連軍に、プラハの街中の道を解らなくするための、市民のせめてもの抵抗と聞いた。

街の店やレストランは閉まっており、見本市のスタンド応対員として雇われたプラハ大学の学生がいなかったら、夕食にもありつけない状態であった。夕食は、ホテルでは取れず、彼らの案内で、約五〇キロ、プラハ郊外の田舎町の居酒屋でやっと取ることができた。朝食もホテルでは用意できないとのことで、夕食を取った店でサンドイッチを作ってもらった。

見本市は、予想通り訪問客はほとんどなかった。見本市の様子及び空港や街中の写真を撮ったが、出国時の荷物検査で、全てのフィルム（未使用のものも）は没収された。

一九七〇年三月、現地法人の日本本体が経営破綻し、失職した。その年の六月に、私は株式会社長谷川歯車に拾われて、新しく始まるハーモニックドライブ事業に従事することになった。私の使命は、フランクフルト・アム・マインに現地法人を設立することと、その運営であった。

現地法人での最初の仕事は、ブルガリア、ハンガリー、東ドイツの大学で、ハーモニックドライブについての学術論文が出されていて、その執筆者の所属する大学との接触であったが、不首尾に終わった。東の機関との接触は、それぞれの国の管轄する部署の上層部を通すことが不可欠であり、それを知らず怠ったからであった。社会主義国家では、中央との接触がない限り、物事は先に進まず、また、全てが計画経済の名のもとで動いており、たとえ中央との接触があったとしても、当該案件がその年の計画に入っていなければ取り上げられなかった。

一九八一年、父の恩師である弱電界の泰斗ハインリヒ・バルクハウゼン教授生誕一〇〇周年の行事が、東ベルリンとドレスデンで開催された。それを通じて、東ドイツの文部次官のワルター・グルント〔Walter Grund〕を知ることとなった。彼を通じてドレスデン工科大学、マグデブルク大学と、さらにドレスデン工科大学工学部長エーベルハルト・クロッカー〔Eberhard Krocker〕教授、ペーター・ノイベルト〔Peter Neubert〕教授を紹介されて、東ドイツ文部省とも連絡が取れるようになった。文部次官ワルター・グルントは、筋金入りの共産党員であったが、結構馬が合った。考え方に相違はあったが、親切な人で、こちらの意図を理解すると行き届いた配慮をしてくれた。彼は、第二次世界大戦のロシア戦線の生き残りで、被爆時の閃光により両目を損傷し弱視となり、左手の親指と人差し指、中指の半分を失っていた。

　私は五倫文庫の使命に従って、欧州の（共産圏を含めた）初等教科書を集めていたが、東ドイツの初等教科書収集で彼が動いてくれた。彼の計らいで、当時のベーメ文部大臣に会い、財団法人五倫文庫（私の郷里御宿に存在する世界の初等教科書を収集する文庫）の主旨を説明する機会を得て、その結果、鶴の一声で、東ドイツで使用されていた初等教科書一式を送ってくれた。

　日本で言う国語や社会科の教科書を読むと、東ドイツの教育がいかに偏向していたか、よくわかる。国語の教科書のそれぞれのテキストの内容が、必ず共産主義を讃える文になっており、その論旨は極めて稚拙に感じられる。社会科の教科書で米国に関する項を見ると、黒人問題が主で、人種問題の国として扱われ、産業等に関する記述は少ない。全教科書は、現在財団法人五倫文庫に納められ、今では当時の歴史的資料となっている。

　一九八九年、ベルリンの壁崩壊により、東西ドイツの再統一という大きな変革が東ドイツを襲った。一部の自然科学者及び芸術家を除き、ほとんどの人々が新体制下で不要となった。工学部長であった

ワルター・グルント文部次官

エーベルハルト・クロッカー教授は、統一ドイツでドレスデン工科大学に残れた数少ない一人であったが、その変化への同化に苦労したと述懐している。ペーター・ノイベルト教授は、新体制では職を得られず、クウェート大学に高額で教授として迎えられた。東ドイツの自然科学者の一部は、当時、中東及び発展途上国の大学に職を得て、経済的に優遇されたと聞く。新体制下、統一ドイツで職を得られなかった東ドイツの理系の教授たちにより、中東やその他途上国に科学知財の流出が起こった、とも言われていた。

一九八五〜六年頃より、東ドイツは、いろいろな制度が機能しなくなっていた。秋の収穫期は、野菜や果物の腐臭で満ちていた。分業で収穫とそれを運ぶ人が別組織で、それぞれの作業が同調しなくなった結果で、東ドイツ末期は全てがそんな状態にあったという。それにより、食糧需給のバランスも取れなくなっていた。

さらに大きな一般市民の社会問題として、住宅政策の失政が言われていて、二つの問題点が指摘されていた。その第一は、東ドイツでは、原則として私有財産が認められず、国家に属する家の維持管理は、国が行う前提であり、居住者は、家が壊れても自ら修理することをしなかった。計画経済体制の循環に狂いが生じて、家屋修理に国の手が回らなくなり、その結果、家屋は壊れ放題となり、居住可能な住宅数が減少した。一九九〇年代は、一歩表通りから路地に入ると、例えばドレスデンでも廃家だらけであった。回らなくなった計画の下、建造される劣悪な質の住宅数と、廃家になる数とが逆転して、住宅の絶対数が不足した。

それに加え問題を広げたのは、住宅政策を逆手に取った一般市民の行動とも言われていた。

東ドイツでは、住宅は国の持ち物で、四人家族だと平均一〇〇～一二〇平米のアパートが与えられた。子供が結婚して独立すると、家族数が減ったことにより、両親は、小さなアパートに移らなければならない。一方、一般家庭では、子供が出来ると、将来の独立のために、国にアパート取得申請をする。それが貰えても、実家の平米の維持のため、家族数を減らさないために正式に結婚せず同棲し、実家と、子供が出来たために申請して取得したアパートの両方を保持した。それによる私生児の増加も社会問題となっていたという。

この食糧・住宅問題が、当時の東ドイツの一般市民の生活において切実となっており、彼らの不満の主要因と言われていた。この頃から体制批判を公に口にするようになり、他人の耳を気にしなくなっていた。

一九八八年秋、ドレスデンを訪ねた折、クロッカー教授より「ドイツ民主共和国（東ドイツ）の七つの奇跡」と称する印刷物を貰った。体制を皮肉った次の七項目が挙げられていた――

（1）ドイツ民主共和国には、失業者が存在しないと言いながら、半分の国民はすることがない。
（2）半分の国民はすることがないと言いながら、労働力が不足している。
（3）労働力が不足していると言いながら、我々は、すべての計画を計画以上に達成した。
（4）すべての計画を計画以上に達成しているにもかかわらず、店頭には買うものがない。
（5）店頭に買うものがないにもかかわらず、すべての人々はすべての物を持っていると言う。
（6）すべての人々がすべてを持っていると言いながら、半分の人は不平不満に満ちている。

（7）　半分の人々は不平不満に満ちながら、九九・九九パーセントの人は現体制の候補者を選挙で選んでいる。

ワルター・グルントと二〇〇〇年九月に一四年ぶりの再会をした。ベルリンのブランデンブルク門で一二時に待ち合わせ、ウンター・デン・リンデンのレストランで昼食を共にした。彼の弱視はさらに進んでいて、普段は家からなるべく出ないようにしていると言っていたが、電車を乗り換え乗り換えして、会いに来てくれた。

東西ドイツ統一後の生活について尋ねてみた。一部の自然科学と芸術に従事していた人々を除き、役人、特に文化系大学教授、小中高の先生は、職を失い困窮した。ワルター・グルントは、ドイツ再統一前に身体障害者となり引退、年金生活に入った。ドイツ再統一後は、東ドイツの年金が継続されて、普通の生活が出来ている。もし再統一時まで勤めていたらどうなっていたか、とため息をついていた。新体制についての発言は一言もなかった。

一九八九年九月八日、フランクフルトで開催された私の帰国送別会に、エーベルハルト・クロッカー教授、ペーター・ノイベルト教授は、東ドイツより駆けつけてくれた。

九月二〇・二一日、ドイツを離れるにあたって、東ドイツの友人たちに別れを告げるため私は東ベルリン、ドレスデン、ライプツィヒを訪ねた。

それから一ヶ月半後の一一月九日、ベルリンの壁が崩壊した。

（二〇一九年一一月）

4　やわらかな起業家精神

1. 試行錯誤

▼二〇二〇年、ハーモニック・ドライブ・システムズが誕生して五〇年を迎えた。一九六〇年代、大型減速機メーカー、株式会社長谷川歯車の副社長、長谷川喜一郎は世界に通用する新しい技術を模索していた。折しも、同社の技術者、石川昌一はアメリカの技術雑誌『マシン・デザイン』に掲載されていた減速機に着眼し、その製品の魅力にとりつかれた。それがアメリカ、ユナイテッド・シュー・マシナリー社［United Shoe Machinery Corporation（USM）］のハーモニックドライブにほかならない。発明したのはアメリカの天才発明家、C・ウォルトン・マッサー。一九五五年に発明されたその技術は、金属のたわみを援用して大きな減速比を簡単な機構で得ることができた。

普通、「歯車」というものは、たわみをできるだけ抑えようとするんですが、このハーモニックドライブはそれを利用するわけで、まあ常識では考えられない、画期的なものでした。石川さん、亀田さんの後に続くエンジニアたちもハーモニックドライブという技術に魅了されて積極的に導入に至ったわけです。

▼長谷川歯車とUSM社は一九六四年に技術提携し、翌年、国産第一号機が完成。七〇年一〇月、ハーモニックドライブを専門に製造販売する会社、株式会社ハーモニック・ドライブ・システムズを設立した。同じ年に西ドイツにHarmonic Drive System GmbHを設立。かくて、アメリカ、日本、西ドイツの世界三大工業先進国で事業を展開する体制が整った。

長谷川喜一郎さんは当時、非常に大きな構想を持っておられました。ハーモニックドライブとギヤカップリング、この二つの製品で世界を制覇しようという、つまり、地球を縦に三等分して、アジア地区は日本を拠点にし、日付変更線から大西洋までをアメリカが受け持ち、大西洋からウラル山脈までをドイツが担うと、こういう構想を立てていたんです。当時としては本当によくあんなことを考えついたなと思います。

▼会社設立とともに現在の長野県安曇野市に工場を竣工、従業員一七六名で操業を開始する。ところが、まもなくおよそ半数の従業員が仕事のない状況に陥る。最大の理由はハーモニックドライブをそれまでの動力伝達装置に置き換えるという前提で起業したことにあった。

一九七〇年、長谷川歯車とUSM社との合弁契約が成立して、日本は長谷川歯車とUSM社が50

ハーモニックドライブ
構造と動作原理

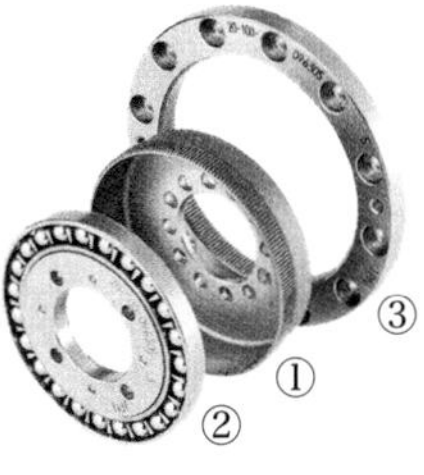

［構造］

① フレクスプライン Flexspline　薄肉のカップ型形状をした金属弾性体の部品。カップの開口部外周に歯が刻まれている。フレクスプラインの底をダイヤフラムと呼び、通常、出力軸に取り付ける。

② ウェーブ・ジェネレーター Wave Generator　楕円カムの外周に、薄肉のボール・ベアリングがはめられ、全体が楕円形状をした部品。ベアリングの内輪はカムに固定されているが、外輪はボールを介して弾性変形する。一般には入力軸に取り付ける。

③ サーキュラ・スプライン Circular Spline　剛体リング状の部品。内周にフレクスプラインと同じ大きさの歯が刻まれており、フレクスプラインより歯数が2枚多くなっている。一般にはケーシングに固定される。

［動作原理］

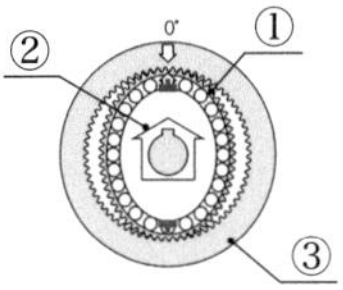

1)　基本部品3点を組み合わせる。①は②によって楕円状にたわめられ、楕円の長軸の部分で③と歯がかみあい、短軸の部分で歯が完全に離れた状態になる。

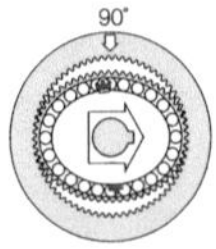

2)　③を固定し、②（入力）を時計方向へ回すと、①は弾性変形し、③との歯のかみあい位置が順次移動していく。

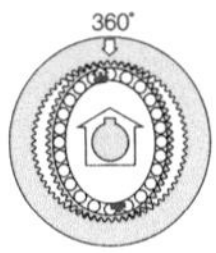

3)　②が1回転すると、①は③より歯数が2枚少ないため、②の回転方向とは逆方向へ、すなわち反時計方向へ、歯数差2枚分だけ移動する。一般にはこの動きを出力として取り出す。

対50のジョイント・ベンチャーをつくり、さらにドイツにも同じくジョイント・ベンチャーをつくって、アメリカ市場を担うＵＳＭ社と合わせて三社体制がスタートしました。私は、七〇年九月、長谷川さんに拾われたんですけれども、私の第一のミッションはドイツの法人をつくること、及びその運営でした。

当初、長谷川さんは、減速機市場に射程を置いていたんです。つまり減速機市場というのは無限大にあると見込んで、世界の動力伝達装置の市場の何パーセントかをハーモニックドライブに置きかえるというものでした。ところが、このハーモニックドライブという製品は、減速機でありながら、どうにも市場が見えてこない。我々はいわれのない焦燥感と苦労を背負い込むことになりました。

▼さらに、一九七三年の第一次オイルショックで受注量は下降線をたどり、会社創立以来、最大のピンチを迎える。一九七六年、長谷川歯車が倒産。会社は長谷川歯車出資分を減資し、ＵＳＭ社の一〇〇パーセント子会社となる。

さらに、一九七九年頃から変化が生じます。ＵＳＭ社では元来、ハーモニックドライブというディヴィジョンは彼らのメイン・プログラムの外にあったこともあり、本体から切り離して当社を売りに出すとの通告を受けることになりました。それならば我々にも親会社を探す権利を与えてくれないか、ということで交渉に入りました。その点、アメリカの会社は非常にフェアで、君たちがやってきたんだから優先順位を与えましょう、ただしその期限は六ヶ月だと言われました。

その間、ＵＳＭ社はエムハート・コーポレーション［Emhart Corporation ビール瓶製造装置の会社］に買収され、この会社もまたクインシー・キャス・アソシエイツという投資会社に買収されて、我々はその買収劇のときに売りに出されることになり、買いに来たのがウェスティングハウスでした。そこで、我々で何とかしようということで、日本が中心となり、善後策を講じたんです。いまでいう、エンプロイ・バイアウトでしょうか。とはいえ、取得費用からして社員レヴェルで工面できる額面ではない。日本の金融機関からはすべからく融資を断られました。

それで、とりあえず日本とドイツでお互いに半々を持ち合いましょう、残りの50は、その半分を光電製作所（私の兄が経営）と、残りを我々自身で法人をドイツにつくって（持株会社）、割賦で買収したんです。

その際、すべてドイツのコメルツ銀行が対応してくれました。ドイツ人は筋が通るとちゃんとやってくれるんです。日本だと必ず、こうした事態では過去の実績をもとに、ああだこうだって介入してくるんですけど、ドイツではそういうことは一切ありません。とにかく現状をどう冷静に解決し、会社を生かし将来を見通せるか、その具体的な計画を信頼してゴーサインを出してくれたんです。

▼まさに試行錯誤の七〇年代。しかし、熱意と誠意ある交渉が企業のアイデンティティを創り上げてゆく。

当初の計画は減速機の何パーセントかの市場を得るというアイディアでした。その時点での計画自体は、必ずしも間違っていたとはいえないと思います。ハーモニックドライブの特性を生かせる市場がまだ存在せず、一部の特殊な既存の減速機用途に細々と採用されるのみでした。ハーモニックドライブの特性が精密制御市場（新市場）の創造により生かされることがわかったのが七〇年代の終わりごろでした。

ドイツは、ドイツのやり方で行くことを私ははっきり主張しておりました。それは、最小の組織で始め、業績に応じて会社を大きくしていくという考え方です。日本は当時導入されたばかりの経営思想、アメリカ流の経営方式を導入し、形を整えたことにより大きな組織となり、無理が生じたのです。日本は本当に塗炭の苦しみを味わいました。当時の所敦夫社長は、よく耐え、軌道修正をされたなと本当に尊敬しています。

▼買収劇の中で、アメリカの親会社が解散を迫ってくる。はたして、前もって勝算のある選択であったのかどうか、そこには企業のあり方が根本から問われる要素がある。

勝算とか、そういうことは考えられませんでした。とにかく社員の生活を何とかしなきゃいけないっていうことが先決でした。日本法人、ドイツ法人それぞれの社員とその家族、仕入れ先や協力会社等々関係者がいて、あのときに我々が考えたのは大体一〇〇〇人に迷惑をかけてしまうということでした。

しばしば、株主・経営者・従業員、企業の三要素といわれますが、私はまず従業員の雇用だと思います。それが第一であって株主は最後です。これは、企業のありかたの常識を覆すような考え方かもしれませんが、私なりの現実感覚としてはそのように考えていました。

そうやって一九七九年頃にやっと今の形になりました。

2. 製品のちから

▼日本国内では苦戦していたが、海外では徐々に活躍の場を広げていた。その大きな転機となったのがドイツのHarmonic Drive System GmbHによる新用途への対応である。一九七〇年代半ば頃、ドイツではハーモニックドライブは、精密な位置決め装置として評価されていたが、多色刷印刷機の微細な位相調整用として絶好のアイテムとして評価されるようになる。

ドイツが中心になってハーモニックドライブの特性が生かされる用途の問い合わせが入るようになりました。それらを分析すると、従来の減速機市場からのものではなく、全く新しい用途でした。減速機の効用としての「位置決め」で、そこにさらに「精密」がついて、何ミリ、何ミクロンという未知の世界でした。そこに、ハーモニックドライブの個性的な特性が見出されることになるんです、位相調整の機能としてです。

七〇年代の半ば頃、印刷機の色合わせでの位置決めに関して、あるドイツ人技術者のアイディアからはじまりました。それまでは、多色刷の場合、必ずドラムを止めてゲージで測って位相調整をして、という工程を経ました。それをいちいち手動でやるのではなくて、自動的に行う。つまり、印刷機の多色刷の位相調整であり、これこそハーモニックドライブによる精密位置決めです。

▼ドイツのほうは組織自体が小規模ということもあり、採算が取れ、ハーモニックドライブの特性を生かしたビジネスの市場が見えてきた。

こうしてハーモニックドライブがカラー印刷の精密化と美しい仕上がりを実現するんです。精密な減速機の応用範囲が見出されて、私は手応えを感じはじめました。ハーモニックドライブの用途は、当初、我々の目指した市場とは別にあり、いろいろな可能性が考えられる、と。で、進むべき市場を「精密減速機市場」と名づけたんです。

そして、ドイツの顧客がハーモニックドライブを電動ロボットに採用し始めると、その適性が評価され、世界的な産業用ロボットメーカーにも採用されるようになりました。精密な位置決め機能を必要とするロボットの関節が最も大きな用途として育ち始めたんです。

▼もう一つ、減速機とは全く異なる使い方をしたのがシュラーフホルスト［Schlafhorst］という紡績機械メーカーで、すでに七〇年代の初め頃から、糸に一定のテンションを与える精密な機構に採用されていた。

この二つの顕著な成功がハーモニックドライブという製品の可能性を担うことになりました。紡績機械の糸のテンションは、七〇年代の初め、多色刷のドラムの位相調整は七〇年代の半ば頃でしたけれども、それが本当に花咲くのは、一九七九年から八〇年代です。それで会社は浮上しましたし、ハーモニックドライブがあればこそ、それが実現できたという幸運に恵まれました。ハーモニックドライブを日本に導入したのが六四年ですから、一五年かかってやっと日の目を見ることが出来たんです。

▼今後、例えば、AIが進化していくなかで、精密機器の開発が同時進行していくことが求められる。そこに大きな役割を担うのが、機構の中核となる部品のアイディアである。ソニーの撮像素子《イメージセンサー》のような、ある機構・仕掛けの中核となる部品の開発に、さまざまな企業が乗り出しているが、中核部品であるがゆえの強みとして、アプリケーションは需要側が考えるという流れになってきているのかもしれない。部品が市場をつくる時代として。

≪偶然も含めてさまざまな出来事が重なった先に、ある汎用部品に新たな用途が見出されるという長い、長い用途発見プロセスを振り返れば、「新たな用途が見出された汎用部品が、多様な製品自体を発掘している」といった方が正確であろう。≫（齊藤誠『教養としてのグローバル経済』有斐閣、二〇二一年）

ハーモニックドライブの場合は、全くそういう状況でした。ですから、これを導入した長谷川喜一郎は具体的な言及をしてはおりませんが、「無限の可能性」を頭に描き、「ハーモニックドライブは夢を売る商品である」と、一九六四年から折に触れて語っていました。スティーブ・ジョブズより遙か前に。

3. テクノロジーの夢

▼一九七〇年代後半から日本でも産業用ロボットを本格的に生産するようになり、ロボットの需要が高まっていく。さらに、ハーモニックドライブは精密な位置決めに加え、小型軽量のため据えつけ部への負担が小さく、一段で大きな減速比を得られる点も評価され、採用実績が増えていった。そして、七七年にはロボット市場向けのRシリーズを投入。加えて、ハーモニックドライブ単体以外の製品拡大も目指し、ハーモニックドライブとメカトロニクス製品を組み込んだメカトロニクス製品を開発。ハーモニックドライブとメカトロニクス製品は着実に採用実績を伸ばし、かくて事業拡大を視野に入れるようになっていく。

海軍の話じゃないですけれども、いわゆる前例主義で終わってしまうという日本的経営といいますか、事なかれ主義ではなにもはじまらないと思います。日本人というのはこれが当たると、それに倣って二匹目、三匹目の泥鰌を狙う傾向があります。横並びという非効率的かつ付和雷同的な風潮は今でも残っているのではないでしょうか、残念ながら。

ひとつのきっかけが予期せぬ大きな成果を生むこともあります。企業の取り組みのみならず、研究でも教育でもそうしたことがあるんじゃないでしょうか。ですから、つねに前向きでありたいと思います。なにはともあれ、技術革新によって製品と部品の新しい関係性が着目されるようになって、次々と新しい製品が生まれていく。精密なモーションを生むメカトロニクス製品誕生の時代になっていくんです。

▼一九八六年には、石川昌一がハーモニックドライブの負荷容量と剛性を大きく向上させたIH歯形を特許出願、八八年には、IH歯形を採用した新シリーズを市場投入した。九〇年代に入り、パソコンの出荷台数が激増すると、半導体製造装置など新たな用途が生まれたため、現在の安曇野市穂高に新工場を建設。九八年には株式の店頭公開を行った。

二〇〇〇年代を迎えて、物流やクロスローラベアリング、遊星歯車減速機などを製造する子会社を設立。技術開発では二〇〇二年、会社創立三〇周年記念事業として完成した「TRIAD」内に研究棟「I・K KAN」を設置し、歯車の基礎技術の研究の場とした。さらに二〇〇五年、アメリカにHarmonic Drive LLCを設立したのを皮切りに、中国（上海）、韓国、台湾と拠点を拡充していく。

八〇年代後半から、本格的にハーモニックドライブの展開がはじまりました。一つの製品が多様に応用されていったのです。ハーモニックドライブという技術と製品のすぐれたキャラクターが世に示されることになったと言えます。もちろん、そこには熱心な研究開発がありますけれど、顧客の要望に忠実に応えていくことにより、そういう方向性が自然にでき上がってきたのだと思います。ひとつの商品で五〇年もやっていけるというのは、じつに稀有なことだと思います。ネガティブに見ると、いまだにそこから抜け出せないとも言えますが、逆に、そのくらい技術の奥が深いと言うこともできると思います。

よく尋ねられます。製品の真価と応用が見出されるまで一五年、よく我慢できましたね、と。その理由は何かといえば、利口に振る舞うことが我々にできたとしたら成就できなかったんじゃないかなと思うんです。というのは、あれだけ長い時間を要してしまうと、隣の芝生はもうどんどん青く見えますので。どこかで見切りを付けてしまったら、もう終わりなわけです。ですから、事業を転換する機転という能力が我々にはなかったというのが一番かもしれません。

事業を進めていくには、「運鈍根」っていう言葉がありますが、最初に「鈍」だと思います。鈍・根・運じゃないでしょうか。鈍感であること。それから、根気。それがあって初めて、運がついてくる。

ドイツ時代、多くの人々のご指導とご支援をいただきました。仕事では、ドイツ人スタッフにも恵まれ、彼らが率先して動いてくれました。日本の銀行からの融資を断わられ、ドイツの銀行がすべてを肩代わりしてくれて、倒産の危機を乗り越えられたのも忘れられない思い出です。

▼二〇一〇年以降、自動車やスマートフォンの製造現場のロボット向けにハーモニックドライブの需要が高まり、一四年から穂高工場の生産能力増強に着手。一九年一月、松本新工場竣工、同年九月には有明新工場を建設した。

というわけで、一九六五年に国産化が始まったハーモニックドライブは、今やモーションコントロールに欠かせない存在になっていると確信しています。これからも新素材、新原理へチャレンジし、良質な製品を適正な価格で市場に提供するという使命を追求し、産業界、そして社会へ広く貢献していこうと思います。

4. 企業と文化活動

文化活動は私の前任者の所社長も非常に重点を置いておりまして、前にお話ししたように、例えばコンサートにしろ一九八〇年には第一回を開催しております。当時、私はまだドイツにおりました。ただ、演奏家は頼むよって言われて、私が手配しておりました。

▼地域に定着した「ハーモニックコンサート」は三五回、続いている。国際的に活躍している一流の演奏家を招き、多彩なプログラムを披露してきた。

私が人選をしましたが、曲目は演奏者に一〇〇パーセント任せました。自分のやりたいものを、と。

毎回、違った演奏家をと考えたんですが、安曇野の人たちがやはりいいものに対しては、またお願いしますという要望が来るんです。

一度は、あんな音楽会はもうできないだろうなと思うんですけれども、三時間かかったのかな、主催者側の一部からは不評を買ったことも（笑）。意義は分かるけど、音楽会としては長すぎるのではないか、と。あなたはいいかもしれないけれども、聴いている人は難し過ぎて大変だって…。

フーゴー・ヴォルフの没後一〇〇周年のころ、白井光子、ハルトムート・ヘル、クリストフ・プレガルディエンに来ていただいて、《ハイゼの詩によるイタリア歌曲集》と《スペイン歌曲集（世俗歌曲集）》を二年置いてやったんです。両歌曲集とも素晴らしい曲集ですが、一般の方はあまり聴かないです。けれども、満席で立ち見が出るほどだったんです。インターナショナル・フーゴー・ヴォルフ協会ドイツ・シュトゥットガルトの協賛で画期的な公演となったんですが、一つの試みとして、四六曲ある歌詞の訳をスクリーンに映し出し、ストーリーがわかるようにしました。

それとやはり皆さん、ふだんやりたいと思ってもできない作品を取り上げる方が多かったです。なかでも徳永二男さんは最多出演ということもあって、有名曲のなかにさりげなくヴィルトゥオーソ曲を入れて聴衆を楽しませてくれました。二〇二三年はピアノ・トリオで、一晩に《大公トリオ》とチャイコフスキーの《偉大な芸術家の思い出》という超弩級のプログラムを組まれています。

ハーモニックコンサート　創立40周年記念特別公演

白井光子（ソプラノ）　ハルトムート・ヘル（ピアノ）

▼さらに、文化活動の一環として、講演会も展開。政界から研究者、文学者まで多彩なテーマでおこなわれてきた。そして、子供を対象にした絵画コンテストもおこなって、地域の注目を集めてきた。

豊科の公民館でコンサートを始めたんですけど、うちの工場が豊科から穂高に移って、穂高の市長さんから、こっちでも何かやってくれないかということで始めたのが講演会でした。この間は宇宙飛行士の毛利衛さんに「宇宙から見たポストコロナの社会」というテーマでお話ししていただき、大変好評でした。

火星に行っている探査機があるんですが、この動きは全てうちの製品が関わっています。

それと、工場が絵の展示場になっているんです。これは我ながらいいアイディアだったなと自画自賛しているんですけれど、小学校低学年の子たちに、「ロボットに何をさせたいか」というテーマを与えたんです。そうしたら、いろんなことを考えてくるんです。たとえば、ロケットで人間が空へ飛び、オゾン層の破壊を人間が必死に手で防いでいるといった場面。子どものイマジネーションはすご

火星で活躍するロボット。ハーモニックドライブが使用されている。

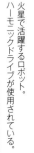

いですね。

　このコンテストは五年に一度のペースでやっています。ちなみに一等賞は家族揃ってディズニーランドへ一泊招待で、人気を集めております。

日独文化交流の礎

ゲアハルト・H・ヘルツォークの思い出

一九八〇年秋の日曜日、見知らぬ人から電話を貰った。その電話の主は、ゲアハルト・H・ヘルツォーク〔Gerhard H. Herzog〕であった。

ヘルツォークは、市井の精神科医師ハインリヒ・ホフマンの研究者で、特に彼の著した童話絵本『ぼうぼうあたま』（原題 Der Struwwelpeter）の現代における子供への影響を研究しており、また、この本の世界の言語の翻訳版の収集を行っていた。そして、彼のイニシアティブにより、かつてハインリヒ・ホフマンが住んでいたホッホ通りの建物を賃借して、私設の博物館を開いていた。

彼は、日本語版『ぼうぼうあたま』の存在を知り、長年探していたのである。たまたまその博物館を訪ねた私のベルリン時代の友人ゴットフリート・ベルトラム〔Gottfried Bertram〕が、彼に日本語版について語り、当時フランクフルトに住んでいた訳者伊藤庸二の息子である私に電話をかけてきたことが解った。

ヘルツォークは、日本語版『ぼうぼうあたま』の報に、よほど嬉しかったのであろう、興奮気味に是非あなたに会いたいので、すぐ博物館に来て欲しい、と半ば強制的だった。たまたま日曜日であったので、二人の子供を連れて、日本語版『ぼうぼうあたま』初版を手に彼を訪ねた。それが契機となり、彼との親密な交流が始まった。

ヘルツォークは、ハインリヒ・ホフマンの精神病臨床面での改革者としての功績を後世に残し、彼の著わした『ぼうぼうあたま』に児童文学の観点から光を当て、この作品を後世に繋ぐ努力をした。さらに、『ぼうぼうあたま』のキャラクターをフランクフルト・アム・マイン市のシンボルとすること、及び、世界中で翻訳されている『ぼうぼうあたま』の書籍を蒐集し、民族によってどう解釈されているかの考察を試みた。この目的をもって、彼は、市と交渉し、博物館の運営必要経費が市の文化予算に組み込まれることを実現した。それにより補助金を獲得、一九八一年一月、公益財団法人ハインリヒ・ホフマン協会を設立し、その下部機構として「ぼうぼうあたま博物館」の開館にこぎ着けた。一九八一年一月三〇日、設立総会が開催されて、その折の写真が残っている。私は、彼の推薦で設立委員の一人となり、公益法人の運営に携わることになった。

公益法人の運営は、市の予算もつき、順風満帆のはずであった。しかし、一九八二年になって補助金給付中止を市が通告してきた。補助金が主財源であった財団運営が困難になり、財団存続の危機

ハインリヒ・ホフマン協会設立総会
（一九八一年一月三〇日）
（左列奥から）二人目＝伊藤
四人目＝ジーフェルト
五人目＝ヘルツォーク

に直面した。ヘルツォークの「ハインリヒ・ホフマンの功績を将来のフランクフルトの文化遺産として残すべき」との信念の下、補助金の復活を市に再三申請したが、その要望は届かなかった。それまで財団に協力してくれた、理事、評議委員に名を連ねていた人々の多くは去って行き、最後に残ったのは、ヘルツォーク、ヘルムート・ジーフェルト教授（フランクフルト大学医学部医学史）と私だけになった。

将来のことはさておき、向こう二～三年の延命策を考え、その間に市からの補助金給付復活を交渉する一方、スポンサーを見つける努力をすることになった。そのために、ヘルツォークと私が、銀行にそれぞれDM一〇〇、〇〇〇の個人保障を入れてDM二〇〇、〇〇〇のクレディットラインを制定した。財団の年間必要最低経費は、DM七〇、〇〇〇弱なので三年間は持つとの計算だ。将来の確約がない場当り策であったが、当時、彼と私は、当座を凌ぐことしか頭になかった。

一方、新聞で財団の財政難による存続危機を頻繁に報道してもらい、それにより、その状況を知ったフランクフルト市民からの浄財も少額ではあるが集まったが、運営費を賄うには程遠かった。それから二年を経過、その間、我々の努力をマスメディアが定期的に報道してくれるようになり、市民の財団存続への要望も起こり、それが市を動かすことになる。そして、遂に一九八四年、補助金給付が復活した。

『ぼうぼうあたま』は、一九世紀半ばに、精神科医ハインリヒ・ホフマンの著わした子供の躾の絵本である。一八四八年に出版されると、瞬く間にドイツ語圏に広がり、今日でいう大ベストセラー本となった。一八九〇年には一万版となり、それ以降、版数は数えられていない。子供のいるほとんどのドイツ家庭では、現在なおこの絵本を子供の躾に使用している。『ぼうぼうあたま』は、またほぼ全世界の言葉に訳されており、米国版は、かのマーク・トウェインが手掛けている。日本語版は、私の父がドイツ留学時代（一九二六〜二九）にたまたまこの本を手にし、ドイツ語の勉強の意味もあって翻訳、『ぼうぼうあたま』として一九三六（昭和十一）年に出版した。

ゲアハルト・H・ヘルツォークと付き合えば付き合うほど、その純粋さと一途な人間性に私は魅かれていった。彼は、自分が良いと思い信じる物事を徹底的に追求・調査・整理し、次世代に渡す努力をした。そして、彼の努力が存続されるかは、次世代の判断に委ねる姿勢を貫いた。ヘルツォークは、美術家でもあり小説家でもあった。

彼の人生の後半は、ハインリヒ・ホフマン研究に捧げられ、その努力が実り、現在フランクフルト市に受け継がれている。

一九九一年、ヘルツォークの提案で、ハインリヒ・ホフマン協会は、私の郷里御宿町に存在する「財団法人五倫文庫」（世界の初等教科書を収集する文庫）と姉妹提携を締結することになった。彼は、五倫黌設立者の伊藤鬼一郎とハインリヒ・ホフマンの思想に共通性があるとよく言っていた。フランクフルト・アム・マイン市の代表としてフランクフルト市長の親書を携え、ヘルツォーク夫妻が来日した。調印式は、御宿町主催で御宿町小学校講堂において執り行われて、ハインリヒ・ホフマン協会理事長ヘルツォークと御宿町町長滝口栄蔵が姉妹提携証書に署名した。

一九九二年六月、御宿町町長滝口栄蔵及び財団法人五倫文庫理事長田軸武士は、返礼として夫人同伴でフランクフルト・アム・マイン市を訪問した。六月四日午前十一時から午後一時、フランクフルト市ホッホ通りの「ぼうぼうあたま博物館」にて、ハインリヒ・ホフマン協会主催による御宿町町長滝口栄蔵夫妻及び財団法人五倫文庫理事長田軸武士夫妻の歓迎会が開催された。

その日、午後三時から三時四五分、市庁舎において市長アンドレアス・フォン・シェーラーの手厚い歓迎を受けた。滝口町長は、財団法人五倫文庫の主旨、及びハインリヒ・ホフマン協会との姉妹提携の意義を述べ、フランクフルト市の支援に対し感謝の意を表した。伊藤美保がドイツ語に通訳した。

『ぼうぼうあたま』のキャラクターは、その後フランクフルト市のシンボル的存在になり現在に至っている。財団は、二〇〇四年のヘルツォークの死により、その形態を変え、現在は市の外郭団体に移管されて新たな出発をした。

二〇〇九年には、フランクフルト市より新財団の理事長夫妻が来日、御宿町主催により式典が執り行われて、財団法人五倫文庫と新財団との姉妹提携が、再構築されて新たなスタートをきった。

一九八九年九月、私たちの帰国にあたり、ヘルツォークは、私たちのために「ぼうぼうあたま博物館」にて送別会を開催し

伊藤家送別会でのヘルツォーク氏の挨拶
（1989年9月8日、ぼうぼうあたま博物館）

てくれた。主賓ゲルトゥルーデ・ピッツィンガーをはじめ、ハインリヒ・ホフマン協会及びフランクフルト市、ドレスデン工科大学、ハーモニック・ドライブ・システムズ社関係者、友人達約一五〇名が出席、我々にとって忘れられない晩となった。その折、ヘルツォークよりホフマン協会からとして、ハインリヒ・ホフマンの詩「みつけた〔Gefunden〕」の直筆原稿を記念として贈られた。

ゲアハルト・H・ヘルツォーク、彼を通じて一人の人間の信念と努力が、実際に形として残されて行く事実を体験できて、それを手伝えたことを心から誇りに思った。二〇〇四年一〇月二五日、ヘルツォークは、その七七年の波瀾の生涯を閉じた。第二次世界大戦では、従軍し捕虜となり、長らくポーランドの収容所に収監されたと聞く。この時代の戦争を体験した人々の戦後の生活は、その質実剛健さにおいて共通している。

彼の大きな思想の下、私のささやかな努力がドイツの友人達に評価され、彼らの推薦によりドイツ連邦共和国から二〇〇八年一二月三日にドイツ連邦共和国功労勲章功労十字小綬章を授与される栄誉に浴した。しかし、ヘルツォークが健在であったならば、彼が手にすべき栄誉であった。ヘルツォークとの邂逅は、私の人生に大きな影響をあたえた。

（二〇一九年一二月）

ドレスデンのコップ　マルティン・クルーゲ博士との約束

マルティン・クルーゲ博士［Martin Kluge］は、私の早くに亡くなった父庸二が、一九二六年〜二九年、ドレスデン工科大学留学中、同じ研究室で机を並べた友であった。ＳＥＬ社（電機・情報通信機器メーカー）の筆頭取締役を長年務め、バーデン＝ヴュルテンベルク州の経済界の重鎮であった。ドレスデン工科大学で工学博士号を取得、首席助手として弱電界の泰斗ハインリヒ・バルクハウゼン教授の後継者とみなされていたが、第三帝国の台頭により、公職から離れ、産業界に身を投じた、と聞いた。クルーゲ家はユダヤ系ではなかった。

一九八一年にハインリヒ・バルクハウゼン教授生誕一〇〇周年の式典が、大々的にベルリン（一二月一日）とドレスデン（一二月二日）で執り行われた。クルーゲ博士は、この式典でドレスデン工科大学から名誉教授と、ドレスデン市から名誉市民の称号を贈られる栄誉に浴した。

その式典には、日本代表として中島茂（叔父、マグネトロンの権威、バルクハウゼン教授と交遊関係あり）、東北大学の西澤潤一教授、日本経済新聞フランクフルト支局の林興治首席駐在員、父伊藤庸二名代として長兄治昌と共に私も招待を受けて列席した。

彼はまた、長年の産業界への貢献により、ドイツ連邦共和国功労勲章を授与されている。

クルーゲ博士には、私のドイツ留学に際して一方ならぬお世話になり、二年十ヶ月の滞在期間中、SEL社シュトゥットガルト工場で、六ヶ月間の実習をさせてもらい、その経験が、その後のドイツでの会社生活に大きな助けとなった。

大変厳格な人であった。彼の早くに亡くなった夫人によると、あまりの厳しさに一時期長男は、いじけてしまい、困った時代があったそうだ。末娘イルゼとは現在も親交があるが、彼女も同じことを言っていた。私にも厳しかったが、言葉の理解度の問題で、その厳しさが緩和されて、彼らと同次元では感じなかったのであろう。

一九六八年、社会人として再度訪独してからは、私を一人前として扱ってくれた。週末を彼の家でしばしば過ごしたが、日曜の朝食後は、必ず近所の森を一緒に散歩した。二時間と決まっていたが、彼との貴重な時間であった。ドレスデン時代の話、私の父との時間や、音楽について等々の話を聞くことができたが、戦時中についてはは語ることはなかった。

彼は大のクラシック音楽の愛好家で、音楽会やオペラにも一緒に足を運んだ。一九六九年一〇月四日にシュトゥットガルトの国立オペラ劇場で、彼と聴いた《トリスタンとイゾルデ》。カルロス・クライバーの指揮で、その演奏の素

クルーゲ博士
バルクハウゼン教授生誕100周年
記念式典(1981年12月2日)

晴らしさと熱気はいまだに忘れられない思い出である。また、彼が設計し作らせた自然な音のする素晴らしいハイファイ装置で、よくＬＰレコードを聴かせてもらった。

美術にも造詣が深かった。ある時、彼の贔屓にする作家のブロンズ製裸婦像を購入して、それが丁度届けられた時、私は彼の家にいた。イルゼ夫人に相談せずに購入したらしく、ご機嫌斜めの夫人に、この裸婦像に嫉妬しているのか、と冗談半分に言っていた。

イルゼ夫人が亡くなり、マルティンは、シュトゥットガルト近郊のマイヒンゲン〔Maichingen〕の墓地の白樺林の一画に、石の台座（墓碑）を置き、その上にこの裸婦像を載せ、クルーゲ家の墓地として、そこに彼女を葬った。

彼は、ワイン通で特にドイツの白ワインについて造詣が深かった。一九七六年一月の雑誌“manager”に、「経営者の私事」との題目で、白ワインについて、その楽しみ方に関する彼の蘊蓄が掲載されている。彼は、リースリングワインをこよなく愛し、私もよくご相伴に与った。ワイン、及びグラス等の温度は、科学者であったためか、ワイン温度計で正確に測定されていて、常に一定の範囲に収まっていた。ワインが温度により、微妙に味の違うことを教わった。「酒の燗は人肌がいい」と言う表現は、ドイツでは、ありえないことを知った。

納戸の入口の扉のネジが取れて、なくなってしまった。その修理を手伝ったのだが、彼は蝶番から生きているネジをとり、そのＤＩＮ番号を調べ、同じネジを買ってきて修理した。私だったらそれに合うようなネジを探し、それで終わりにしたと思う。ドイツ的考え方の一端を見た思いがした。

一九七〇年秋、ドイツでハーモニック事業に従事することになり、その報告のためクルーゲ博士を訪ねた。その折の彼の「創業期に考えたこと、試みたこと、失敗したこと等を、できたらメモにして忘れないように」との言は、残念ながら稀にしか書き留めなかったが、今になってその助言を良く理解できる。毎年一二月上旬、彼を訪ね、会社の状況、その年に起こったこと等を報告するのが習わしとなり、帰国の年まで続いた。

一九七二年にドイツ経済界のデリゲーションとして来日し、その忙しい日程の中、一日を割いて郷里御宿に父の墓を詣でてくれた。

一九八八年九月、彼から長い手紙を貰った。この手紙は、私にとってドイツでの今一つの勲章を意味し、その最後のパラグラフが次の文言で締めくくられている。

貴殿は、ドイツ文化をよく理解し、文化活動及び事業の面で大いに活躍していることを大変嬉しく思う。そこで、もし貴殿が同意するのならば、いままでのヘル・イトウ〔Herr Ito〕と呼ぶのではなく、ミツマサとし、私をヘル・ドクター・クルーゲ〔Herr Dr. Kluge〕ではなく、マルティンと呼び合う、いわゆる〝ドゥーツェン〟するようにしたいが、どうであろうか？　了解ならば一度会う機会を作りたいので連絡して欲しい。

その週末、マイヒンゲンの自宅に彼を訪ねた。居間の机上には、一九三九年のリースリングワインと一六九三年製のドレスデンのコップが置かれてあった。一九三九年は、私の生まれた年であり、そのワインで乾杯し、マルティン・ミツマサの間柄となった。父と一緒にビールを飲んだというドレスデンのコップを、記念に頂いた。しかし、父の友人で年代も離れ、社会的地位のある大先輩の彼を、名前で呼ぶには、日本人である私には最後まで抵抗があった。

昨今の状況を知らないが、ドイツでは、家族及び恋人同士、子供、学友や親しい友人以外は、苗字で呼びあうのが普通である。年長の人から申し出があって名前で呼び合うようになり、そのために簡単な儀式を行った。貴方／女［Sie］から君／お前［Du］になり、それをドゥーツェン［duzen］という。

一九八九年六月一七日、彼をフランクフルトの自宅に招待し、寛いだ週末を共に過ごした。ドイツ統一を目前に控え、「私の目の黒いうちに、ドイツが再統一されるとは思いもしなかった」と、目に涙をため喜んでいた。午後一時過ぎ、フランクフルト駅に彼を迎え、我が家でお茶を供し、その後「ぼうぼうあたま」博物館へ彼を案内した。ゲアハルト・H・ヘルツォークが、ハインリヒ・ホフマンについて、博物館について、私との関係について詳しく説明、エルゼ・ヘッセンベルク（ハインリヒ・ホフマン孫々子）も呼んであり、楽しい午後を共にした。夜は、フランクフルトのレストランで会食した。翌日午前中、ブンデスガルテンショーに案内、午後一時から我が家で妻佐久子の手料理で昼食を共にし、四時過ぎにフランクフルト中央駅に送り別れた。これが、彼との最後となった。

一九九〇年七月、八六歳で亡くなった。今は、彼の終焉の地マイヒンゲンの墓地に、イルゼ夫人と眠っている。彼には、感謝しかない。あの厳しさとやさしさ、マルティン・クルーゲの指導を受け、彼の知己を得たことは、私の人生にとって掛け替えのない財産である。

ドレスデンのコップは、彼との思い出の品となった。

［追記］

二〇一四年六月一九日、ベルリンに末娘イルゼを訪ねた。マルティンのLPレコードのコレクションを彼女が保管していた。私は、その中から、マルティンとよく聴いたLPセットを発見し、懐かしく思い、それを手に取って眺めていた。ベートーヴェンの弦楽四重奏全曲で、ハンガリー四重奏団の演奏である。彼女は、「よかったら、持っていったら。正しい人の手元にあれば、父も喜ぶでしょう」とのことで日本へ持ち帰った。

（二〇一九年一二月）

ドレスデンのコップ

PART II

ドイツ滞在音楽鑑賞記

1963～1989

メール交換

[聞き手]

金田光夫

金田光夫（かねだみつお） 1950年生まれ。
鍋屋バイテック株式会社前会長。

1　SPレコードの思い出

コロナ禍で在宅勤務、つまり家にいることが多くなり、身辺整理をしつつCDやLPを聴いたりしておりますが、最近はシューベルトの曲がいちばん自然に心に入ってきます。新しい発見は、彼のいま一つの《子守歌》[*1]〔Wiegenlied D.867 op.105 Nr.2〕で、エリーザベト・グリュンマーが歌ったものを聴いています。

――そういうお話をうかがいますと、伊藤さんはほんとうに音楽が好きなんだ、ということがストレートに伝わってきます。

私が、「ほんとうに音楽が好き」かどうかわかりませんが、一つ言えることは、音楽のない生活

＊1　シューベルト〔1797-1828〕の《子守歌》として広く親しまれている作品〔D.498 op.98 Nr.2〕は、一八一六年、シューベルトが一九歳のときに作曲された（詩の作者は不明）。もう一つのD.867〔op.105 Nr.2〕の《子守歌》は、作曲は晩年の一八二六年頃とされており、死後に出版された。詩はヨハン・ガブリエル・ザイドル〔Johann Gabriel Seidl：1804-75〕。

は想像できないことです。

今回、ご質問の数々にできるだけ正確におこたえしようと、ドイツ滞在時の資料を引っぱりだし、目を通し、整理するよい機会となりました。当分、私の部屋は音楽資料であふれた状態が続きそうです。

ドイツ滞在時期は、二つあって、一九六三年一〇月から六六年一〇月のベルリン時代、それと六八年九月から八九年一〇月のフランクフルト時代です。

ベルリンは大都市であり、政治的な特殊事情にも置かれていて、東西の接点でもあり、文化という観点からも東西が互いに競い合い、それによってある意味で熱いエネルギーがあったのではないかと思います。音楽のみの観点からは、東西が分かれていた頃のほうが、郷愁かもしれませんが、充実(?)していたように思えるのですが。

「音楽のない生活は想像できない」というお話は胸を打ちます。

そもそものことで恐縮ですが、伊藤さんが音楽を好きになり、「音楽のない生活は想像できない」というところまで好きになられた背景、あるいは環境というべきでしょうか、それは何だったのでしょうか？　お家にたくさんレコードがあったとか……。

私は一九三九年一月生まれですから、幼年期はまさに戦争中で玩具などはほとんどない時代でした。私の周りにあったもの、それは古い蓄音機と父・伊藤庸二《ようじ》(一九〇一年三月五日〜五五年五月九日）がドイツ留学（一九二六年から二九年の間、ドレスデン工科大学［Technische Universität Dresden］に留学）から持ち帰ったSPレコード数十枚でした。これ以外のレコードはありませんでした。それを毎日のように聴いていました。

小学校時代は、駐留軍放送で毎日午後二時五分から三時の間、クラシック音楽が放送されていて、これを聴くことも私の日課になっていました。

駐留軍放送とは、ＦＥＮ［Far East Network　極東放送網］のことですか？　ＦＥＮは私も聴いた記憶があります。「フェン」と呼んでいました。中波放送ですね。いまはＡＦＮ［American Forces Network　アメリカ軍放送網］という名称に変わっているようです。

お父様がドイツから持ち帰られたＳＰレコードはどんな曲がありましたか？

そうです。ＦＥＮでした。

父がドイツから持ち帰ったレコードは、もちろんＳＰですが、ベートーヴェンの交響曲第九番《合唱》（七枚組）や交響曲第五番（四枚組）が手許に残っています。以下、曲名・演奏者名などはレコードのレーベルに記されているものです。

父が持ち帰ったSPレコード

第九番《合唱》は、オスカー・フリート[*2]［Oskar Fried：1871-1941］指揮、シュターツカペレ・ベルリン［Der Kapelle der Staats-Oper, Berlin］の演奏です。四人のソリストは、ロッテ・レオナルト［Lotte Leonard：1884-1976］、イェニー・ゾネンベルク［Jenny Sonnenberg：1898?-1943?］、オイゲン・トランスキー［Eugen Transky：1885/86-1968/69］、ヴィルヘルム・グートマン［Wilhelm Guttmann：1886-1941］で、合唱はブルーノ・キッテル合唱団[*3]［Bruno-Kittel-Chor］です。一九二八年の録音とされています。

第五番は、サー・ランドン・ロナルド［Sir Landon Ronald：1873-1938］指揮、ロイヤル・アルバート・ホール管弦楽団［Royal Albert Hall Orchestra］の演奏です。

イェニー・ゾネンベルクとオイゲン・トランスキーの生没年は、私も調べましたが、はっきり確認できません。イェニー・ゾネンベルクはアウシュヴィッツで亡くなっていると推察される銘板の写真がネット上にあり、この生没年はその銘板に刻印されているものです。一八九八年生まれが正しいとすると、この録音のときに彼女は三〇歳だったことになります。

一枚ものもたくさんあります。

《タンホイザー》の序曲と《巡礼の合唱》。SPレコード二枚組（四面）で、序曲は三面を使っています。演奏はベルリン国立歌劇場管弦楽団（シュターツカペレ・ベルリン）と合唱団。指揮は音楽総監督のレオ・ブレッヒ[*4]［Leo Blech：1871-1958］です。

ハインリヒ・シュルスヌス［Heinrich Schlusnus：1888-1952］が歌った《タンホイザー》のアリア。第二幕の《かくも気高き集いを見渡せば》と、第三幕の《夕星の歌》の二曲です。ベルリン国立歌劇場管弦楽団（シュターツカペレ・ベルリン）の演奏ですが、指揮者は、レコードに記載がなく、不明です。

《トリスタンとイゾルデ》の《愛の死》をエミー・デスティン[*5]［Emmy Destinn：1878-1930］が歌ったレコードもあります。裏面は《タンホイザー》第二幕の《哀れな人が捉えられました》。指揮者・オーケストラは、レコードに記載がありません。

エリーザベト・レーテベルク[*6]［Elisabeth Rethberg：1894-1976］が歌った、《ローエングリン》第一幕

＊2　オスカー・フリートは、ベルリンで生まれたが、ユダヤ系であったため、一九三四年、ナチス・ドイツから逃れてソヴィエトに亡命、その地で没した。マーラーの交響曲第二番《復活》（ＳＰレコード十一枚組）を、一九二四年に世界で最初に録音した。

＊3　ブルーノ・キッテル合唱団は、ドイツの合唱指揮者ブルーノ・キッテル［Bruno Kittel：1870-1948］が一九〇二年に設立。ヨーロッパ有数の合唱団となり、各地に演奏旅行を行ったが、第二次世界大戦中に解散した。四二年四月一九日、ベルリンの旧フィルハーモニーで行われた「アドルフ・ヒトラー総統誕生記念日前夜祭コンサート」でベートーヴェンの《第九》が演奏され、ドイツ全土にラジオ放送されたが、このとき、ブルーノ・キッテル合唱団は、フルトヴェングラーの指揮するベルリン・フィルと共演している。後出のゲルトゥルーデ・ピッツィンガー（アルト）も歌っている。この演奏はＣＤ化されている。

＊4　レオ・ブレッヒは、ユダヤ系であったため、一九三七年に音楽総監督の地位を解任され、各地を転々とした後、スウェーデンに亡命し、スウェーデン王立歌劇場［Kungliga Operan］の楽長に就任。四九年、西ドイツに帰国し、ベルリン・ドイツ・オペラ［Deutsche Oper Berlin］の音楽総監督に就任した。

＊5　エミー・デスティンはボヘミア出身の伝説的ソプラノ。一九一〇年、トスカニーニの指揮によるプッチーニの《西部の娘》の初演でミニーを歌った。

の《エルザの夢》と、《タンホイザー》第二幕の《この、おごそかな殿堂よ》のレコードもあります。シュターツカペレ・ベルリンの演奏で、当時のカペルマイスター、フリッツ・ツヴァイク［Fritz Zweig：1893-1984］が指揮をしています。

ヴァイオリンのミッシャ・エルマン［Mischa Elman：1891-1967］のレコードもあります。A面にドヴォルザークの《ユモレスク》、B面にシューベルトの《セレナーデ》が入っています。ピアノは、ヨーゼフ・ボニーム［Josef Bonime：1891-1959］です。

私は、一九六五年一二月、西ベルリンで、ミッシャ・エルマンがハチャトリアンのヴァイオリン協奏曲ニ短調を弾くのを聴きました。カレル・アンチェルがベルリン・フィルを振ったコンサートで、ミッシャ・エルマンが亡くなる直前です。思い出深いコンサートでした。

同じドヴォルザークの《ユモレスク》をフリッツ・クライスラー［Fritz Kreisler：1875-1962］が弾いたレコードもあります。ピアノはカール・ラムソン［Carl Lamson：1878-1966］。カール・ラムソンは長期にわたってクライスラーの伴奏を務め、二人が共演したレコードがたくさんあります。

パデレフスキ［Ignace Jan Paderewski：1860-1941］のピアノで、ベートーヴェンのピアノ・ソナタ第一四番《月光》のレコード（第一楽章のみ）もあります。裏面にはパデレフスキ自身の《メヌエット》［op.14 Nr.1］が入っています。《六つの演奏会用ユモレスク》の第一曲で、親しみやすい作品です。

ほかに《おもちゃの交響曲》*7もあります。レコードのラベルには"Kindersymphonie"（《こどもの交響曲》）と表示されています。ドイツでは《おもちゃの交響曲》とは呼びません。作曲者はハイドンと表示されており、時代を感じさせます。指揮者・オーケストラも記載はなく、不明です。

中学になって上京しましたが、あまり音楽を聴く環境ではありませんでした。同級生にヴァイオリニストの岸邉百百雄（小学校時代に毎日音楽コンクールで三位となる。このとき、一位が岩淵龍太郎、二位が鈴木秀太郎）がいて、ときどき音楽の時間にヴァイオリンを弾いてくれました。彼とは現在も親しくしており、かつては渋谷の音楽喫茶「ジロー」の音楽会、ハーモニック・ドライブ・システムズが主催するハーモニックコンサートにも出演してもらっています。私のベルリン時代、彼はウィーンで活躍（ヴィーナー・ゾリステン〔Wiener Solisten〕の一員）しており、私は何度かウィーンに彼を訪ねました。

高等学校時代、音楽室には立派なHi-Fi（ハイファイ）装置があり、音楽の先生が月に何回か放課後にレコードを聴かせてくれました。それで音楽鑑賞に再び

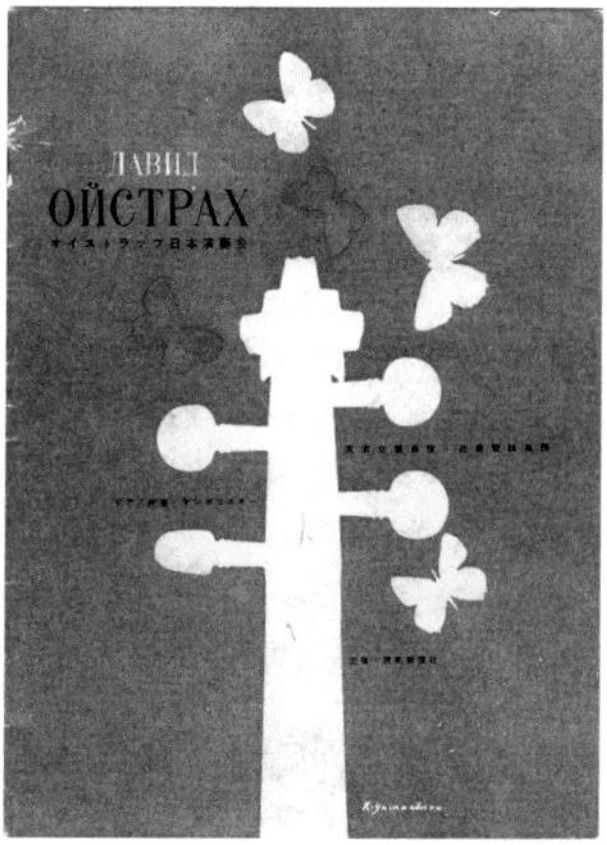

オイストラフ、日本公演プログラム
（1955年）

＊6　エリーザベト・レーテベルクは、一九二八年、ドレスデンのザクセン国立歌劇場で行われたシュトラウスの《エジプトのヘレナ》の初演でタイトルロールを歌った。

＊7　《おもちゃの交響曲》の作曲家については、長い間、フランツ・ヨーゼフ・ハイドン〔Franz Joseph Haydn：1732-1809〕や、その弟ミヒャエル・ハイドン〔Johann Michael Haydn：1737-1806〕、モーツァルト、その父レオポルト・モーツァルト〔Leopold Mozart：1719-87〕などの説が唱えられてきた。しかし、現在は、オーストリア・チロル地方出身の神父エドムント・アンゲラー〔Edmund Angerer：1740-94〕が有力視されている。

火がつきました。

一九五五年、オイストラフが来日[*8]しましたが、三月一四日のコンサート[*9]でJ・S・バッハ、ブラームス、ハチャトリアンのヴァイオリン協奏曲を弾き、それを聴きに行きました。その演奏に感激し、初めて自分で買ったLPレコード[*10]がオイストラフのチャイコフスキーのヴァイオリン協奏曲です。

オーケストラはザクセン国立管弦楽団（シュターツカペレ・ドレスデン）、指揮はフランツ・コンヴィチュニー〔Franz Konwitschny：1901-62〕でした。


初めてLPレコードを手にしたのは、一九五四年でした。父が、欧米へ視察旅行を行い、ドイツでテレフンケン社を訪問、そこで、新しく開発された新しい音楽の媒体、"Teldec"のLPやEPを贈られ、持ち帰りました。

ひとつはベートーヴェンの《第九》交響曲で、エーリヒ・クライバーとウイーン・フィルの演奏によるLP盤二枚、もうひとつはチャイコフスキーの《悲愴》交響曲。ハンス・シュミット＝イッセルシュテット指揮、北ドイツ放送交響楽団

LPレコード（1954年）

ドーナツ盤（45回転）（1954年）

のLP盤一枚。それと四五回転のドーナツ盤も何枚かありました。現在も取ってあります。

我が家には、LPレコードをかける装置がなかったので、それを聴いたのは数年経ってからです。そのときは、父は亡くなっていました。この録音の意味は、針の溝をその動きで自由に切り、録音時間を大幅に伸ばすことができたと聞いています。

レコードのケースに次の記述があります。

long playing microgroove full frequency range recording（長時間微細溝加工・全周波数帯域録音）

nur mit mikro-saphir abspielen（マイクロ・サファイアでのみ再生可能）

---

*8　ダヴィッド・オイストラフ［David Oistrakh：1908-74］は一九五五年（昭和三〇年）に初来日している。日ソ国交回復前であり、東西冷戦中の奇蹟的な来日として社会的にも大きな話題となった。公演は東京・大阪・京都・福岡・名古屋で計一〇回の予定だったが、チケットは完売。急遽、横浜で「日本赤十字のための慈善演奏会」（三月一五日）、そして東京で「大衆のための特別演奏会」（三月一六日）と「告別演奏会」（三月一八日）が行われ、最終的には一三回となった。「大衆のための特別演奏会」には、高額なためにチケットを購入できなかったひとたちが、前年に完成した東京都体育館（現在の名称は、東京体育館）を借り切って、聴衆が一万六〇〇〇人、チケット代一〇〇円、すべて自由席の演奏会を実現させたという逸話がある。オイストラフは当時四七歳。出身地はウクライナのオデーサ（オデーサはウクライナ語での名称。旧呼称オデッサはロシア語での名称である）。

*9　一九五五年三月一四日のコンサートのプログラムは、J・S・バッハのヴァイオリン協奏曲第二番、ブラームスのヴァイオリン協奏曲ニ長調、ハチャトリアンのヴァイオリン協奏曲ニ短調。演奏は東京交響楽団、指揮は常任指揮者の上田仁《まさし》［1904-66］が行った。会場は日比谷公会堂。

*10　国産初の塩化ビニル製LPレコードは、一九五一年三月、日本コロムビアから発売された。ブルーノ・ワルター指揮、ニューヨーク・フィルの演奏によるベートーヴェンの交響曲第九番《合唱》などの四点で、国立科学博物館の重要科学技術史資料（愛称＝未来技術遺産）として登録されている。価格は一枚二三〇〇円との記録がある。

自分の小遣いを貯めて初めて買ったレコードというのは生涯忘れられませんよね。私の場合はベートーヴェンの《皇帝》です。ルドルフ・ゼルキンのピアノ、レナード・バーンスタイン指揮、ニューヨーク・フィルの演奏です。繰り返し聴きましたから細部までよく憶えていますし、《皇帝》の私の規範になっています。

私が十代の頃、ＬＰは世に出たばかりで大変高価で買えませんでした。学校の音楽授業の鑑賞時間または放課後、音楽の先生がクラシックの好きな生徒を集めてよくＬＰを聴かせてくれましたが、そのときのトスカニーニ［Arturo Toscanini : 1867-1957］とＮＢＣ交響楽団でのブラームスの交響曲第一番（一九五一年録音）が印象に残っています。名演だと思います。ドイツでこのＣＤを求め、今でもときどき聴いています。

二回目のドイツ時代（一九六八年九月-八九年一〇月）には、念願であったHi-Fi装置もそろえることができ、ＬＰを買い、いつの間にか多くのコレクションになってしまいました。一九七〇年代は、米国製やイタリア製の非正規盤（海賊盤）が横行した時代で、フランクフルトの店で売っていました。私が持っているＬＰのなかには当時の非正規盤が何枚かあります。セッション録音ではなく、ライヴ録音で、音質は良いとは言えませんが、音が悪くてもよいと思います。当時は、マリア・カラス［Maria Callas : 1923-77］のものが多く、非正規盤は彼女ゆえに横行したとも考えられます。一九八〇年代になって、非正規盤は市場から消えていきました。

2　ベルリン時代　一九六三年一〇月〜一九六六年一〇月

1. 東西オーケストラ事情

西ベルリン滞在は、私のそれまでの世界観を変えました。

西側陣営は、西ベルリンを保持するために、文化面で非常に力を入れていました。とくに音楽界では、クラシックおよびポピュラー分野で世界の一流演奏家が西ベルリンにやって来ました。その顔ぶれは絢爛豪華でした。一方、東ベルリンも、それに対抗するかのようにソヴィエト連邦および東欧圏の演奏家を呼び、東西ベルリンは、政治的緊迫とは裏腹に、一大音楽文化圏を形成していたといえます。

東西ベルリンで世界の一流演奏家を多く聴くことができ、音楽好きの私にとっては皮肉にも〝良い時代〟だったと言うこともできます。

――東西分断という時代に西ベルリンに長期滞在する場合、何か特別の手続きがあったのでしょうか？　一定期間ごとの更新手続きについても教えてください。

西ドイツおよび西ベルリンでの滞在には、滞在ビザ（就労ビザまたは学生ビザ）を必要としました。西ベルリンと西ドイツのその他の地域とでビザの差はなかったと思います。ベルリン時代は、学生ビザで、一年更新でした。

二回目のドイツ滞在（一九六八年九月～八九年一〇月）、つまりフランクフルト時代は、最初の五年間は就労ビザで、一年ないし三年更新でしたが、五年目より永久滞在ビザ［Aufenthaltsberechtigung］を貰いました。ただし、ドイツを離れて一定期間を過ぎると永久滞在ビザとはいえ、失効します。

――東ベルリンで行われるコンサートやオペラを聴きに行くことは自由にできたのでしょうか？　西ベルリンから東ベルリンに移動するときの手続きはどんなものだったのでしょうか？

音楽会、観劇は自由でした。外国人は、東西ベルリンの境界で一日ビザを取得でき、決められた額の西のドイツマルク[*11]を東のドイツマルク[*12]に交換し、不快なパスポート・コントロール（最低一時間はかかりました）さえ我慢すれば、東ベルリンに入れました。ただし二四時（午前0時）前に東ベルリンを出なければなりませんでしたが。

――東西ベルリンに、それぞれオペラハウスがありましたね。

ベルリン・ドイツ・オペラ［Deutsche Oper Berlin］は、当時、西ベルリンのオペラハウスを指し、東ベルリンはシュターツオーパー［ベルリン国立歌劇場：Staatsoper Unter den Linden］でした。両方ともモーツァルトやワーグナー、リヒャルト・シュトラウスなどだけではなく、イタリア・オペラを含むあらゆるオペラを聴くことができました。

また、西ベルリンにはテアーター・デス・ヴェステンス[*13]［Theater des Westens］というミュージカルとオペレッタを専門に上演する劇場があり、そこでレハール等が上演されていました。私は《メリー・ウィドウ》や《微笑みの国》などを観ました。

東ベルリンでは、コーミッシェ・オーパー［Komische Oper Berlin］が、ヴァルター・フェルゼンシュタイン[*14]［Walter Felsenstein：1901-75］等により最盛期であり、《三文オペラ》、《天国と地獄》、《セヴ

＊11　西のドイツマルク［DM：Deutsche Mark］は、一九四八年六月二〇日から九八年一二月三一日までのドイツ連邦共和国（西ドイツ）の法定通貨。九九年一月一日のユーロ導入により廃止された。

＊12　東のドイツマルクは、DDRマルク［ドイツ民主共和国マルク：Mark der Deutsche Demokratische Republik］あるいはドイツ語の東［Ost］から「オストマルク［Ostmark］」の呼称が用いられた。東のドイツマルクは、公式には西のドイツマルクと等価であったが、実際には西のドイツマルクのほうが東のドイツマルクよりも通貨価値が高かった。東ドイツで民主化運動が始まり、混乱が拡大すると、東のドイツマルクの通貨価値は更に低下し、ベルリンの壁崩壊後の実勢レートは、西のドイツマルク1に対して東のドイツマルクは10とも言われた。

＊13　テアーター・デス・ヴェステンスは一八九五年に設立された。一時期（一九八四年から九三年まで）演出家のゲッツ・フリードリヒ［Götz Friedrich：1930-2000］が総監督を務めた。

イリアの理髪師》等が聴けました。コーミッシェ・オーパーでのオペラ上演は、全てドイツ語でおこなわれました。

――東西両陣営が、それぞれ芸術文化に力を入れたのは、「体制の競い合い」が背景にあると思いますが、アメリカのオーケストラや演奏家が西ベルリンを訪問するようなことはありましたか？

東西に分かれていたベルリン。しかも東ドイツのなかの孤島であった西ベルリンを維持するために、西側陣営は芸術文化に力を入れていました。それに対抗するかのごとく、東も東ベルリンに力を入れていたと言えます。東西で芸術文化を競い合っていました。ソ連・東欧のオーケストラや演奏家は、むしろ西ベルリンで聴けました。

ポピュラー音楽では、ベニー・グッドマン、エラ・フィッツジェラルド、ハリー・ベラフォンテ、デューク・エリントン、ミレイユ・マチューなど。ベニー・グッドマンは、私は聴いておりませんが、ベルリン・フィルとモーツァルトのクラリネット協奏曲を演奏しました。エラ・フィッツジェラルドとハリー・ベラフォンテをコンサートで聴いておりますが、エラ・フィッツジェラルドの感動的な歌唱は忘れられない思い出です。

また、《ブラック・ナティヴィティ》[*15]〔The Black Nativity Play〕の公演も素晴らしいものでした。この作品は劇場での上演のために創られた初の〝ゴスペル・ソング劇〟〔Gospel Song Play〕で、いわばミュージカルと言ってよいと思います。出演者全員が黒人でした。一九六四年九月一七日、ベルリン芸術アカデミー［Akademie der Künste Berlin］で聴きました。

米国のオーケストラもやってきました。ニューヨーク・フィル、ボストン交響楽団、クリーヴランド管弦楽団、シンシナティ交響楽団、シカゴ交響楽団、ピッツバーグ交響楽団、サンフランシスコ交響楽団などです。

このうち、ピッツバーグ交響楽団（ウィリアム・スタインバーグ指揮）は、一九六四年一二月九日、ベルリンのフィルハーモニーで、ブラームスの交響曲第一番ほかを聴きました。また、クリーヴランド管弦楽団（ジョージ・セル指揮）は、六五年六月七日に《エロイカ》ほかを、翌八日にバルト

*14　ヴァルター・フェルゼンシュタインはウィーン生まれ。戦後ドイツを代表する演出家。一九四七年にベルリン・コーミッシェ・オーパーを設立し、終生、芸術総監督の地位にあった。ゲッツ・フリードリヒは、ベルリン・コーミッシェ・オーパーにおいて、フェルゼンシュタインのもとで当初は弟子として、後に同僚として演出の仕事に携わった。

*15　《ブラック・ナティヴィティ》は、アメリカの作家、ラングストン・ヒューズ［Langston Hughes：1902-67］が一九六一年に発表した〝キリスト降誕劇〟。二〇一三年、アメリカで映画化され、《クリスマスの贈り物［原題：Black Nativity］》のタイトルで公開された。

*16　ベルリン芸術週間は、一九五一年、「国際映画祭」とともに西ベルリンで第一回が開催された。東西冷戦のさなかにスタートしたこの二つのフェスティヴァルは、文化政策の観点から「西側のショーウィンドウ」と位置づけられ、東西を芸術で結ぶ架け橋となった。現在は、ベルリン音楽祭［Musikfest Berlin］と名称を変え、ベルリン演劇祭［Theatertreffen Berlin］、ベルリン・ジャズ・フェスティヴァル［Jazzfest Berlin］などとともに、ベルリン芸術祭［Berliner Festspiele］の一環として、毎年九月初旬に開催されている。

ークの《管弦楽のための協奏曲》ほかを、いずれもベルリンのフィルハーモニーで聴きました。セルとクリーヴランド管弦楽団の精緻な、それでいて決して冷たくならない音楽には驚嘆しました。

――一方の東ベルリンにはどんなオーケストラ・演奏家が来演していたのですか？

東ベルリンは、外貨の問題で外国のオーケストラはほとんど来なかったと思います。むしろ、西ベルリンでソ連・東欧圏のオーケストラを聴くことができました。ワルシャワ・フィル、レニングラード・フィル、チェコ・フィル、プラハ放送交響楽団、ベオグラード国立歌劇場、ザグレブ・フィル、モスクワ・フィル、モスクワ放送交響楽団などです。指揮者は、ロヴィツキ、スメターチェク、アンチェル、それにムラヴィンスキーをはじめとするソ連・東欧の指揮者たちです。

西ベルリンとシュトゥットガルトで私が聴いた東欧のオーケストラのコンサートをいくつか挙げてみます。

ワルシャワ・フィルをスタニスワフ・ヴィスウォツキ（スタニスラフ・ヴィスロツキ）〔Stanisław Wisłocki：1921-98〕の指揮で聴いています。一九六四年三月一一日で、シュトゥットガルトのリーダ

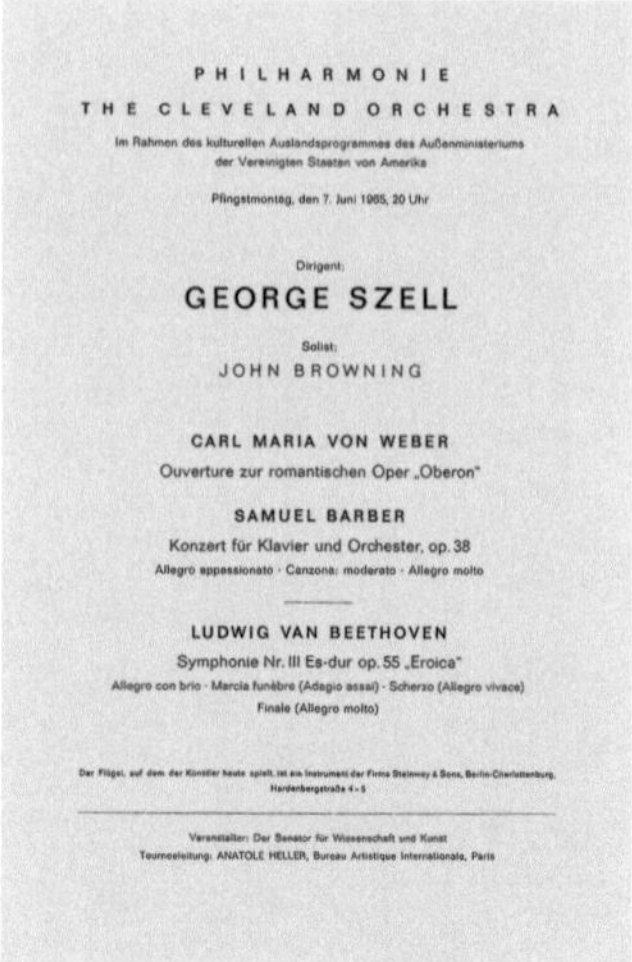
PHILHARMONIE

THE CLEVELAND ORCHESTRA

Im Rahmen des kulturellen Auslandsprogrammes des Außenministeriums
der Vereinigten Staaten von Amerika

Pfingstmontag, den 7. Juni 1965, 20 Uhr

Dirigent:
GEORGE SZELL

Solist:
JOHN BROWNING

CARL MARIA VON WEBER
Ouverture zur romantischen Oper „Oberon"

SAMUEL BARBER
Konzert für Klavier und Orchester, op. 38
Allegro appassionato · Canzona: moderato · Allegro molto

LUDWIG VAN BEETHOVEN
Symphonie Nr. III Es-dur op. 55 „Eroica"
Allegro con brio · Marcia funèbre (Adagio assai) · Scherzo (Allegro vivace)
Finale (Allegro molto)

Der Flügel, auf dem der Künstler heute spielt, ist ein Instrument der Firma Steinway & Sons, Berlin-Charlottenburg, Hardenbergstraße 4-5

Veranstalter: Der Senator für Wissenschaft und Kunst
Tourneeleitung: ANATOLE HELLER, Bureau Artistique Internationale, Paris

セル&クリーヴランド管弦楽団
プログラム（1965年）

ーハレ・ベートーヴェンザール［Liederhalle Beethovensaal］です。前半は、モーツァルトの《フィガロの結婚》序曲、シマノフスキ［Karol Szymanowski：1882-1937］のヴァイオリン協奏曲第一番。ヴァンダ・ヴィウコミルスカ［Wanda Wiłkomirska：1929-2018］のヴァイオリン。後半は、ベートーヴェンの《エロイカ》でした。

翌六五年二月四日には、スメターチェクの指揮するプラハ交響楽団で《わが祖国》全曲を聴きました。二月五日は、ショスタコーヴィチの交響曲第一番、ドヴォルザークのスラヴ舞曲ほか。両日とも、ベルリンのフィルハーモニーでのコンサートです。

また、六五年一〇月七日、ギカ・ズドラフコヴィチ［Gika Zdravkovitch：1914-2001］の指揮するベオグラード・フィルを聴きました。ストラヴィンスキーの《詩篇交響曲》、グリンカの《イヴァン・スサーニン（皇帝に捧げた命）》の抜粋で、ベルリンのフィルハーモニーで聴いています。

ベルリンの壁は一九六一年に建設されましたが、それまではベルリン市内は西ドイツ市民も東ドイツ市民も往来が自由でした。そのため、東ベルリンを経由して西ベルリンから西ドイツへ脱出しようとする東ドイツ市民が絶えませんでした。東ドイツはこれを阻止すべく、ベルリンの壁をつくったのです。

しかし、ベルリンの壁ができてからも、西側の著名な指揮者、例えばチェリビダッケのような一部の指揮者は東ベルリンのオーケストラを指揮していました。

――チェリビダッケらが東ベルリンのオーケストラを指揮していたとのことですが、東のどのオー

――ケストラでしょうか？　ほかにはどんな西側の指揮者が東ベルリンで指揮をしましたか？

チェリビダッケなどの西側の指揮者が共演したオーケストラはシュターツカペレ・ベルリン〔Staatskapelle Berlin〕、すなわちベルリン国立歌劇場〔Staatsoper Unter den Linden〕のオーケストラで、同歌劇場で演奏会が行われました。当時、ベルリン国立歌劇場の首席指揮者はオトマール・スウィトナー〔Otmar Suitner：1922-2010〕でした。

私が初めてチェリビダッケを聴いたのは、一九六六年一月一五日のコンサートで、ヒンデミットの《ウェーバーの主題による交響的変容》、プロコフィエフの《スキタイ組曲》、そしてブラームスの交響曲第四番でした。この演奏会は、その後、私がチェリビダッケをできるかぎり聴きに行くようになったきっかけとなったものでした。三谷礼二も一緒に聴きましたが、帰り道、感激に震えながら語り合ったことを思い出します。

東ベルリンに来演した西側の指揮者としては、チェリビダッケのほかにも、イタリアの指揮者ランベルト・ガルデッリ〔Lamberto Gardelli：1915-98〕、パリからポール・トルトゥリエ〔Paul Tortelier：1914-90　チェリストとして、また、指揮者として活躍〕、ヴィルヘルム・ピッツ〔Wilhelm Pitz：1897-1973　バイロイトで合唱指揮者として活躍〕、朝比奈隆〔1908-2001〕の名前が私のメモにあります。

東の指揮者が西ベルリンに来演したこともあります。

カレル・アンチェル〔Karel Ančerl：1908-73〕がベルリン・フィルを振ったドヴォルザークの交響曲第八番は素晴らしい演奏でした（一九六五年一二月二一日・二二日、フィルハーモニー）。この両日は、前半に、モーツァルトのK二九七の交響曲《パリ》と、ハチャトリアンのヴァイオリン協奏曲ニ短調の二曲が演奏されました。ヴァイオリンはミッシャ・エルマン[*17]でした。ドヴォルザークの八番の演奏のあまりの素晴らしさに、三谷礼二と二晩続けて聴きに行きました。エルマンは、このコンサートから三ヶ月半ほど後にニューヨークで亡くなっています。ミッシャ・エルマンには、父親がドイツ留学から持ち帰ったSPレコードで親しんでいましたが、その演奏とこの日の演奏とは四〇年ほどの時の隔たりがあったことになります。

また、テオ・アダム[*18]［Theo Adam：1926-2019］やペーター・シュライアー[*19]［Peter Schreier：1935-2019］は東ドイツの歌手ですが、ベルリンの壁ができた後も、バイロイト音楽祭をはじめとして、西側でのコンサートやオペラにも頻繁に出演していました。レコード録音もたくさん残しています。

PHILHARMONIE
BERLINER PHILHARMONISCHES ORCHESTER
4. ABONNEMENTSKONZERT DER SERIE B
Dienstag, den 21. und Mittwoch, den 22. Dezember 1965, 20 Uhr

Dirigent
KAREL ANČERL
Solist
MISCHA ELMAN

WOLFGANG AMADEUS MOZART
Symphonie D-dur KV 297
Allegro assai · Andantino · Allegro

ARAM KHATSCHATURIAN
Konzert für Violine und Orchester d-moll
Allegro con fermezza · Andante sostenuto · Allegro vivace

ANTON DVOŘÁK
Symphonie Nr. VIII G-dur op. 88
Allegro con brio
Adagio
Allegro grazioso
Finale (Allegro ma non troppo)

アンチェル&ベルリン・フィル
プログラム（1965年）

＊17　ミッシャ・エルマンはウクライナの出身。幼少から才能を発揮し、サンクト・ペテルブルク音楽院の入学の際、サラサーテの推薦を受けている。一九〇四年、ベルリン・デビュー、翌一九〇五年、ロンドン・デビュー、一九〇八年、カーネギー・ホールでアメリカ・デビュー。二一年、初来日。粘っこく重厚な音色はエルマン・トーンと呼ばれた。

──東のオーケストラは戦争の痛手から立ち直っていましたか？　演奏技術という面で西側オーケストラと較べてどうでしたか？

オーケストラは、演奏技術面では、ベルリン・フィルを除き、東西の差はほとんどなかったと思います。ただ、私の耳の問題かもしれませんが、音楽のスタイルは異なっていました。東ドイツはドイツの伝統を受け継ぎ、むしろ西のオーケストラがアメリカの影響を受けて、また、カラヤン流音楽の台頭により変わったと言えるのではないでしょうか。

当時、東ベルリンのシュターツカペレ・ベルリン、ライプツィヒのゲヴァントハウス管弦楽団などの音を聴くと、何かホッとしたのを思い出します。

──ヴァイオリニストやピアニストのベルリンへの来演はお聴きになりましたか？

ダヴィッド・オイストラフは、何回か聴く機会がありました。ふくよかな音で大きな演奏をした人です。一九五五年の初来日公演を聴いたこともあって、ベルリンで聴くオイストラフは感慨深いものがありました。六五年三月五日のコンサートでは、モーツァルトのイ長調K二一九《トルコ風》と、エルンスト・ヘルマン・マイヤー[*20]のヴァイオリン協奏曲（初演）を演奏しました。ほかに、ブラームスの交響曲第四番。オトマール・スウィトナー指揮、シュターツカペレ・ベルリンの演奏。

ベルリン国立歌劇場でのコンサートでした。

彼は、西ベルリンにもやってきて、オイストラフが指揮もして息子イーゴリとJ・S・バッハの二つのヴァイオリンのための協奏曲（BWV一〇四三）を演奏しました。

レオニード・コーガン*21［Leonid Kogan：1924-82］も忘れられません。シュターツカペレ・ベルリンとコンチェルトを弾きました。コーガンのヴァイオリンは、鋭い突き刺さってくるような音でした。

＊18　テオ・アダムはドレスデン生まれのバス・バリトン。一九六六年・六七年のバイロイト音楽祭におけるカール・ベーム指揮の《ニーベルングの指環》のライヴ録音（ヴォータン役）、カラヤンの指揮するドレスデン・シュターツカペレによる《ニュルンベルクのマイスタージンガー》（ハンス・ザックス役）の七〇年の録音などがある。この二つの録音はいずれもベルリンの壁があったときのものである。

＊19　ペーター・シュライアーはマイセン（ザクセン州）生まれのテノール。J・S・バッハの《マタイ受難曲》の福音史家として定評があり、カール・リヒター指揮ミュンヘン・バッハ管弦楽団（五八年録音・七九年録音）、カラヤン指揮ベルリン・フィル（一九七二―七三年録音）のほか、指揮者と福音史家の二役をこなした録音（演奏はシュターツカペレ・ドレスデン）もある。また、シューベルトやシューマンなど、ドイツ歌曲の傑出した歌い手でもあった。オペラでも、カール・ベームの指揮でモーツァルトの《後宮からの逃走》《劇場支配人》《ドン・ジョヴァンニ》《コジ・ファン・トゥッテ》《皇帝ティートの慈悲》、ワーグナーの《トリスタンとイゾルデ》、シュトラウスの《カプリッチョ》などを録音している。

＊20　Ernst Hermann Meyer［1905-88］は、ドイツの作曲家・音楽学者。ハンス・アイスラーに師事し、パウル・ヒンデミットとマックス・ブティングにも学んだ。共産主義者でユダヤ人であったため、ナチスからの迫害を避けてイギリスに移住。一九四八年、ドイツ民主共和国（東ドイツ）に帰国。ベルリン大学の音楽学教授、東ドイツ作曲家連盟議長を務めた。

＊21　レオニード・コーガンは、ウクライナ出身のヴァイオリニスト。同郷のダヴィッド・オイストラフは親友。コーガンのヴィブラートは、速くて澄んだ斑のない音色だったと伝えられる。

知りあいのヴァイオリニストによれば、彼のヴィブラートは指先でやる独特のものであったそうです。残念ながら、プログラムを紛失してしまい、指揮者、曲目、日付など、詳しいことがわからなくなってしまいました。

後に、一九八一年一月二九日、フランクフルトのアルテ・オーパーでリサイタルを聴きました。モーツァルトのヴァイオリン・ソナタ変ホ長調K三八〇、ブラームスのヴァイオリン・ソナタ第一番《雨の歌》、シューベルトのヴァイオリンとピアノのための幻想曲ハ長調D九三四でした。ピアノは、娘のニーナ・コーガン〔Nina Kogan〕が弾きました。ヴァイオリンの豊かな響きを楽しみました。

ピアニストではヴィルヘルム・ケンプ[*22]〔Wilhelm Kempff：1895-1991〕が、シュターツカペレ・ベルリンとベートーヴェンのピアノ協奏曲全五曲を演奏しましたが、第一番と第四番がとくに印象に残っています。指揮は、東ベルリンでオペラを中心に活躍したハインツ・レーグナー〔Heinz Rögner：1929-2001〕です。一九六五年三月二六日に第一番・第二番・第三番を、二八日に第四番と第五番を演奏しました。会場はベルリン国立歌劇場。

また、翌六六年一月一五日にも、ベルリンのフィルハーモニーで、オール・ベートーヴェンのリサイタルを聴きました。プログラムは、ピアノ・ソナタ第一八番、《六つのバガテル》作品一二六、ピアノ・ソナタ第二四番《テレーゼ》、ピアノ・ソナタ第二三番《熱情》でした。

2. ヘルベルト・フォン・カラヤン

カラヤンについてお伺いします。

ヴィルヘルム・フルトヴェングラー〔Wilhelm Furtwängler：1886-1954〕が一九五四年一一月に急逝。翌五五年、カラヤン〔Herbert von Karajan：1908-89〕がベルリン・フィルの常任指揮者に就任しました。ベルリン・フィルとの最初のベートーヴェン交響曲全集〔DG〕を録音したのが一九六一年～六二年で、このあと、精力的なレコード録音が行われていきます。六七年には、自らの理想とするワーグナーの上演を行うべく、ザルツブルク復活祭音楽祭〔Die Salzburger Osterfestspiele〕を創設しました。伊藤さんのベルリン滞在期間は、まさにカラヤンの絶頂期にあたります。そのころはフルトヴェングラーの記憶がまだ残っていたのでしょうか？　当時の聴衆の空気はどんなふうでしたか？

＊22　ヴィルヘルム・ケンプは、一九三六年に初来日して以来、来日は一〇回を数えた。ベートーヴェン生誕二〇〇周年の記念の年、七〇年の来日では、ピアノ・ソナタとピアノ協奏曲の全曲演奏会を行った。レコード録音は、ベートーヴェンのピアノ・ソナタ全集（四回）、ピアノ協奏曲全集（二回）をはじめとして、J・S・バッハ、モーツァルト、シューベルトのピアノ・ソナタ全集（世界で最初の全集録音）、シューマンなどのほか、ショパン、リスト、フォーレもある。

お聴きになったカラヤンとベルリン・フィルのコンサート、あるいはオペラについてのお話からお願いします。

ウィーン芸術週間［Wiener Festwochen］におけるブラームスのピアノ協奏曲第二番、カラヤン指揮のベルリン・フィルとヴィルヘルム・バックハウス［Wilhelm Backhaus：1884-1969］は、心に残る演奏会の一つです。一九六四年五月一八日、ムジークフェラインの大ホールで行われました。バックハウスは素晴らしい演奏を聴かせてくれました。この非正規盤が出ています。演奏会の後半は、ブラームスの交響曲第二番でした。

一九六五年八月二五日、ザルツブルク音楽祭［Salzburger Festspiele］でカラヤンの振った《ボリス・ゴドゥノフ》は、主役のニコライ・ギャウロフ［Nicolai Ghiaurov：1929-2004］の声に圧倒されました。オーケストラはウィーン・フィルです。この

カラヤン&ベルリン・フィル＋バックハウス
プログラム（1964年）

カラヤン／《ボリス・ゴドゥノフ》
1965年ザルツブルク音楽祭

作品は、舞台が豪華絢爛で、カラヤンの特徴が最も生かされたのではないかと思います。配役はほかに、オリヴェラ・ミリャコヴィッ［Olivera Miljaković：1934-］、ナジェイダ・ドブリアーノヴァ［Nadejda Dobrianowa］、ゲルハルト・シュトルツェ［Gerhard Stolze：1926-79］、エーベルハルト・ヴェヒター［Eberhard Wächter：1929-92］などです。

カラヤンの《ボリス・ゴドゥノフ》はＬＰでも発売され、絶賛されました。リムスキー＝コルサコフ版ですが、作品の代表的な演奏の一つになっていると思います。ただし、録音は一九七〇年一一月で、歌手はご覧になった六五年のザルツブルク音楽祭での公演とは少し違っています。

私のベルリン滞在期間は、まさにカラヤンが帝王として君臨した全盛期でした。フルトヴェングラーについては、カラヤンの政治力と華やかさにかき消されて、あまり話題にのぼることはなかったと記憶します。ＬＰレコードの登場により、それをうまく使ったカラヤン。クラシック音楽が産業化し、大衆化の波に乗り、大きく方向転換した時代であったと思います。その意味で、カラヤンの演奏は真に当を得ていたのでしょう。私自身も初めて彼を聴いたとき、驚き、その演奏の心地良さに酔わされました。

カラヤンの演奏プログラムは保守的でした。Ｊ・Ｓ・バッハ、モーツァルト、ベートーヴェン、ブラームス、ブルックナー、チャイコフスキーなど、たまにバルトーク、シベリウス、ストラヴィンスキーといったところに限られていました。

ブラームスの交響曲第三番の第一楽章のベルリン・フィルでの出だしは、カラヤン風というか、すざまじい音の響きで圧倒されたことがありました。これは、二回目のドイツ滞在の一九八五年一〇月一七日、フランクフルトのアルテ・オーパー[*23]で行われた演奏会で、後半はブラームスの交響曲第二番でした。

その二年後、八七年一一月六日、フランクフルトのアルテ・オーパーでシューベルトの《未完成》交響曲とベルリオーズの《幻想交響曲》を聴きましたが、これは私がカラヤンを聴いた最後のコンサートでした。

ベルリンでの滞在が始まった一九六三年にフィルハーモニー・ベルリンが完成します。最初のうちは音響が悪いとの評判で、何度か手直しがされたようですが、ホールについてどんな感想をお持ちになりましたか？

ベルリンのフィルハーモニー[*24]は、最初奇異に感じ当惑しましたが、慣れるに従って良いホールと思うようになりました。音がどこででも均等に聴こえてきました。その後のコンサートホールは、多くがだいたいベルリンのフィルハーモニーと同じコンセプトでつくられるようになったと思

ベルリンのフィルハーモニーホール内部

います。ケルンのコンサートホール、サントリーホールしかりです。

ベルリンでのコンサートは、フィルハーモニーができるまでは、音楽高等アカデミー*25［Akademische Hochschule für Musik］のホール［Konzertsaal］が演奏会場でした。カラヤンの指揮ではありませんが、ベルリン・フィルを二回、このホールで聴いています。その前はもっぱらティタニア・パラスト［Titania Palast］で行われていましたが、私がベルリンに滞在し始めた一九六三年一〇月以降は、ティタニア・パラストでのベルリン・フィルの演奏会は記憶にありません。ベルリン放送交響楽団［Radio-Symphonie-Orchester Berlin］は、自前のホールが放送局内にあり、主にそこで演奏会を行っていました。

＊23　かつての歌劇場で、戦前はネオ・ルネサンス様式の美しい建物であったが、一九四四年三月の空襲によって破壊された。一九八一年、外観は忠実にもとの姿に復元され、ただし内部は歌劇場ではなく、モダンなコンサートホールとなって、「旧・オペラ座［Alte Oper Frankfurt］」の名称で再び開場した。現在、オペラは、一九五一年に新設されたフランクフルト歌劇場［Oper Frankfurt］で上演されている。

＊24　フィルハーモニー・ベルリン［Philharmonie Berlin］は、ベルリンのコンサートホール。ベルリン・フィルハーモニー管弦楽団［Berliner Philharmoniker］が本拠地としている。収容人員は、大ホールは二、四四〇席、室内楽ホールは一、一八〇席。いずれも座席がステージを取り囲むヴィンヤード型。竣工は一九六三年。

＊25　音楽高等アカデミーは、はじまりは一八五〇年に創設されたベルリン音楽学校［Berliner Musikschule］に遡る。教授にはハンス・フォン・ビューロー、ハンス・プフィッツナー、エンゲルベルト・フンパーディンク、アルノルト・シェーンベルクなど、卒業生にはブルーノ・ワルター、エドウィン・フィッシャー、オットー・クレンペラー、カール・シューリヒト、クラウディオ・アラウなど錚々たる音楽家が名を連ねている。二〇〇一年からはベルリン芸術大学［Universität der Künste Berlin］の一学部となって現在に至っている。

ティタニア・パラストの名前は懐かしいです。フルトヴェングラーのＬＰでこの名前を覚えています。一九二八年に完成した映画館で、第二次大戦中の被害を免れました。フィルハーモニーが焼け落ちてしまったので、戦後、仮のコンサートホールとして使われていた、とレコードの解説に書いてあったと思います。フルトヴェングラーが楽壇に復帰した初日（一九四七年五月二五日）の演奏会もここで行われました。ベルリン・フィルでベートーヴェンの交響曲第六番《田園》と第五番が演奏され、そのライヴ録音がレコードになっています。また、フルトヴェングラーがベルリン・フィルを指揮したシュトラウスの《ティル・オイレンシュピーゲルの愉快ないたずら》の一九五〇年の映像も残っています。

ベルリンのダーレムのイエス・キリスト教会［Jesus-Christus-Kirche（Dahlem)］は、カラヤンとベルリン・フィルの録音会場として有名ですが、それ以前にも、フルトヴェングラーが一九五一年にシューベルトの交響曲第七番《ザ・グレイト》とハイドンの交響曲第八八番《Ｖ字》、それに五三年にシューマンの交響曲第四番を録音しています。フェレンツ・フリッチャイ［Ferenc Fricsay : 1914-63］も録音していますね。また、Wikipedia によれば、「反ナチ運動を担った告白教会の中心的存在であった。その伝統はいまでも生きており、政治亡命者や国外追放処分を受けた者たちの避難所である」とあります。なにか思い出はおありですか？

ダーレムのイエス・キリスト教会には行ったことがあります。私が滞在した頃、ここで大きな音楽会は行われていなかったと思います。音響効果がすごいということで、クリスマスのミサを聴きに行き、教会付属の合唱団（プロではない）とベルリン・ドイツ・オペラのソリストを迎えて、オラトリオを聴いた記憶があります。

カラヤンのドイツ・グラモフォンのＬＰジャケットにイエス・キリスト教会での録音時に撮られた写真が使われたことがあり、私は、背景の美しいステンドグラスの光に感動したことを、いまでも鮮明に覚えています。

3. ベルリン放送交響楽団

西ベルリンにはベルリン放送交響楽団*26（現在の名称はベルリン・ドイツ交響楽団）がありましたが、このオーケストラについて印象に残っていることはおありですか？　常任指揮者がフェレンツ・フリッチャイやロリン・マゼール［Lorin Maazel：1930-2014］だったこともあり、日本でも多くのＬＰが出ていました。

ＲＩＡＳは、Rundfunk im amerikanischen Sektor（アメリカ軍占領地区放送局）の頭文字をとった名前で、フリッチャイの伝説的活躍で、当時ベルリン・フィルに匹敵する実力と言われていました。残念ながらフリッチャイは、私の行ったときには亡くなっており、聴く機会はありませんでしたが、ベルリン放送交響楽団の数々の演奏を聴く機会がありました。豊田耕児がコンサートマスターを務めていた時代でした。

客演をバルビローリ〔Sir John Barbirolli：1899-1970〕、クレツキ〔Paweł Klecki：1900-73〕、アバド〔Claudio Abbado：1933-2014〕、プリッチャード〔Sir John Pritchard：1921-89〕、シュミット＝イッセルシュテット〔Hans Schmidt-Isserstedt：1900-73〕などが務めていました。マゼールも何回か聴きましたが、表面的で感動しませんでした。

ベルリン放送交響楽団は、クレツキ[*27]の《大地の歌》がいまも心に残っています。一九六六年六月七日に聴いています。当日のプログラムは、シェーンベルクの《浄められた夜》とマーラーの《大地の歌》です。《大地の歌》は、モーリン・フォレスター〔Maureen Forrester：1930-2010〕とヴィレム・プジビル〔Vilém Přibyl：1925-90〕が歌いました。会場は放送局内にある大ホール〔Großer Sendesaal, Haus des Rundfunks〕でした。

クレツキの《大地の歌》は旧ＥＭＩから出ていました。オーケストラはフィルハーモニア管弦楽団で、マレイ・ディッキー（テノール）とディートリヒ・フィッシャー＝ディースカウ（バリトン）が歌っています。一九五九年の録音です。フ

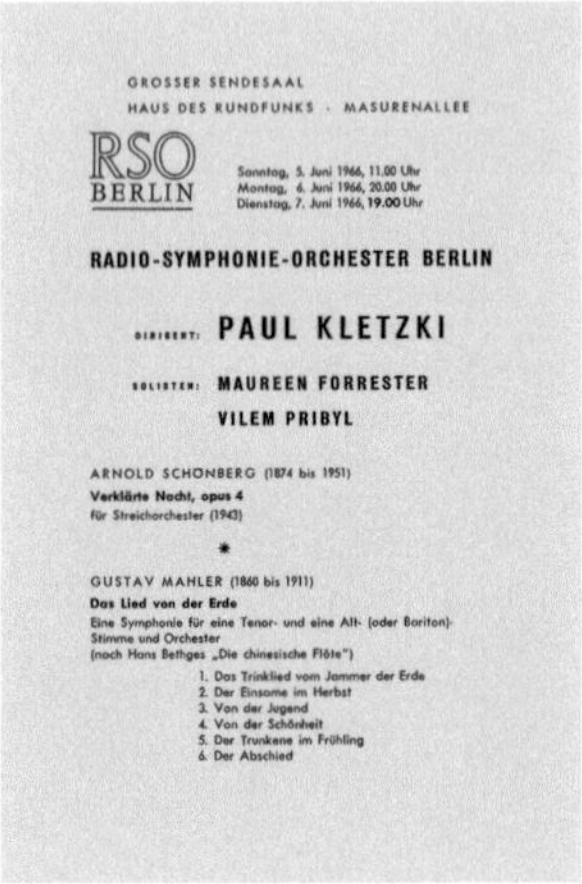
GROSSER SENDESAAL
HAUS DES RUNDFUNKS · MASURENALLEE

RSO BERLIN

Sonntag, 5. Juni 1966, 11.00 Uhr
Montag, 6. Juni 1966, 20.00 Uhr
Dienstag, 7. Juni 1966, 19.00 Uhr

RADIO-SYMPHONIE-ORCHESTER BERLIN

DIRIGENT: **PAUL KLETZKI**

SOLISTEN: **MAUREEN FORRESTER**
VILEM PRIBYL

ARNOLD SCHÖNBERG (1874 bis 1951)
Verklärte Nacht, opus 4
für Streichorchester (1943)

*

GUSTAV MAHLER (1860 bis 1911)
Das Lied von der Erde
Eine Symphonie für eine Tenor- und eine Alt- (oder Bariton)-Stimme und Orchester
(nach Hans Bethges „Die chinesische Flöte")

1. Das Trinklied vom Jammer der Erde
2. Der Einsame im Herbst
3. Von der Jugend
4. Von der Schönheit
5. Der Trunkene im Frühling
6. Der Abschied

クレツキ&ベルリン放送響
プログラム（《大地の歌》ほか、1966年）

イッシャー＝ディースカウは《大地の歌》が好きなのでしょうか。バーンスタインとウィーン・フィルの録音（デッカ）でも歌っています。テノールはジェイムズ・キング。録音は一九六六年です。最終楽章《告別》の終結部で"Die liebe Erde allüberall blüht auf im Lenz..."と歌いだすところ、深い呼吸で、大きくクレッシェンドするフィッシャー＝ディースカウの歌唱と声はいつ聴いても感動します。

＊26　ベルリン放送交響楽団［Radio-Symphonie-Orchester Berlin］は、当初一九四六年に西ベルリンのアメリカ軍占領地区放送局［Rundfunk im amerikanischen Sektor＝RIAS］のオーケストラ＝ベルリンＲＩＡＳ交響楽団［RIAS-Symphonie-Orchester Berlin］として設立された。ベルリン放送交響楽団に名称を変更したのは一九五六年。ドイツ再統一後の一九九三年には現在の名称であるベルリン・ドイツ交響楽団［Deutsches Symphonie-Orchester Berlin］に変更された。フリッチャイが一九四八〜五四年と五九〜六三年、マゼールが六四〜七五年、それぞれ常任指揮者を務めた。

　なお、別組織として、旧東ベルリンに属したベルリン放送交響楽団［Rundfunk-Sinfonieorchester Berlin］がある。このオーケストラは一九二三年に設立され、現在に至るまでこの名称で活動している。歴代の常任指揮者は、オイゲン・ヨッフム［Eugen Jochum：1902-87］、セルジュ・チェリビダッケ［Sergiu Celibidache：1912-96］、ヘルマン・アーベントロート［Hermann Abendroth：1883-1956］、ロルフ・クライネルト［Rolf Kleinert：1911-75］、ハインツ・レーグナー［Heinz Rögner：1929-2001］、ラファエル・フリューベック・デ・ブルゴス［Rafael Frühbeck de Burgos：1933-2014］、マレク・ヤノフスキ［Marek Janowski：1939-］、ウラディーミル・ユロフスキ［Vladimir Jurowski：1972-］などが務めている。

＊27　パウル・クレツキは、ポーランドの指揮者・作曲家。最も有名な作品である交響曲第三番《イン・メモリアム》は、ナチス・ドイツのポーランド侵攻直後の一九三九年一〇月に作曲された。四二年に作曲活動を停止。両親・妹を含む肉親を、ホロコーストによって殺害されたことが原因とも言われている。

4. エリーザベト・グリュンマー

エリーザベト・グリュンマー〔Elisabeth Grümmer：1911-86〕は、いろいろな歌手の実演を聴いたなかで、最も印象に残っている人です。一九六四年から六六年頃は、彼女の全盛期の最後の輝きであったと思います。ちょうど私の最初のドイツ滞在、つまりベルリン時代に重なります。このとき、あまり多くはありませんが、彼女の公演を聴けたのはほんとうに幸せでした。

グリュンマーが出演したオペラは、西ベルリンのベルリン・ドイツ・オペラ〔Deutsche Oper Berlin〕で三つ観ています。

三つともすべて一九六四年ですが、最初は一月二五日の公演《ドン・ジョヴァンニ》です。グリュンマーはドンナ・アンナを歌いました。指揮はオイゲン・ヨッフム。ドン・ジョヴァンニはキース・エンゲン〔Kieth Engen：1925-2004〕。エルンスト・ヘフリガー〔Ernst Haefliger：1919-2007〕がドン・オッターヴィオを歌いました。

二つめが、四月二七日の《ローエングリン》で、グリュンマーはエルザを歌いました。オルトルートがこのときはアストリッド・ヴァルナイ〔Astrid Varnay：1918-2006〕、ローエングリンはジェイムズ・キング〔James King：1925-2005〕、テルラムントはグスタフ・ナイトリンガー〔Gustav Neidlinger：1910-91〕、ハインリヒ王はヨーゼフ・グラインドル〔Josef Greindl：1912-93〕。指揮はハインリヒ・ホルライザー〔Heinrich Hollreiser：1913-2006〕でした。

三つめが、六月六日の《ばらの騎士》です。彼女はフェルトマルシャリン（元帥夫人）を歌い、ヨーゼフ・グラインドルがオックス男爵を歌いました。オクタヴィアンはイヴリン・リアー〔Evelyn Lear：1926-2012〕、ゾフィーはエディト・マティス〔Edith Mathis：1938-〕でした。指揮はオイゲン・ヨッフム。

どれも、まさに夢のようなキャストです。

――グリュンマーの音楽にとりわけ深い愛着を抱いていらっしゃいますが、彼女の声、音楽を、どう感じ、どう思われたのでしょうか？

私の感じるエリーザベト・グリュンマーの音楽は、ひとことで言えば、「作為のない自然な」歌唱であったといえます。彼女の声は、その洗練さにおいて群を抜いていました。また、オーケストラがどんなに大きなフォルティッシモを出しても、彼女の声は、それを突き抜けて一番後ろの席まで減衰せずに聴こえてきました。とくに彼女のピアニッシモは醍醐味がありました。

なぜ、彼女の声だけは減衰せずに聴こえてくるのか、それが解ったのは二〇年近くあとのことです。シュヴァルツコップ〔Elisabeth Schwarzkopf：1915-2006〕が、ＴＶの番組で、「グリュンマーは、完全に **Kopfstimme**（頭声）を習得した数少ない歌手であった」と語っていて、それが、減衰しない理由ということでした。

ブラームスの《ドイツ・レクイエム》もほんとうに素晴らしい音楽でした。その天使のような声とピアニッシモでよく通る声に完全に魅了されました。彼女ほど確信をもって気品に満ちた美しい歌唱を行った人はいないと思います。

一九六四年一〇月二七日・二八日の両日の公演を聴きました。アントン・リッペ〔Annton Lippe：1905-74〕指揮、ベルリン・フィルとベルリン聖ヘトヴィヒ大聖堂合唱団〔Chor der St. Hedwigs-Kathedorale Berlin〕です。ホールはベルリンのフィルハーモニー。聖ヘトヴィヒ大聖堂は東ベルリンにありましたが、合唱団は西ベルリンで活動をしていました。

翌六五年一一月二一日にも彼女の《ドイツ・レクイエム》を聴いています。ベルリン放送交響楽団とフィルハーモニー合唱団ベルリン〔Philharmonischer Chor Berlin〕です。ハンス・ケマン・プティ[*28]〔Hans Chemin-Petet：1902-81〕が指揮をしました。

非正規盤のCDなのですが、カール・シューリヒト〔Carl Schuricht：1880-1967〕がハンブルク北ドイツ放送交響楽団[*29]〔NDR Sinfonieorchester Hamburg〕と同合唱団を指揮した《ドイツ・レクイエム》でグリュンマーが歌っていて、私の愛聴盤です。

グリュンマー
シュヴェツィンゲン・リサイタル
（1958年）

グリュンマー&カール・シューリヒト
ブラームス《ドイツ・レクイエム》
（1955年）

バリトンはオットー・ヴィーナー〔Otto Wiener：1911-2000〕。一九五五年のライヴ録音です。

――グリュンマーが歌った《ドイツ・レクイエム》のライヴ録音のお話が出ましたが、《タンホイザー》のレコードを絶賛しておられましたね…。

《タンホイザー》のレコードは、指揮フランツ・コンヴィチュニー〔Franz Konwitschny：1901-62〕、演奏は当時の東ベルリンのシュターツカペレと合唱団です。出演者は、エリーザベト・グリュンマーのエリーザベトとフィッシャー＝ディースカウのヴォルフラムです。テューリンゲンの領主役をゴットロープ・フリック〔Gottlob Frick：1906-94〕が、ヴァルターをフリッツ・ヴンダーリヒ〔Fritz Wunderlich：1930-66〕が歌っています。

そのLPはいまも大切に持っております。第三幕の始めからヴォルフラムの《夕星の歌》までのグリュンマーとフィッシャー＝ディースカウは、いつも鳥肌が立ち、胸が熱くなります。《タンホイザー》のレコードは、ザヴァリッシュ、ショルティ等のも聴きましたが、私は、コン

＊28　ハンス・ケマン・プティは、ドイツの作曲家・指揮者・音楽教育者。
＊29　ハンブルク北ドイツ放送交響楽団の創設は一九四五年。後に初代首席指揮者となったハンス・シュミット＝イッセルシュテットが創設に尽力した。その後、ギュンター・ヴァント〔Günter Wand：1912-2002〕、ヘルベルト・ブロムシュテット〔Herbert Blomstedt：1927-〕などが首席指揮者を歴任。二〇一七年、新しく建設されたエルプフィルハーモニー・ハンブルクに本拠地を移転したのを機に、楽団の名称をNDRエルプフィルハーモニー管弦楽団〔NDR Elbphilharmonie Orchester〕に改称した。

ヴィチュニーが一番好きでした。残念ながら、彼が指揮をした演奏会を聴く機会はありませんでした。

ついでながら、グリュンマーは歌っていませんが、一九五四年のバイロイト音楽祭でヨーゼフ・カイルベルト［Joseph Keilberth：1908-68］が指揮した実況録音の《タンホイザー》（非正規盤）もよいと思います。グレ・ブラウェンスティーン*30［Gré Brouwenstijn：1915-99］がエリーザベトを歌い、フィッシャー＝ディースカウがヴォルフラムを歌っています。

これも非正規盤ですが、シュトラウスの《四つの最後の歌》も印象に残っています。指揮はリヒャルト・クラウス、演奏はベルリン交響楽団［Berliner Symphoniker］。一九七〇年の録音です。

いただいたCDで聴きましたが、どんな音域でも、綺麗に、透き通った声と、自然なよく伸びるグリュンマーの歌に驚き、感動しました。シュヴァルツコップがカラヤンと共演した《四つの最後の歌》も定評があり、CDが何種類か出ていますが、私にはつくったような声と歌に聴こえ、大きな違いを感じました。

彼女の生涯の伴侶であったピアニスト、フーゴー・ディーツ［Hugo Diez］およびアリベルト・ライマン*31［Aribert Reimann：1936-］と共演した歌曲も素晴らしい演奏です。とくに、シューベルトの《子守唄》D八六七は心に残る名演です。シュヴェツィンゲン音楽祭で一九五八年五月三〇日に行われたリサイタルのライヴ録音です。

――グリュンマーとフルトヴェングラーとの共演を体験することはできなかったわけですが…

バッハの《マタイ受難曲》は、グリュンマー、フィッシャー＝ディースカウ（イエス）とフルトヴェングラーとの録音を私はよく聴きます。愛聴盤です。アントン・デルモータ〔Anton Dermota：1910-89〕、マルガ・ヘフゲン〔Marga Höffgen：1921-95〕、オットー・エーデルマン〔Otto Edelmann：1917-2003〕が歌っています。ウィーン・フィルとの一九五四年四月の復活祭週間での演奏会のライヴ録音です。フルトヴェングラーが亡くなる半年ほど前です。大変感動的な演奏であるだけに、私の好きなアリア、"Können Tränen meiner Wangen"*32（私の頬を流れる涙が……）が省略されているのが残念です。

――グリュンマーがフルトヴェングラーの指揮で歌った《ドン・ジョヴァンニ》全曲のカラー・ヴィ

＊30　グレ・ブラウェンスティーンは、オランダの伝説的ドラマティック・ソプラノ。一九四〇年代から七〇年代半ばまで活躍。美しい舞台姿が往年の名女優イングリッド・バーグマンに似ていたことでも評判となった。アンドレ・クリュイタンスがベルリン・フィルを振ったベートーヴェンの交響曲全集の《第九》でも歌っている。

＊31　アリベルト・ライマンはドイツの作曲家・ピアニスト。シェイクスピアの原作にもとづくオペラ《リア王》（一九七八）、カフカの原作にもとづくオペラ《城》（一九九二）などがある。

＊32　《マタイ受難曲》第二部の第六一曲（旧バッハ全集。新バッハ全集では第五二曲）。このフルトヴェングラーの《マタイ受難曲》のライヴ録音は、ほかにもいくつかの曲が省略されている。

デオがありますね。一九五四年のザルツブルク音楽祭でのライヴ録音・録画とされています。グリュンマーがフルトヴェングラーと共演した貴重な記録で、かつ舞台姿が観られます。オーケストラはウィーン・フィル。それに配役陣が豪華です。

　グリュンマーのドンナ・アンナのほかに、チェーザレ・シエピ[*33]（ドン・ジョヴァンニ）、リーザ・デラ＝カーザ[*34]（ドンナ・エルヴィーラ）、アントン・デルモータ（ドン・オッターヴィオ）、オットー・エーデルマン（レポレロ）、エルナ・ベルガー（ツェルリーナ）、ワルター・ベリー（マゼット）、デジュー・エルンスター（騎士長）、それにウィーン国立歌劇場合唱団が参加しています。

そのヴィデオは私もときどき観ます。フルトヴェングラーの指揮をじっくり観ることができます。

　思い出すのは、チェーザレ・シエピがドン・ジョヴァンニを歌ったベルリン・ドイツ・オペラでの公演です。グリュンマーがドンナ・アンナでした。シエピは、その歌・容姿ともに、まさにドン・ジョヴァンニそのものでした。残念ながら、プログラムを紛

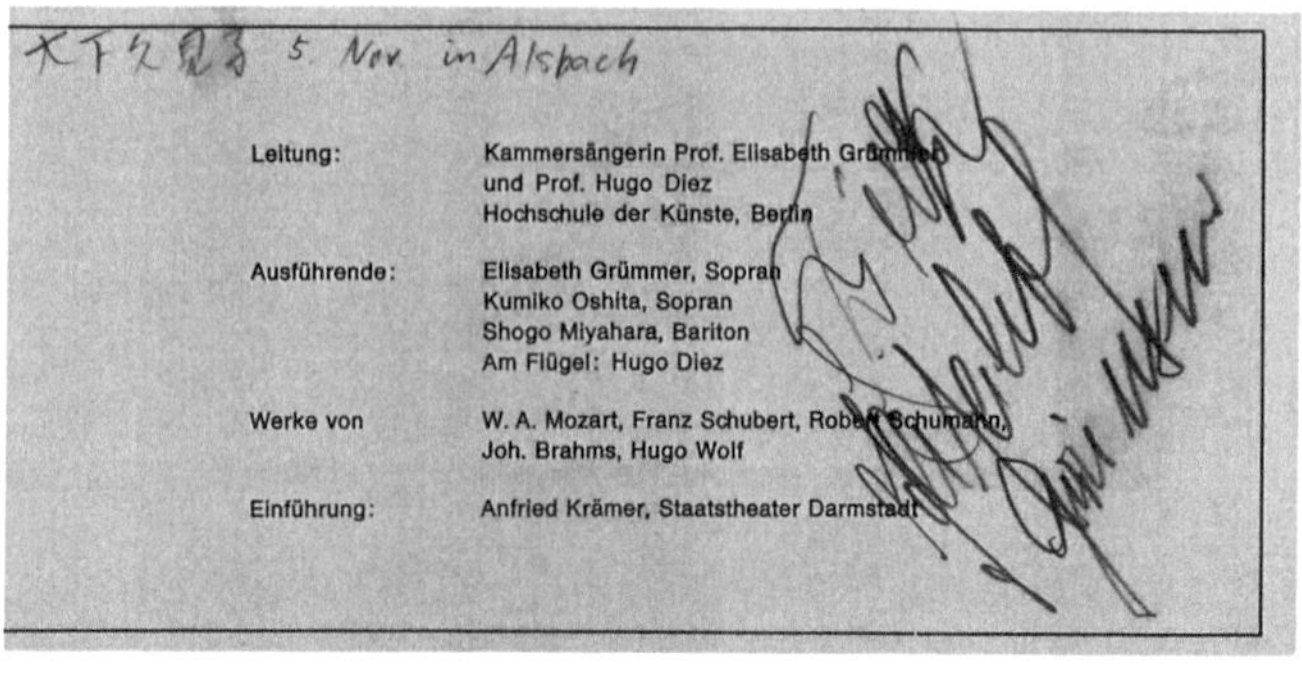
5. Nov. in Alsbach

Leitung:	Kammersängerin Prof. Elisabeth Grümmer und Prof. Hugo Diez Hochschule der Künste, Berlin
Ausführende:	Elisabeth Grümmer, Sopran Kumiko Oshita, Sopran Shogo Miyahara, Bariton Am Flügel: Hugo Diez
Werke von	W. A. Mozart, Franz Schubert, Robert Schumann, Joh. Brahms, Hugo Wolf
Einführung:	Anfried Krämer, Staatstheater Darmstadt

グリュンマー、ラストコンサート
プログラム&サイン

失してしまい、日付と指揮者、その他の配役を思い出せません。

グリュンマーの最後の演奏会は、一九七六年一一月五日、ダルムシュタット郊外のアルスバッハ＝ヘーンラインでの、お弟子さんとの小さなリサイタルでした。モーツァルト、シューベルトなどのリートを歌いました。

5. ザルツブルク音楽祭

――ザルツブルク音楽祭で印象の深かったコンサートとオペラを教えてください。


あまり記憶に残る演奏がないことに気づきました。

あえてあげるならば、一九六四年八月一〇日、カール・ベーム［Karl Böhm：1894-1981］がウィーン・フィルを振ったオール・モーツァルト・プログラムのマチネーは、良かったと思います。《セ

＊33　チェーザレ・シエピ［Cesare Siepi：1923-2010］は、二〇世紀のイタリア・オペラ界を代表するバス歌手。美声と優れたテクニック、そして高い音楽性と、長身の舞台映えする外見も含めて、世紀のドン・ジョヴァンニとして今なお理想的な歌手と目する人も多い。
＊34　リーザ・デラ・カーザ［Lisa della Casa：1919-2012］は、スイス出身の美貌のソプラノ歌手。《ドン・ジョヴァンニ》のドンナ・エルヴィーラのほかに、《ばらの騎士》の元帥夫人、《アラベラ》の題名役、《フィガロの結婚》の伯爵夫人、《コジ・ファン・トゥッテ》のフィオルディリージなどの役で活躍した。

レナータ・ノットゥルナ　ニ長調　K二三九》が印象に残っています。この日は、ほかに交響曲第三四番ハ長調K三三八と第四一番《ジュピター》でした。

一九六四年はリヒャルト・シュトラウスの生誕一〇〇年という記念の年でしたので、シュトラウス作品が多く演奏されました。

八月一〇日は、ジョージ・セルの指揮するベルリン・フィルの演奏で《家庭交響曲》を聴きました。翌一一日は、《エレクトラ》観劇。マルタ・メードル、アストリッド・ヴァルナイ、ヒルデガルト・ヒレブレヒト、ジェイムズ・キング、エーベルハルト・ヴェヒターが歌い、カラヤン指揮のウィーン・フィルが演奏しました。

八月一五日、カラヤン指揮のベルリン・フィルで、オーボエ協奏曲（オーボエ：ローター・コッホ）、《四つの最後の歌》（ソプラノ：エリーザベト・シュヴァルツコップ）、交響詩《英雄の生涯》。一六日、ゲオルク・ショルティ指揮のウィーン・フィルで交響詩《ティル・オイレンシュピーゲルの愉快ないたずら》。二〇日には、カール・ベーム指揮のウィーン・フィルで交響詩《ドン・ファン》を聴きました。

私は聴いていませんが、シュトラウスの作品は、ほかに、《ナクソス島のアリアドネ》（カール・ベーム指揮のウィーン・フィル）、《ばらの騎士》[*35]（カラヤン指揮のウィーン・フィル）、《ドン・キホーテ》と《ツァラトゥストラはかく語りき》（カラヤン指揮のベルリン・フィル）、シュトラウス歌曲の夕べ（ソプラノのイヴリン・リアーとピアノのエリック・ヴェルバ）の公演がありました。

6. バイロイト音楽祭

――バイロイト音楽祭［Bayreuther Festspiele］についてお訊ねします。

私は、一九六四年から六六年にかけてワーグナーの《ニーベルングの指輪》を東ベルリン（ベルリン国立歌劇場）で初めて体験しました。オトマール・スウィトナーの指揮です。それで病みつきになり、バイロイトへと繋がっていきました。その後、フランクフルト、ハンブルクでも《リング》を聴く機会に恵まれました。

ヴォータンは、テオ・アダム［Theo Adam：1926-2019］とハンス・ホッター［Hans Hotter：1909-2003］の二人を聴きましたが、テオ・アダムは人間的なヴォータン、ハンス・ホッターは神々しいヴォータンでした。

＊35　一九六四年の《ばらの騎士》の公演は、演出ルドルフ・ハルトマン［Rudolf Hartmann］、フェルトマルシャリン（元帥夫人）をシュヴァルツコップ、オックス男爵をオットー・エーデルマン［Otto Edelmann：1917-2003］、オクタヴィアンをセーナ・ユリナッチ［Sena Jurinac：1921-2011］、ゾフィーをアンネリーゼ・ローテンベルガー［Anneliese Rothenberger：1919-2010］が歌った。演出とこの四人の歌手、そしてカラヤン指揮のウィーン・フィルについては、オペラ映画の傑作として有名な一九六〇年のザルツブルク音楽祭の公演とまったく同じであった。

一九五一年にバイロイト音楽祭が再開し、ヴィーラント・ワーグナー*36［Wieland Wagner：1917-66］が初めて演出を行いました。その後、次々にワーグナー作品の演出を手掛け、新しい潮流をつくりました。ヴィーラント演出の公演をご覧になりましたか？

バイロイトには、随分通いました。

当時ベルリンには、NHK交響楽団の研修生（学生として）が来ており、その一人、首席オーボエ奏者丸山盛三［1932-2001］と親しくなりました。ほかにも二、三名来ていました。彼らは、研修のプログラムとしてバイロイトに行くことになっていたようです。たまたま丸山盛三と同行することになっていたN響の団員が急に行けなくなり、切符が無駄になるので代わりに行かないかと誘われ、バイロイトに同行しました。それが、一九六四年のシーズンでした。

このときは、《ラインの黄金》（八月一七日）と《ワルキューレ》（八月一八日）の二つを聴きました。指揮は両日ともベリスラフ・クロブチャール*37［Berislav Klobučar：1924-2014］でした。《ラインの黄金》は、ヴォータンをテオ・アダム、ドンナーをマルセル・コルデス［Marcel Cordes：1920-92］、フローをハンス・ホップ［Hans Hopf：1916-93］、ローゲをゲルハルト・シュトルツェ、

バイロイト1966　パンフレット

フリッカをグレース・ホフマン〔Grace Hoffman：1921-2008〕、フライアをジュッタ・メイファース〔Jutta Meyfarth：1927-〕、エルダをマルガ・ヘフゲン〔Marga Höffgen：1921-95〕、アルベリヒをゾルタン・ケレメン〔Zoltan Kelemen：1926-79〕、ミーメをエーリヒ・クラウス〔Erich Klaus〕、ファーゾルトをゴットロープ・フリック〔Gottlob Frick：1906-94〕、ファーフナーをペーター・ロート＝エーランク〔Peter Roth-Ehrang：1925-66〕が歌いました。

《ワルキューレ》では、ジークムントをフリッツ・ウール〔Fritz Uhl：1928-2001〕、フンディングをゴットロープ・フリック、ヴォータンをテオ・アダム、ジークリンデをジュッタ・メイファース、ブリュンヒルデをアニタ・ヴェルッキ〔Anita Välkki：1926-2011〕、フリッカをグレース・ホフマンが歌いました。演出はヴォルフガング・ワーグナー〔Wolfgang Wagner：1919-2010〕です。

とくにゴットロープ・フリックのフンディングは素晴らしい歌唱でした。あのメタリックな声は、彼独特のものだと思います。ゴットロープ・フリックはベルリンでも聴く機会がありました。

＊36　バイロイト音楽祭が再開した一九五一年、ヴィーラント・ワーグナー演出の《パルジファル》が初演された。指揮はハンス・クナッパーツブッシュ〔Hans Knappertsbusch：1888-1965〕。その後、ヴィーラント・ワーグナーは、一九五六年に《ニュルンベルクのマイスタージンガー》、六二年に《トリスタンとイゾルデ》、六五年に《ニーベルングの指環》の演出を発表。これらは画期をなすもので、「新バイロイト様式」と呼ばれた。

＊37　ベリスラフ・クロブチャールはザグレブ生まれ。ロヴロ・フォン・マタチッチの弟子。一九五二年から四〇年間にわたってウィーン国立歌劇場で指揮をした。バイロイトでは六四年の《指輪》のほかに、六七年〜六九年に《タンホイザー》《ローエングリン》《トリスタンとイゾルデ》《ニュルンベルクのマイスタージンガー》の指揮者を務めた。

ハイドンの《天地創造》は、グリュンマーとの共演でした。指揮はアントン・リッペ、合唱はベルリン聖ヘトヴィヒ大聖堂合唱団でした。フリックの一度聴いたら忘れられない男性的な声と、グリュンマーの天使の声［Engelstimme］といわれた組み合わせは、素晴らしく、心に残っています。それ以来《天地創造》をすっかり好きになってしまいました。

ゴットロープ・フリックは、フルトヴェングラーとの録音で《フィデリオ》《ワルキューレ》がありますし、ショルティの《リング》や《パルジファル》のレコードでも歌っています。私には、ワーグナー歌手というイメージが強かったのですが、ハイドン・モーツァルト・ヴェルディなど極めて幅広いレパートリの歌手だったのですね。

フランツ・コンヴィチュニーが指揮をした《タンホイザー》のレコードでは、テューリンゲンの領主役を説得力豊かに堂々と歌っています。

グスタフ・ナイトリンガー［Gustav Neidlinger：1910-91］もゴットロープ・フリックと同じ声の質の名歌手であったと思います。

たしかに彼は、《リング》のアルベリヒと《パルジファル》のクリングゾールが当たり役で、バイロイトでは、アルベリヒを一九五二年から七五年まで（出演しなかった五八年と五九年を除いて）独占して歌いましたし、クリングゾールも五四年から六六年まで（五七年から五九年の三年間

バイロイト祝祭劇場の前庭
幕間の風景
1966年

学生券

――を除いて）歌っています。こんな独占状態は彼以外には見当たらないのではないでしょうか。

――バイロイトのチケットは入手が容易でしたか？

一九六六年は、学生の特権を利用してバイロイトに行きました。当時は、学生券を申請すると非常に安い価格でバイロイトの入場券が手に入り、全プログラムを聴くことができました。宿もバイロイトの郊外でしたが、学生として安く泊まることができました。バイロイトの切符の入手は、一般の人でもいまのように困難ではありませんでした。

一九六〇年代のベルリンでは、市が学校を通じて、学生が音楽会、観劇に行くことを奨励していました。学生は、年に三回まで八〇ペニヒでベルリン・フィルその他、西ベルリンでの催物に行けました。私はそれを使わない学生から権利を買い、音楽会に足を運びました。

――バイロイトといえば《指輪《リング》》ですね。

一九六六年のバイロイトでは、《ラインの黄金》を八月七日に、《神々の黄昏》を八月一〇日に聴きました。しかし、念願の《リング》全四部作を通して聴くことができたのは八月二三日から始まったサイクルでした。演出はヴィーラント・ワーグナー、指揮はオトマール・スウィトナー。《ラインの黄金》（八月二三日）は、ヴォータンをテオ・アダム、フリッカをアンネリース・ブルマイスター［Annelies Burmeister：1928-88］、フライアをアニア・シリア［Anja Silja：1940-］、ローゲをヴォルフガング・ヴィントガッセン［Wolfgang Windgassen：1914-74］、ドンナーをゲルト・ニーンシュテット［Gerd Nienstedt：1932-93］、フローをヘルミン・エッサー［Hermin Esser：1928-2009］、ファーゾルトをヨーゼフ・グラインドル［Josef Greindl：1912-93］、ファーフナーをクルト・ベーメ［Kurt Böhme：1908-89］、アルベリヒをグスタフ・ナイトリンガー、ミーメをエルヴィン・ヴォールファールト［Erwin Wohlfahrt：1932-68］、エルダをヴィエラ・ソウクポヴァー［Vera Soukupova：1932-］、ヴォークリンデをドロテア・ジーベルト［Dorothea Siebert：1921-2013］、ヴェルグンデをヘルガ・デルネシュ［Helga Dernesch：1939-］、フロースヒルデをルート・ヘッセ［Ruth Hesse：1936-］が歌いました。開演は一九時、終演は二一時三五分。

八月七日公演では、ファーゾルトをマルッティ・タルヴェラ［Martti Talvela：1935-89］が歌っていました。そのほかの歌手は同じです。

《ワルキューレ》（八月二四日）は、ジークリンデをグィネス・ジョーンズ［Gwyneth Jones：1936-］、ジークムントをティチョ・パーリー［Ticho Parly：1928-93］、フンディングをヨーゼフ・グラインドル、ブリュンヒルデをルドミラ・ドヴォルジャーコヴァ［Ludmila Dvořáková：1923-2015］、ヴォータンをテオ・アダム、フリッカとジークルーネをアンネリース・ブルマイスター、オルトリンデをヘルガ・デルネシュが歌いました。開演は一六時、終演は二一時四五分。

《ジークフリート》（八月二六日）は、ジークフリートをヴォルフガング・ヴィントガッセン、ブリュンヒルデをルドミラ・ドヴォルジャーコヴァ、さすらい人をテオ・アダム、ミーメをエルヴィン・ヴォールファールト、アルベリヒをグスタフ・ナイトリンガー、ファーフナーをクルト・ベーメ、エルダをヴィエラ・ソウクポヴァー、森の小鳥をアニア・シリアが歌いました。開演は一六時、終演は二一時五〇分。

《神々の黄昏》(八月二八日)は、ジークフリートをヴォルフガング・ヴィントガッセン、ブリュンヒルデをアストリッド・ヴァルナイ、ハーゲンをヨーゼフ・グラインドル、グンターをトーマス・スチュアート[Thomas Stewart : 1928-2006]、グートルーネをルドミラ・ドヴォルジャーコヴァ、ヴァルトラウテをマルタ・メードル[Martha Mödl : 1912-2001]、アルベリヒをグスタフ・ナイトリンガー、第一のノルンをヴィエラ・ソウクポヴァー、第二のノルンをエルザ・カヴェルティ[Elsa Cavelti : 1907-2001]、第三のノルンをアニア・シリア、ヴォークリンデをドロテア・ジーベルト、ヴェルグンデをヘルガ・デルネシュ、フロースヒルデをルート・ヘッセが歌いました。合唱指揮はヴィルヘルム・ピッツ[Wilhelm Pitz : 1897-1973]。開演は一六時、終演は二二時。歌手は八月一〇日の公演とまったく同じでした。

凄い! ほんとうに目の眩むような歌手たちが並んでいますね!

カール・ベームが指揮をしたバイロイトの《リング》四部作の録音はご存知だと思いますが、《ラインの黄金》と《ジークフリート》は一九六六年に、《ワルキューレ》と《神々の黄昏》は六七年にそれぞれライヴ録音されています。伊藤さんがお聴きになった公演とは、ブリュンヒルデが異なっていて、ベーム盤ではビルギット・ニルソン[Birgit Nilsson : 1918-2005]が歌っています。

ともあれ、《神々の黄昏》でヴァルトラウテを歌ったマルタ・メードル、ブリュンヒルデを歌ったアストリッド・ヴァルナイ、そしてビルギット・ニルソンは〝戦後の三大ワーグナー・プリマドンナ〟と呼ばれていますが、ひと夏の音楽祭で三人が勢揃いするというのも、大した時代だったと驚きます。

同時に、後にカラヤンやショルティの指揮でブリュンヒルデ、イゾルデ、エリーザベト（タンホイザー）、レオノーレなどをレコーディングするヘルガ・デルネシュが、《ラインの乙女たち》の一人であるヴェルグンデや、《ワルキューレ》の一人であるオルトリンデを歌っているのは、世代交代がすぐ近くに来ていることも思わせますね。

またこの年は、ピエール・ブーレーズの指揮で《パルジファル》（八月一二日）と、カール・メレス〔Carl Melles：1926-2004〕の指揮で《タンホイザー》（八月一七日）も聴きました。いずれもヴィーラント・ワーグナーの演出です。

《パルジファル》では、パルジファルをシャーンドル・コーンヤ〔Sándor Kónya：1923-2002〕、グルネマンツをエーベルハルト・ヴェヒター〔Eberhard Wächter：1929-92〕、クンドリーをアストリッド・ヴァルナイ、アンフォルタスをハンス・ホッター〔Hans Hotter：1909-2003〕、ティトゥレルをクルト・ベーメ、クリングゾールをグスタフ・ナイトリンガーが歌いました。

《タンホイザー》は、タンホイザーをハンス・ホップ、エリーザベトをアニア・シリア、ヴェーヌスをルドミラ・ドヴォルジャーコヴァ、領主ヘルマンをマルッティ・タルヴェラ、ヴォルフラムをエーベルハルト・ヴェヒター、ヴァルターをヴィリー・ハルトマン〔Willy Hartmann：1934-85〕、ハインリヒをヘルマン・ヴィンクラー［Hermann Winkler：1924-2009］が歌いました。

――伊藤さんのバイロイト詣はさらに続くのですね。

あるときから《リング》を敬遠するようになり、《パルジファル》と《トリスタン》を中心に聴くようになりました。

私のフランクフルト時代のことになりますが、バイロイト音楽祭では、一九七〇年のベーム指揮、ヴィントガッセン、ニルソンの《トリスタンとイゾルデ》、七五年のカルロス・クライバー指揮、ブリリオート、リゲンツァの《トリスタンとイゾルデ》、七一年のヨッフム指揮の《パルジファル》が印象に残っています。

バイロイトは、八九年に、ジュゼッペ・シノーポリ［Giuseppe Sinopoli：1946-2001］指揮で《タンホイザー》を、ジェイムズ・レヴァイン［James Levine：1943-2021］指揮で《パルジファル》を妻と共に聴いたのが最後となり、それ以降は行っておりません。

《パルジファル》、《トリスタン》、《オランダ人》は、私の最も好きなワーグナーの作品で、上演されるとフランクフルト、ヴィースバーデン、ハンブルク、ミュンヘン等にもよく足を運びました。できれば《パルジファル》と《トリスタン》をバイロイトでもう一度聴きたいと思っております。

7. パブロ・カザルス　プラード音楽祭一九六六

今回の企画のご提案をいただいて、昔の音楽会のプログラム（一九六四〜八〇年代末）を段ボール箱から出し、目を通しております。二、三、懐かしいものが出てきて喜んでいます。エリー・ナイのベルリンでのコンサート、〝プラード音楽祭一九六六［Festival de Prades 1966］〟のプログラムなどですが、これらはしまわずに居間に置き、いつでも眺められるようにしようと思っています。

プラード音楽祭一九六六は、カザルス［Pablo Casals：1876-1973］の九〇歳の誕生日を祝ってのものでしたが、彼の音楽祭出演はこれが最後となりました。

「昔の音楽会のプログラムをいつでも眺められるようにしよう」とのこと。よほど深い感銘を受けられたのだと思いますが、カザルスとエリー・ナイの二人の演奏家、その音楽、思い出の演奏会についてお話をお聞かせください。カザルスからお願いします。

プラード音楽祭は、私の人生観を変えたと言ってよいと思います。

音楽祭は、カザルスの九〇歳の誕生日を記念して、一九六六年七月二五日から八月八日までの間、行われました。会場は、町中にあるサン＝ピエール・エグリーズ［Eglise Saint-Pierre］という教会でした。

ベルリンでこの音楽祭の情報を得て、ちょうどこの期間は三年間のベルリン滞在の最後の夏休みでもあり、私は何とかしてプラードに行きたいと思い、その年の一月より準備を始めました。その結果、学生として行けることがわかり、その特権を使いました。ベルリンからプラードに行くには、交通が問題です。ちょうど日本人の知人が帰国することになり、その人からぼろぼろの車（一八万キロ走行）を安価で求め、それで行くことにしました。

フランスのスペインとの国境の都市《まち》プラードは、素朴な町でした。カザルスは、フランコ政権に異を唱え、スペインに戻らず、音楽活動を拒み、一九三九年からこの町に隠遁していたのです。友人達が彼の隠遁を惜しみ、彼を説得して始めたのがプラード音楽祭でした。第一回は一九五〇年です。

カザルスは一九五五年、本拠地をプエルトリコに移します。プエルトリコは、カザルスの母および妻マルタの故郷です。そして、ルドルフ・ゼルキン［Rudorf Serkin：1903-91］の提唱で五一年から行われるようになったマールボロ音楽祭［Marlboro Music School and Festival］に、カザルスは六〇年から参加し、演奏家・指導者としてオーケストラを指揮し、数々の録音を残しています。

プラード音楽祭（カザルス90歳記念）
パンフレット

隠遁後、カザルスは、マールボロ音楽祭への参加のほかに、数回国外でも演奏しています。その一つがボンのベートーヴェン・ハウス[*38]で五八年九月一八日と二〇日に行った演奏会です。そのときのライヴ録音であるベートーヴェンの《大公》のＬＰレコードをいまも大切に保存しています。シャーンドル・ヴェーグ［Sándor Végh：1912-97］のヴァイオリン、ミェチスワフ・ホルショフスキ［Mieczysław Horszowski：1892-1993］のピアノです。

このベートーヴェン・ハウスでのコンサートのほかに、カザルスの隠遁後の演奏会は、ホワイトハウスでのＪ・Ｆ・ケネディ大統領の御前演奏会（一九六一年一一月一三日、カザルス八四歳）、ニューヨーク国連本部での演奏会（一九七一年一〇月二四日、カザルス九四歳）の二つがよく知られています。いずれの演奏会でも、カタロニア民謡（カザルス編）の《鳥の歌》［El cant dels ocells］が演奏されました。前者はレコード録音されています。

一九六六年の九〇歳の誕生日を祝うプラード音楽祭は、したがって、この二つの演奏会に挟まれた時期のもので、かつ、私にとって一生に一度あるかないかの幸運な体験でした。カザルスの生の音を最初に聴いたのは七月二五日で、パブロ・カザルス、ルドルフ・ゼルキン、アレクサンダー・シュナイダー［Alexander Schneider：1908-93］によるベートーヴェンのピアノ三重奏曲第五番《幽霊》作品七〇－一でした。

＊38　ベートーヴェン・ハウス［Beethoven-Haus］はベートーヴェンを記念する史跡、研究センター（ベートーヴェン・アルヒーフ）、室内楽ホールなどからなり、ベートーヴェンの生涯と作品に関する研究を行っている。施設の中核である生家は博物館になっている。

七月二七日は、パブロ・カザルス、ミェチスワフ・ホルショフスキ、アレクサンダー・シュナイダーでメンデルスゾーンのピアノ三重奏曲第二番作品六六、七月三〇日は、パブロ・カザルス、ダヴィッド・オイストラフ、ジュリアス・カッチェン〔Julius Katchen : 1926-69〕によるシューベルトのピアノ三重奏曲第二番D九二九でした。この曲は、強烈な印象を私に与え、同時に私をある種の混乱に陥れました。音楽とは一体何なのか？

カザルスの音は、それまで聴いてきた音楽の音ではなく、太い濁った（良い表現ではありませんが、適当な言葉が見つかりません）音で、心と体に忍び込んできて、一瞬放心状態になりました。私は、このとき、心を揺さぶられる音に初めて接しました。

カザルスの生演奏をお聴きになられて、「心を揺さぶられる音に初めて接した」とのことですが、それ以前にLPなどでカザルスの演奏をお聴きになられていたと思います。レコードで聴くカザルスと生演奏でのカザルスは、どんな違いがあったのでしょう。

カザルスの演奏を最初に聴いたのは、NHKの放送でした。ベートーヴェンのチェロ・ソナタ第五番*39でしたが、その第一楽章の出だしに圧倒されました。ピアノはルドルフ・ゼルキンでした。レコードと生演奏の音の質の差は、カザルスの場合、あまり大きくないと思います。おそらくカザルスは、録音のための録音は少なかったのではないでしょうか。

音楽祭での演奏を「心を揺さぶられる音」と感じたのは、生演奏を、つまりカザルスを指や腕の動き、体の動き、顔の表情の変化など、とくに弦を押える音が聞こえてきて、全部を目の前にして聴いたということが大きかったのではないかと思います。

――プラード音楽祭でほかにお聴きになった演奏会はどんなプログラムでしたか？

音楽祭では、ヴィルヘルム・ケンプのソロ・リサイタルでバッハの《ゴルトベルク変奏曲》など、カザルスが出演しないものも含めて九つのコンサートがあり、すべてを聴きました。

そのうち、カザルスが演奏したのは、前記の三つのほかに、八月一日に、ホルショフスキとのサン＝サーンスのチェロ・ソナタ第一番ハ短調作品三二が演奏され、また八月四日に、ヴィルヘルム・ケンプ、シャーンドル・ヴェーグとのベートーヴェンのピアノ三重奏曲第三番作品一－三、そして音楽祭滞在の最終日の八月六日に、ホルショフスキとのメンデルスゾーンのチェロ・ソナタ第一番作品四五を聴きました。

――「プラード音楽祭一九六六」はカザルスが一般の聴衆を前にして演奏した最後のものだったと思われますが、九〇歳の誕生日を記念して、〃カザルスを囲む会（あるいはパーティ）〃などとい

＊39　カザルスとゼルキンによるベートーヴェンのチェロ・ソナタ第五番は、一九五三年五月、プラード音楽祭でのライヴ録音がある。

――った何か特別の催しがあったのでしょうか？

〝カザルスを囲む会〟等は行われていたかもしれませんが、われわれ聴衆にはわかりませんでした。想像するに当時のカザルスの年齢と政治的な信条から、パーティ等は行われなかったのではないかと思います。

プラードでは、彼の家を開放しており、もちろん家の中には入れませんでしたが、庭から練習を聴くことができました。一度聴きに行きましたが、オイストラフ、カッチェンとのシューベルトの第二ピアノ・トリオの練習で、カザルスが主導権を握っていました。ときどき若い彼らに付いていけず、しばしば中断し、笑いが起こり、和やかな雰囲気だったのが印象的でした。

カザルス九〇歳の誕生日を記念する音楽祭で、彼の演奏を生で聴くことができたのは、たいへん幸せなことでした。

カザルス邸の庭
ここから妙なる楽の音が聴こえてきた…

8. エリー・ナイ

――エリー・ナイについてもカザルスとともに特別の思いをお持ちのようですが、お話しいただけますか。

エリー・ナイ［Elly Ney：1882-1968］というピアニストの存在は日本で知っていましたが、いろいろなことがわかり、本格的に興味をもつようになったのはベルリンで見た音楽雑誌などからです。筋金入りのナチス党員で、ヒトラーの信奉者であり、第三帝国時代は音楽界の中枢にいた、と彼女についての知識を得ていました。

いまでも愛聴しているエリー・ナイのレコードがあります。ベルリンの本屋で求めたものです。ベートーヴェンの作品一一一のハ短調のピアノ・ソナタとモーツァルトのK三三一のピアノ・ソナタ《トルコ行進曲付き》が入ったLPです。音の深さに、録音とはいえ、いつ聴いても感動するのです。

ベルリンで彼女の名前を聞くことはめったになく、ほとんど忘れていました。それが、偶然、ベルリンのコンサート情報誌で彼女の名前を見つけ、しかも、フィルハーモニーでリサイタルを行うということで、聴きに行きました。

――そのフィルハーモニーでのリサイタルはいつですか？　どんなプログラムでしたか？

一九六五年二月一一日のコンサートです。

プログラムは、前半は、モーツァルトのピアノ・ソナタ第一一番イ長調K三三一《トルコ行進曲付き》、シューベルトの幻想曲ハ長調作品一五《さすらい人》、後半は、ベートーヴェンの《創作主題による六つの変奏曲》ヘ長調作品三四、《創作主題による三二の変奏曲》ハ短調、ピアノ・ソナタ第三二番ハ短調作品一一一でした。

ベートーヴェンの最後のソナタ、その音は、カザルスのそれと共通したものを感じさせました。その濁りのある太い音は、心の深層に沁み込んできました。そして、初めてエリー・ナイの実演に接し、彼女の音楽家としての大きな存在を認識したのです。

そのコンサートの後、私の帰国までにさらに二回ベルリンで演奏し、私は、幸いにもそれらを聴く機会に恵まれました。力で演奏し荒削りだと聞いていたのですが、八〇歳を過ぎてなのか、淡々としたなかに深い音の演奏で心に訴えました。心に残った音楽家の一人です。

――話は少し横道に逸れますが、コンサート情報誌は、コンサートとオペラのガイドのようですが、定期的に発行されていたのでしょうか？　何頁ぐらいのものですか？　簡単に手に入るものでしたか？　ドイツではクラシック音楽が他国とは違う特別の位置を占めているように思いますが、

――そういった文化的背景について何かお感じになられたことはありますか？

毎月二回発刊されていました。演奏会会場、町のプレイガイド、新聞雑誌売り場など、いろいろなところで無料で入手できました。一五頁くらいのわら半紙に印刷したものです。当時入手したものは、全て保管してあります。

音楽は、ドイツだけではなく、欧州全般で文化の底辺として存在し、大きな役割を演じていると思います。ドイツの場合、戦後の復興は、まずオペラハウスから始まったと聞いています。

ドイツで社員と食事会を開き、一杯飲んでよい気持ちになると、独唱ではなく合唱が始まったものです。単純に比較してよいのかわかりませんが、日本の演歌、歌謡曲、民謡は、イタリアのカンツォーネ、また、ドイツ人が歌うドイツ民謡、合唱曲と同じ存在だと思います。ただ日本の場合は、合唱することはあまりないように思えますが。

FÜHRER DURCH DIE Konzertsäle Berlins
der BERLINER KULTURSPIEGEL
GEGR. 1920
Konzert-Übersicht vom 1. bis 15. Mai 1966 und Voranzeigen
46. Jahrgang　Heft 17

Berliner Philharmonisches Orchester
PHILHARMONIE

Abonnementsfreies Konzert
Dirigent: OTTO KLEMPERER

VIII. Philharmonisches Konzert
Dirigent: ERNEST ANSERMET
Solistin: LOLA BOBESCO
Brahms: Symphonie Nr. IV

Abonnementsfreies Konzert
8. Konzert der Serie „B"
Dirigent: EUGEN JOCHUM
Solist: RUDOLF SERKIN

ベルリンで配布されている
コンサート情報誌（1966年5月上旬号）
クレンペラー、アンセルメ、ヨッフムの客演予告

――音楽が生活の隅々にまであることを思わせますね。では、エリー・ナイをお聴きになった二回目・三回目のコンサートについてお願いします。

エリー・ナイを聴いた二回目のコンサートは、一九六五年一一月一八日で、四曲すべてベートーヴェンのピアノ・ソナタでした。第一七番ニ短調作品三一－二《テンペスト》、第二三番ヘ短調作品五七《熱情》、第三〇番ホ長調作品一〇九、第三一番変イ長調作品一一〇です。ベルリンのフィルハーモニーで行われました。

最後に聴いたのは一九六六年一〇月二〇日、私がベルリンを離れる前日でした。ラファエル・フリューベック・デ・ブルゴス［Rafael Frühbeck de Burgos：1933-2014］の指揮するベルリン・フィルとベートーヴェンのピアノ協奏曲第五番《皇帝》を弾きました。このコンサートは、ベルリンのフィルハーモニーで行われ、前半に《エグモント》序曲と《皇帝》、後半に《春の祭典》というプログラムでした。

私の聴いた二回のソロ・リサイタルでは、アンコールでシューベルトの《即興曲集》（D.935 op.142）の第三番変ロ長調、ショパンの《舟歌》、《別れの曲》（《練習曲集》作品一〇－三）、《子守歌》変ニ長調作品五七の四曲を続けて弾き、自らピアノの蓋を閉め、ゆっくりと歩いて

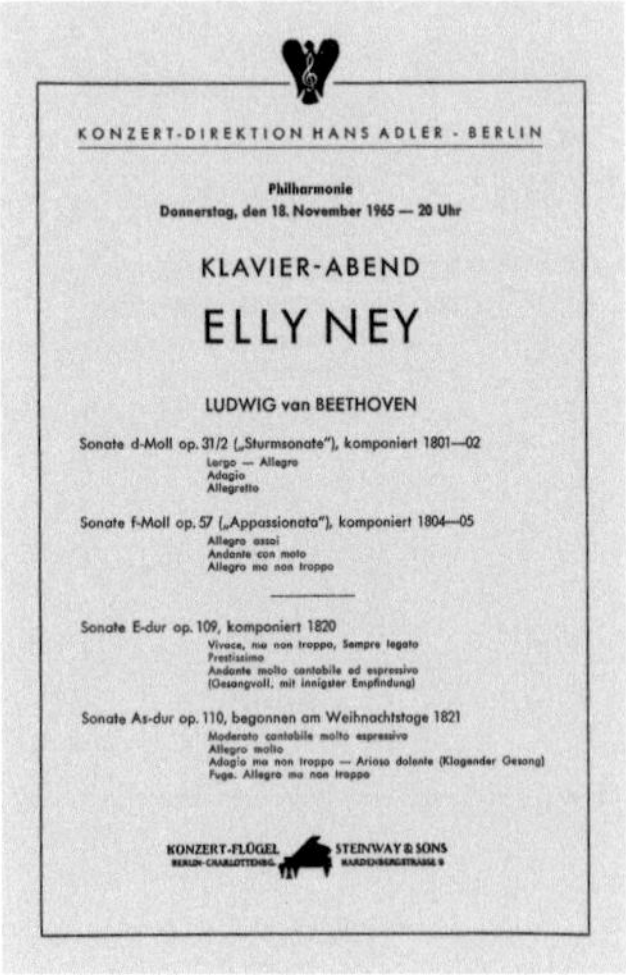
KONZERT-DIREKTION HANS ADLER - BERLIN

Philharmonie
Donnerstag, den 18. November 1965 — 20 Uhr

KLAVIER-ABEND

ELLY NEY

LUDWIG van BEETHOVEN

Sonate d-Moll op. 31/2 („Sturmsonate"), komponiert 1801—02
Largo — Allegro
Adagio
Allegretto

Sonate f-Moll op. 57 („Appassionata"), komponiert 1804—05
Allegro assai
Andante con moto
Allegro ma non troppo

Sonate E-dur op. 109, komponiert 1820
Vivace, ma non troppo, Sempre legato
Prestissimo
Andante molto cantabile ed espressivo
(Gesangvoll, mit innigster Empfindung)

Sonate As-dur op. 110, begonnen am Weihnachtstage 1821
Moderato cantabile molto espressivo
Allegro molto
Adagio ma non troppo — Arioso dolente (Klagender Gesang)
Fuge. Allegro ma non troppo

KONZERT-FLÜGEL STEINWAY & SONS

エリー・ナイ　リサイタル（1965年）

楽屋に入り、二度と舞台には現れませんでした。

彼女は、自意識過剰な人であったようで、自分をベートーヴェンの権化、再来と自負し、髪の毛をベートーヴェンの肖像画のようにしていました。

ヒトラーを信奉しナチスに積極的に関与、ユダヤ人抹殺を望んだ彼女と、その醸し出す素晴らしい音楽とは、どうしても私の頭では結び付きませんでした。エリー・ナイは、一九六八年三月に亡くなっていますので、私は、最晩年の演奏を聴いたことになります。

3　フランクフルト時代　一九六八年九月〜一九八九年一〇月

――フランクフルトに赴任なさる前にご結婚なさいましたね？　フランクフルトへは奥様もご一緒だったのですか？

一九六八年五月に結婚し、九月に単身でフランクフルトに赴任しました。翌六九年一一月、妻と娘（六九年三月に誕生）が来独し、一家揃っての生活が始まりました。しかし、翌七〇年、失職し、路頭に迷うことになったことは前述の通りです。

私がフランクフルトに滞在した二一年間、三王教会[*40]〔Dreikönigskirche Frankfurt〕やアンドレアス教会〔Andreaskirche〕で演奏会があれば、必ず聴きに行きました。

フランクフルトの三王教会では、一九四四年からヘルムート・ヴァルヒャ[*41]〔Helmut Walcha：1907-91〕が教会オルガニストを務めていて、彼の弾くオルガンをよく日曜日に聴きました。

ヴァルヒャは、フランクフルトにあるドイツ銀行[*42]〔Deutsche Bank AG〕本社のホールでときどきチェンバロを弾いてJ・S・バッハの作品などを演奏しました。一九六九年一月五日でしたが、《ゴルトベルク変奏曲》（BWV九八八）を演奏しました。

ミュンヘンを本拠地とするカール・リヒター[*43]［Karl Richter：1926-81］も、一九七七年三月二一日、フランクフルトに来演し、アルテ・オーパーで《ゴルトベルク変奏曲》を演奏しました。チェンバロです。リヒターは、若くして亡くなりましたので、いわば晩年の演奏になりました。

期せずして《ゴルトベルク変奏曲》の二人の巨匠による競演を聴くことができましたが、幸運でした。

フランクフルトには有力なオーケストラと歌劇場がありますね。

フランクフルトのバッハシリーズ
ヘルムート・ヴァルヒャ（チェンバロ）
（ドイツ銀行ホール）

＊40　マイン川のほとりにある教会。新約聖書に、キリスト降誕の直後、「東方の三博士」が幼児キリストを礼拝した、との記述があり、三王の名はこれに由来する。

＊41　ヘルムート・ヴァルヒャは、J・S・バッハのオルガン作品をモノラル・ステレオの二度にわたって録音し、二種類の『バッハ・オルガン作品全集』を完成させた。また、J・S・バッハの鍵盤作品の楽譜の校訂も行った。

＊42　ドイツ銀行は、フランクフルトを本拠地とするメガバンク。ドイツの中央銀行はドイツ連邦銀行［Deutsche Bundesbank］で、本店はフランクフルトにある。

＊43　カール・リヒターは、ライプツィヒ音楽院で聖トーマス教会のカントルであったギュンター・ラミンなどのもとで学んだ。一九四九年、聖トーマス教会のオルガニストに就任。五三年にはミュンヘン・バッハ管弦楽団を設立。五八年、代表作品となったJ・S・バッハの《マタイ受難曲》を録音。さらにカンタータの録音を開始し、二〇年以上をかけて約七〇曲を録音。六九年、ミュンヘン・バッハ管弦楽団および同合唱団を率いて来日している。

フランクフルトには、二つのAクラスのオーケストラがあります。一つがフランクフルト放送交響楽団[44]［Radio-Sinfonie-Orchester Frankfurt］、いま一つがフランクフルト歌劇場［Oper Frankfurt］専属のフランクフルト・ムゼウム管弦楽団［Frankfurter Opern- und Museumsorchester］で、それぞれが活動、一流どころが客演で指揮をしました。

私がフランクフルトに赴任したころ、フランクフルト放送交響楽団を黒人の指揮者ディーン・ディクソン［Dean Dixon：1915-76］が振っておりました。彼の演奏を何回か聴きましたが、細部に行き届いた穏やかな良い指揮者であったと思います。ディクソンの後をエリアフ・インバル［Eliahu Inbal：1936-］が継ぎました。

フランクフルト歌劇場は、クリストフ・フォン・ドホナーニ［Christoph von Dohnányi：1929-］が、当時シェフとして、オペラやオーケストラ・コンサートに活動していましたが、繊細さに欠け、私は好みませんでした。彼の家系は、ハンガリー出身の音楽一家、貴族の名家で、その力により音楽活動ができたとしか私には思えませんでした。しかし、政治力があったのでしょうか、オペラでは、主役に世界の一流の歌手を招聘していました。フランクフルトのオペラハウスでは、彼の音楽総監督時代、普通では聴けない演奏家を楽しむことができました。

1. 思い出のフランクフルト放送響

――フランクフルト放送交響楽団とフランクフルト歌劇場で、なにか記憶に残っているコンサートあるいはオペラはありますか？

いくつかのコンサートが心に残っています。すべてフランクフルト放送交響楽団のコンサートです。オペラはあまり思い出に残る演し物がありませんでした。

私が最も感銘を受けたのは、一九六八年四月二六日のカレル・アンチェルとのドヴォルザークの交響曲第七番です。しかしこのとき、私はまだフランクフルトに赴任していませんでしたので、実際のコンサートを聴くことはできませんでした。いまでも残念に思います。ラジオ放送で聴き、幸いにも録音していましたので、それをいまでも繰り返し聴いています。

1 一九六八年四月二六日
フランクフルト放送交響楽団
指揮＝カレル・アンチェル
ピアノ＝ダグマール・バロゴヴァ*45［Dagmar Baloghová：1929-］

*44　フランクフルト放送交響楽団は、二〇〇五年、hr交響楽団［hr-Sinfonieorchester］に名称を変更。ヘッセン放送協会［hr］に所属する。ディーン・ディクソンは一九六一年から七四年まで、エリアフ・インバルは七四年から九〇年まで首席指揮者を務めた。

*45　ダグマール・バロゴヴァはチェコのピアニスト。プロコフィエフのピアノ協奏曲第二番のチェコ初演を行っており、同曲をカレル・アンチェル指揮、チェコ・フィルとの共演でレコード録音している。

■プロコフィエフ＝交響曲第一番《古典》
■プロコフィエフ＝ピアノ協奏曲第二番ト短調
■ドヴォルザーク＝交響曲第七番ニ短調

この演奏は名演と言われ、繰り返し繰り返し放送されました。

2一九七三年三月二日　カッセル
フランクフルト放送交響楽団
指揮＝ディーン・ディクソン〔Dean Dixon：1915-76〕
ピアノ＝ラドゥ・ルプー〔Radu Lupu：1945-2022〕
ジョージ・ガーシュウィン特集
■ヘ調のコンチェルト
■ラプソディ・イン・ブルー
■《ポーギーとベス》抜粋
■パリのアメリカ人

楽しく、心躍る演奏会でした。幸いにも実況録音が放送されて、それを録音してあります。
これに先立つ一九七一年四月二三日にフランクフルト放送交響楽団を率いていたディーン・ディ

クソン指揮による演奏を初めて聴いています。曲目は、ブラームスのヴァイオリン協奏曲（ヘンリク・シェリング）、後半はブルックナーの交響曲第一番でした。

一九七四年五月一〇日、ディーン・ディクソンの引退公演が行われました。曲はベートーヴェンの交響曲第四番と第九番で、独唱はグンドゥラ・ヤノヴィッツ、マリー＝ルイーズ・ジル、ヴェルナー・ホルヴェーク、ハンス・ゾーティンで、合唱はフランクフルト・ジングアカデミーでした。数日後、ディーン・ディクソン特集として、この演奏の実況録音が放送されて、それを録音しました。彼の演奏は、穏やかで遅めのテンポでじっくりと聴かせる音楽でした。クラシック音楽界で、欧州に根を下ろし活躍した米国出身の黒人音楽家ディーン・ディクソン。彼はもっと評価され、録音が世に出てもよいのではないかと思います。

ディーン・ディクソンは、その後、スイスに在住。一九七六年に六一歳の生涯を終えました。ヘッセン放送局（第二局）で追悼特集が組まれ、インタビューが流されました。クラシック音楽という当時はまだ上層階級のものとされていたなかで、人種的偏見により大変な苦労を重ねた一生であったようです。

3 一九七四年四月三〇日
フランクフルト放送交響楽団
指揮＝ズデニェク・マーツァル*46〔Zdeněk Mácal：1936-〕
ヴァイオリン＝ジノ・フランチェスカッティ*47〔Zino Francescatti：1902-91〕

■モーツァルト＝ヴァイオリン協奏曲第二番ニ長調
K二一一
■ペンデレツキ[*48]＝交響曲第一番
■ベートーヴェン＝ヴァイオリン協奏曲ニ長調

この演奏会ではジノ・フランチェスカッティのヴァイオリンの素晴しさを存分に堪能しました。美しい音の背後にしっかりとした音楽を感じさせる演奏でした。

4 一九八〇年四月二四日
フランクフルト放送交響楽団
指揮＝ヘルベルト・ブロムシュテット[*49]［Herbert Blomstedt：1927-］
■シューベルト＝交響曲第四番ハ短調《悲劇的》
■シュトラウス＝交響詩《英雄の生涯》

25 JAHRE
FRANKFURTER KUNSTGEMEINDE E.V.

6. Konzert in der Oper 1973/74

Dienstag, 30. April 1974, 20 Uhr

Radio-Sinfonieorchester Frankfurt

Leitung: Zdenek Macal
Solist: Zino Francescatti (Violine)

マーツァル／フランクフルト放送響
ヴァイオリン＝フランチェスカッティ

5 一九八二年一二月三日
フランクフルト放送交響楽団
指揮＝ズデニェク・マーツァル
ヴァイオリン＝クリスティアン・アルテンブルガー*50［Christian Altenburger：1957-］
■ストラヴィンスキー＝《花火》
■ハイドン＝ヴァイオリン協奏曲第一番ハ長調
■チャイコフスキー＝交響曲第五番ホ短調

＊46　ズデニェク・マーツァルはチェコの指揮者。将来を嘱望されたが、一九六八年、「プラハの春」がソ連軍の侵攻で弾圧されると西側に亡命。その後、米国に移る。二〇〇三年にチェコ・フィルの首席指揮者に就任したが、二〇〇七年に退任した。レコード録音は、チェコ・フィルとの共演で、ブラームスの交響曲全集のほか、ドヴォルザーク、マーラー、チャイコフスキーの交響曲がある。
＊47　ジノ・フランチェスカッティはフランスのヴァイオリニスト。際立つ輝かしい音色と超絶技巧の持ち主で多くのレコード録音を残している。ブルーノ・ワルター指揮、コロムビア交響楽団との共演でベートーヴェンのヴァイオリン協奏曲、ロベール・カサドシュとの共演でベートーヴェンのヴァイオリン・ソナタ全集などがある。
＊48　クシシュトフ・ペンデレツキ［Krzysztof Penderecki：1933-2020］は、ポーランドの現代音楽の作曲家・指揮者。交響曲（第一番〜第八番）、ルカ受難曲、《広島の犠牲者に捧げる哀歌》などがある。
＊49　ヘルベルト・ブロムシュテットは、アメリカ生まれのスウェーデン人指揮者。ライプツィヒ・ゲヴァントハウス管弦楽団、バンベルク交響楽団、シュターツカペレ・ドレスデンなどの名誉指揮者。NHK交響楽団の桂冠名誉指揮者。
＊50　クリスティアン・アルテンブルガーはドイツ出身のヴァイオリニスト。二〇〇一年から母校のウィーン国立音楽大学の教授を務めている。

――カラヤン&ベルリン・フィルはフランクフルトにはよく来演したのでしょうか？

ヘルベルト・フォン・カラヤンは、私が初めてドイツに滞在したベルリン時代（一九六三年一〇月〜六六年一〇月）には、ベルリン、ザルツブルクでオペラとオーケストラ・コンサートでよく聴きました。カラヤンが帝王として君臨、ベルリン、ウィーン、ミラノを制覇した時期でした。

カラヤンは、たしかに素晴らしい指揮者で、私もよく聴きに行きました。しかし、あるときから彼から離れていきました。なんとなく聴かなくなったのですが、時間が経ってなぜと考えると、彼は、こう演奏すれば聴衆は喜ぶ、ということをよく解っていた、そして。それを追求することが彼のスタイルとなってしまった。間違っているかもしれません。

それから二〇年が経ち、一九八四年五月六日、フランクフルトのアルテ・オーパーで、曲目はモーツァルトの《ディヴェルティメント ニ長調K三三四》とチャイコフスキーの交響曲第六番《悲愴》を聴きました。指揮姿には老いを感じました。

翌八五年一〇月一七日、ブラームスの交響曲第二番と第三番を、その二年後、八七年一一月六日、フランクフルトのアルテ・オーパーでシューベルトの《未完成》交響曲とベルリオーズの《幻想》交響曲を聴きました。カラヤンは、ベルリンの壁崩壊直前の八九年七月一六日に亡くなりましたので、結果としてこれが彼を聴いた最後のコンサートとなりました。

2. フランクフルトで聴いたソ連・東欧のオーケストラ

フランクフルトにはソ連、東独、東欧のオーケストラが頻繁にやってきました。それらコンサートのプログラムを列挙します。

1 一九六八年一〇月二八日
ブダペスト交響楽団〔Budapester Symphonieorchester〕
指揮＝ジェルジ・レーヘル[*51]〔György Lehel：1926-89〕
ピアノ＝マルタ・アルゲリッチ[*52]〔Martha Argerich：1941-〕
■ハイドン＝交響曲第一〇四番《ロンドン》
■ベートーヴェン＝ピアノ協奏曲第四番
■リスト＝ピアノ協奏曲第一番
■デュカス＝交響詩[*53]《魔法使いの弟子》

＊51　ジェルジ・レーヘルはハンガリーの指揮者。一九四六年に指揮者デビュー。五八年、ブダペスト交響楽団の指揮者の一人となり、六二年に音楽監督・首席指揮者に就任。
＊52　一九六五年、ショパン国際ピアノ・コンクール優勝。

2 一九七〇年一月二一日
ブルガリア国立放送交響楽団〔Staatliches Symphonieorchester des Bulgarischen Rundfunks Sofia〕
指揮＝ヴァシル・ステファノフ*54〔Vassil Stefanov：1913-91〕
ヴァイオリン＝イーゴリ・オイストラフ〔Igor Oistrakh：1931-2021〕
■ヴァシル・カザンジエフ*55＝ディヴェルティメント〔1957〕
■ベートーヴェン＝ヴァイオリン協奏曲ニ長調
■チャイコフスキー＝ヴァイオリン協奏曲ニ長調

3 一九七一年一〇月七日
レニングラード・フィルハーモニー*56〔Leningrader Philharmoniker〕
指揮＝エフゲニー・ムラヴィンスキー〔Jewgenij Mrawinski：1903-88〕
■モーツァルト＝交響曲第三三番K三一九
■プロコフィエフ＝《ロメオとジュリエット》第二組曲
■チャイコフスキー＝交響曲第五番ホ短調

とくに、プロコフィエフの《ロメオとジュリエット》が素晴らしかったです。

4 一九七六年一〇月一〇日
レニングラード・フィルハーモニー
指揮＝エフゲニー・ムラヴィンスキー
■シベリウス＝交響詩《トゥオネラの白鳥》
■シベリウス＝交響曲第七番
■チャイコフスキー＝交響曲第六番《悲愴》

ムラヴィンスキーは、指揮者として超一流でした。チャイコフスキーの交響曲第五番と第六番の演奏に感動しました。

＊53　日本では通例、交響詩と表記されるが、フランス語のタイトルは、"L'apprenti sorcier, scherzo symphonique"（交響的スケルツォ《魔法使いの弟子》）。
＊54　ヴァシル・ステファノフはブルガリアの指揮者。一九四九年から八九年までブルガリア国立放送交響楽団の首席指揮者を歴任した。
＊55　ヴァシル・カザンジェフ［Vassil Kazandjiev：1934-］はブルガリアの作曲家。交響曲・弦楽四重奏曲などのクラシック音楽のほか、映画音楽も作曲している。
＊56　レニングラード・フィルは、一九三八年から八八年までエフゲニー・ムラヴィンスキーが音楽監督・首席指揮者を務めたが、その死去にともない、八八年からはユーリ・テミルカーノフ［Yuri Temirkanov：1938-］が音楽監督・首席指揮者を務め、現在に至っている。なお、九一年、ソヴィエト連邦の崩壊を契機に、サンクトペテルブルク・フィルハーモニーに改称した。

5 一九七九年二月二三日
ソヴィエト国立交響楽団*57〔Staatliches Symphonieorchester der UdSSR〕
指揮＝エフゲニー・スヴェトラーノフ〔Jewgenij Swetlanow：1928-2002〕
ピアノ＝ロディオン・シチェドリン*58〔Rodion Schtschedrin：1932-〕
■グリンカ＝幻想曲《カマリンスカヤ》
■シチェドリン＝ピアノ協奏曲第三番〔1973〕
■ボロディン＝交響曲第二番イ短調

6 一九八〇年一二月一日
ライプツィヒ放送交響楽団*59〔Rundfunk-Sinfonieorchester Leipzig〕
指揮＝ヴォルフ＝ディーター・ハウシルト*60〔Wolf-Dieter Hauschild：1937-〕
ピアノ＝ロルフ＝ディーター・アレンス*61〔Rolf-Dieter Arens：1945-〕
■モーツァルト＝ピアノ協奏曲第二五番K五〇三
■マーラー＝交響曲第五番嬰ハ短調

7 一九八二年一〇月一四日
シュターツカペレ・ドレスデン〔Staatskapelle Dresden〕
指揮＝ヘルベルト・ブロムシュテット

■モーツァルト＝交響曲第四一番《ジュピター》K五五一
■シュトラウス＝交響詩《英雄の生涯》

《英雄の生涯》は、素晴らしい演奏でした。シュターツカペレ・ドレスデンの落ち着いた音は何ものにも代え難いものだと思います。チェリビダッケの《英雄の生涯》も素晴らしい演奏でしたが、それに並ぶ名演だったと思います。

＊57　現在の名称はロシア国立交響楽団。ただし、二〇〇六年からは、スヴェトラーノフ記念ロシア国立交響楽団を正式の名称としている。一九六五年から二〇〇〇年まで芸術監督・首席指揮者を務め、多大な貢献をしたエフゲニー・スヴェトラーノフの栄誉をたたえてのことである。

＊58　ロディオン・シチェドリンは、一九七三年からソ連作曲家同盟の議長を務めるなど、旧ソ連の指導的な立場にあった作曲家。交響曲（三曲）、ピアノ協奏曲（六曲）のほか、ピアノ曲・室内楽曲・オペラなども作曲している。いくつかのピアノ協奏曲は自らピアノを弾いて初演を行っている。

＊59　ライプツィヒ放送交響楽団は、ドイツ再統一後の一九九二年、ライプツィヒ放送フィルハーモニー管弦楽団と合併し、MDR交響楽団［MDR Sinfonieorchester］と改称した。ザクセン州ライプツィヒに本拠を置く中部ドイツ放送（MDR）所属のオーケストラ。合併前を含めて、首席指揮者はヘルマン・アーベントロート、ハインツ・レーグナー、ヘルベルト・ケーゲル、ファビオ・ルイージ、準・メルクル、クリスティアン・ヤルヴィなど。

＊60　ヴォルフ＝ディーター・ハウシルトは、ドイツの指揮者。一九七八年から八五年までライプツィヒ放送交響楽団の首席指揮者を務めた。

＊61　ロルフ＝ディーター・アレンスはドイツのピアニスト。

[8] 一九八七年三月一八日
モスクワ放送交響楽団*62〔Großes Symphonieorchester des Sowjetischen Rundfunk〕
指揮＝ウラジーミル・フェドセーエフ*63〔Vladimir Fedossejew：1932-〕
ヴァイオリン＝マクシム・フェドートフ*64〔Maxim Fjedotow：1961-〕
■グリンカ＝序曲ニ長調
■グラズノフ＝ヴァイオリン協奏曲イ短調
■ショスタコーヴィチ＝交響曲第一〇番

[9] 一九八八年一〇月一五日
レニングラード・フィルハーモニー
指揮＝エミール・チャカロフ*65〔Emil Tchakarow：1948-91〕
ヴァイオリン＝セルゲイ・スタドレル*66〔Sergej Stadler：1962-〕
■チャイコフスキー＝ヴァイオリン協奏曲ニ長調
■ブルックナー＝交響曲第一番ハ短調

旧ソ連のオーケストラは名称変更が目立ちますね。ドイツのオーケストラも同様です。ベルリンの壁の崩壊（一九八九年一一月）とドイツ再統一（一九九〇年一〇月）、そしてソヴィエト連邦の崩壊（一九九一年一二月）という歴史上の大事件が、こういうところにも直接または間接に影響

――を与えているのでしょうね。

3. カレル・アンチェル

二回目のドイツ滞在時、フランクフルト（ヘッセン州）に本部のあるヘッセン放送［HR：Hessischer Rundfunk］のものが主ですが、コンサートの実況放送を多く録音しました。それを久しぶりに聴いたりしています。

そのなかで、カレル・アンチェル［Karel Ančerl：1908-73］が、一九六八年四月二六日[*67]にフランクフ

＊62　モスクワ放送交響楽団は、現在、正式名称をP・I・チャイコフスキー記念大交響楽団［Tschaikowsky-Symphonieorchester des Moskauer Rundfunks］としている。

＊63　ウラジーミル・フェドセーエフは、一九七四年、ゲンナジー・ロジェストヴェンスキー［Gennady Rozhdestvensky：1931-2018］の後任として、モスクワ放送交響楽団の音楽監督・首席指揮者に就任。以来、ロシア有数のオーケストラに育てた。

＊64　マクシム・フェドートフは、ロシア出身のヴァイオリニスト、指揮者。

＊65　エミール・チャカロフはブルガリアの指揮者。一九七七年、ベルリンで行われた第二回カラヤン指揮者コンクールで第三位に入賞。一九八六年にはソフィア祝祭管弦楽団を創設し、亡くなるまでその音楽監督を務めた。

＊66　セルゲイ・スタドレルはソヴィエト連邦／ロシアのヴァイオリニスト。ダヴィッド・オイストラフとレオニード・コーガンに師事した。一九八二年のチャイコフスキー国際コンクールではヴィクトリア・ムローヴァ（1959-）と一位を分け合った。二〇〇九年から二〇一一年までサンクトペテルブルク音楽院の院長を務めた。

ルト放送交響楽団（現在の名称はhr交響楽団［hr-Sinfonieorchester］）を振ったドヴォルザークの交響曲第七番ニ短調は素晴らしい演奏で、好んで聴く録音です。実演を聴くことはできませんでしたが、ラジオで放送され、それを録音しました。

薄幸のユダヤ系、アウシュヴィッツの生き残りで、偉大なチェコ出身の指揮者、第二次世界大戦に翻弄されたアンチェル。彼の両親妻子および親戚は、アウシュヴィッツで命を奪われ、彼だけが奇跡的に生き延びたといわれています。

チェコ・フィルの首席指揮者でしたが、トロント交響楽団を指揮するためカナダに滞在中に「プラハの春」が弾圧されて、帰国を断念、トロントに残り、小澤征爾の後任としてカナダで大成功を収めながら、失意のうちにそこで亡くなったと、当時、ドイツで大きく報道されました。

ドイツでは、二〇世紀最高の指揮者の一人とされており、私もそれを実感しました。

私は、幸いにも彼のコンサートを都合三回聴くことができました。ベルリン・フィル（あまりの素晴らしさに同じプログラムを二回）およびフランクフルト歌劇場管弦楽団とのコンサートです。

ベルリン・フィルとのコンサートは、一九六五年一二月二一日・二二日の両日、フィルハーモニーで、モーツァルトの交響曲第三一番ニ長調《パリ》、ハチャトリアンのヴァイオリン協奏曲ニ短調（ヴァイオリン：ミッシャ・エルマン）、ドヴォルザークの交響曲第八番を聴きました。三谷礼二も一緒でした。

ミッシャ・エルマンのヴァイオリンは独特で、アンチェルとの掛け合いは、まさに音楽そのものでした。また、ドヴォルザークの八番は、三谷礼二も書いていますが、感動的でアンチェルの偉大さを認識しました。この演奏会の録音を三谷礼二は欲しがっておりましたが、残念ながら存在しないようです。

フランクフルト歌劇場管弦楽団とのコンサートは、一九六九年三月三一日、ドヴォルザークの序曲《オセロ》、スメタナの《わが祖国》から第五曲《ターボル》と第三曲《シャールカ》、そしてベートーヴェンの交響曲第七番を聴きました。会場はフランクフルト歌劇場です。

アンチェルは、素晴らしい指揮者でした。音が洗練されており、私は、彼の醸し出す音を「オーケストラの頭声［Kopfstimme］」と言っていましたが（チェリビダッケも同じでした）。三谷礼二は、彼を二〇世紀の偉大な指揮者の一人と言っていましたが、同感です。彼は、二〇世紀最高の指揮者として（ただし実際に生演奏を聴いた範囲で）アンチェルのほか、チェリビダッケ、ピエール・モントゥーを挙げていました。

送ってくださったカレル・アンチェルがフランクフルト放送交響楽団を振ったドヴォルザークの交響曲第七番、じつに柔らかい透きとおった音楽になっていて、素晴らしかったです。第八番・第九番はユニヴァーサルな洗練された作品になっていますが（そういう演奏しか聴いていないのかもしれませんが）、第七番はそこに行く前のドヴォルザークの素の顔が垣間見える作品のように思います。ごつごつした感じがたまりません。好きな作品です。

＊67　一九六八年四月二六日のコンサートのプログラムは、プロコフィエフの交響曲第一番《古典》とピアノ協奏曲第二番、およびドヴォルザークの交響曲第七番が演奏された。ピアノはダグマール・バロゴヴァ。

4. ドイツのラジオ音楽番組

それはそうと、アンチェルの演奏が非常にいい音で録音されていることに驚きました。これはドイツ現地で録音されたのですか？　どんな機器で録音されたのでしょうか？　日本から持っていかれたのですか？

フランクフルトに本部を置くヘッセン放送局は、当時四局あって、その第二局がクラシック専門でした。この局が、フランクフルト放送交響楽団の定期演奏会を必ず実況放送し、次の週末土曜日午前一〇時と水曜日午後八時から再放送をしました。

また、第三日曜日の午後八時からフランクフルト放送交響楽団アワーとして歴史的演奏を放送しました。お送りしたアンチェル指揮のドヴォルザークの交響曲第七番（一九六八年の演奏）と、パウル・ヒンデミットが指揮したブルックナーの交響曲第四番《ロマンティック》の演奏（一九四九年の演奏）は、それで放送されたものです。

戦後、ドイツでは、占領政策により電波の割り当てで中波が使えなくなり、FM*68［UKW＝Ultrakurzwelle］で放送をせざるを得ませんでした。ドイツの一般放送は全てFM放送でした。これにより、音楽放送をハイ・フィデリティで聴け、大いに楽しめました。

私の録音機は、REVOX のテープ・レコーダー（一九七〇年代末に購入、スイス製）で、オープンリールです。その全テープ録音をCD-Rに落とし、お届けしたCD-Rもそのコピーです。現在もREVOX のアンプとスピーカーを使ってCDやLPを聴いています。REVOX は、中音に重点を置いている（?）と思え、私の耳には、心地よく響きます。

―REVOX のテープ・レコーダー、アンプ、スピーカーなど、型番を教えてください。

テープ・レコーダー　Revox B77 MK II
アンプ　Revox B250-S / A78
FMチューナー　Revox A76
スピーカー　Revox Piccolo 220 × 140 × 145
レコード・プレーヤー　THORENS TD145
カートリッジ　GLANZ MF N-71E

カートリッジは日本製です（製造：ミタチ・コーポレーション）。一九八〇年代、ハイ・ファイ関係の仕事をしていた人が、このカートリッジをドイツで販売することを試みました。しかし、不首

＊68　日本でFM放送の実験が本格化したのは、一九五七年一二月。その後、大阪・名古屋など主要都市で実験局が開局。当初はモノラル放送であったが、六三年一二月に東京局でステレオ放送を開始。本放送開始は、六九年。

尾に終わり、帰国するときに持っていたサンプル約五〇個を私に使ってほしいと言って置いていきました。製品としては良い品なので、それを使っております。

ほぼ五〇年前にもなる放送録音のことがよく記憶に残っているなと驚きますが、放送についてもコンサート同様に、何か記録（放送日・演奏者・プログラムなど）を残していらっしゃるのでしょうか？

ドイツにおける音楽番組の放送についてもう少しお聞かせください。ドイツでは州ごとに放送局が、例えば、バイエルン放送交響楽団、北ドイツ放送交響楽団、シュトゥットガルト放送交響楽団といった素晴らしいオーケストラを抱えていますが、その放送局は例えば定期演奏会は全部放送していたのですか？　バイロイト音楽祭やザルツブルク音楽祭も放送されていましたか？ドイツでは音楽が日常の生活のなかにある、一部になっている、ということなのでしょうか？日本では、NHK-FMがこの二つの音楽祭を放送しており、私も中学・高校時代、夏休みや年末によく聴きました。

ドイツの各地方放送局では、それぞれオーケストラを持っており、その定期演奏会は、必ず実況で流されました。私が住んでいたフランクフルトは、ドイツの中央に位置したために、隣接の州の放送局を受信でき、ミュンヘン、シュトゥットガルト、ハノーファー、ザールブリュッケン等で行われる各オーケストラの定期演奏会を実況で聴くことができました。ドイツの放送の良さは、番組

を時間で区切らず、そのプログラムが全曲終わるまで放送したことです。

放送日・演奏者・プログラムは、記録を残しています。その後、全テープをCDに落としました。シュトゥットガルトの放送録音を多く持っていますが、それは、チェリビダッケのシュトゥットガルト時代の実況放送を主に記録したためです。

バイロイト音楽祭、ザルツブルク音楽祭のほかに、例えばグラインドボーン音楽祭〔Glyndebourne Festival Opera〕、シュヴェツィンゲン音楽祭〔Schwetzinger Festspiele〕、シュレスヴィヒ＝ホルシュタイン音楽祭〔Schleswig-Holstein Musik Festival〕、ヴュルツブルク・モーツァルト音楽祭〔Würzburger Mozartfest〕等の実況放送がありました。一、二を除き録音はしませんでしたが…。

5. セルジュ・チェリビダッケ

――チェリビダッケが振ったブルックナーの交響曲第八番のCDをありがとうございました。

お送りしたチェリビダッケ*[69]のブルックナーの交響曲第八番は、一九七五年一〇月一六日に放送されたものの録音で、デンマーク放送交響楽団*[70]〔Danish Radio Symphony Orchestra〕を指揮したものです。北欧放浪時代の実況録音です。

当時、ドイツの新聞が、このデンマークでのブルックナーの演奏について、「チェリ（Celi）がまた奇跡を起こした」と報道。彼自身は、デンマーク放送交響楽団は三流オーケストラと一蹴しましたが、先週末このCDを聴き、チェリビダッケ自身の評価は別として、私は、ブルックナーの最高の演奏の一つではないかと感じました。その後、彼は、このオーケストラを指揮していないはずです。非正規盤ですので、ところどころ録音上の問題がありますが…。

また、非正規盤で出ている一九九四年のリスボンでのミュンヘン・フィルハーモニー管弦楽団とのライヴ録音[*71]のCDも秀逸だと思います。ベストと言ってもいいと思うくらいです。

――チェリビダッケの音楽に深く魅了されていくきっかけとなったのは…？

一九六六年一月一五日、東ベルリンの国立歌劇場でチェリビダッケがシュターツカペレ・ベルリンを振りました。それが私がチェリビダッケを聴いた最初でした。

ヒンデミット〔Paul Hindemith：1895-1963〕の《ウェーバーの主題による交響的変容》、プロコフィエフの《スキタイ組曲》、ブラームスの交響曲第四番、アンコールでヴェルディの《運命の力》序曲を演奏しました。

ブラームスの交響曲第四番の第一楽章のアインザッツ（Einsatz　出だし）は、それまで聴いたことのない響きでした。このとき、私はまだ彼の真価を理解していなかったものの、新しい音（音楽）に接したように思ったのです。

私の二回目のドイツ滞在であるフランクフルト時代の最初の一年が過ぎようとしていた頃です。

一九六九年九月二三日・二四日の両日、ベルリンでスウェーデン放送交響楽団［Sveriges Symfoniorkester Stockholm］を率いての演奏会がありました。白眉でした。九月二三日はブラームスの交響曲第一番、九月二四日はブルックナーの交響曲第四番《ロマンティック》を、それぞれメイン

＊69　セルジュ・チェリビダッケ［Sergiu Celibidache：1912-96］は、ルーマニアに生まれ、ドイツで活躍した指揮者。第二次世界大戦後の混乱期、ベルリン・フィルの首席指揮者として活躍したが、フルトヴェングラーの死後、ベルリン・フィルはヘルベルト・フォン・カラヤンを後継者として選出する。その後、チェリビダッケは、しばらくはイタリアを中心に活動したが、一九六〇年代はデンマーク王立管弦楽団（一九六〇-六三年頃）、およびスウェーデン放送交響楽団（六三-七一年頃）との結びつきを強めた。七一年六月、南ドイツ放送交響楽団（後のシュトゥットガルト放送交響楽団）の創立二五周年コンサートで指揮をしたのが好評を博し、翌七二年に定期客演指揮者となる。以後、七七年まで実質的な芸術監督として、同楽団をドイツの有力オーケストラの一つに育てた。七九年六月、ルドルフ・ケンペの後任としてミュンヘン・フィルハーモニー管弦楽団の首席指揮者に就任。

＊70　デンマーク放送交響楽団は、デンマーク国立放送交響楽団［Danish National Radio Symphony Orchestra］、DR放送交響楽団［DR Symfoniorkestret］と同一のオーケストラ。デンマークの首都コペンハーゲンに本拠を置く、デンマーク放送協会（DR）専属のオーケストラで、設立は一九二五年。

＊71　ブルックナーの交響曲第八番の伝説とされるライヴ。一九九四年四月二三日、ポルトガルのリスボンで行われたコンサートをポルトガル国営放送（RTP）がライヴ録音したもの。二〇二二年三月、正規盤として発売された。

チェリビダッケ＆スウェーデン放送響プログラム（1969年）

とするプログラムで、会場はいずれもフィルハーモニー。三谷礼二と一緒に聴きに行きました。その後、私は、チェリビダッケのシュトゥットガルト放送交響楽団*72［Radio-Sinfonieorchester Stuttgart］との演奏会を機会があると欠かさず聴くようになりました。

さきほど、ブラームスの交響曲第四番の第一楽章のアインザッツについて、新しい音（音楽）に接したように思った、と仰いましたが…。

――

どう表現したらよいのかわかりませんが、自然な、いつ始まったかわからないような出だしで、その柔らかな音は、初めて耳にした音でした。

ともかく、チェリビダッケの演奏は、全てが室内楽的であったと思います。

チェリビダッケは、練習を公開しており、機会があると聴きに行きました。

彼のプローベを何回か聴いて思ったことは、フォルティッシモでもピアニッシモでも各パートの音が聴けて、独立しつつも調和して演奏することでした。そのために、各オーケストラ・パートが他のパートを集中して聴くことを要求し、とくに弦楽器から管楽器への自然な移行の練習、その逆もで、互いのパートをよく聴けと、よく通る声で怒鳴っていました。すべてのパートにそれを求めていて、私の耳にはその差を感じられませんでしたが、満足のいくまで、繰り返し何時間もかけて練習をしていました。さらに、直接的な音の響きを嫌い、洗練された音を出す練習。

もう一つ私が思ったのは、ティンパニの扱いで、彼ほどティンパニを丁寧に有効に扱った指揮者はいなかったのではないか。音の質、音量まで細かく指示を出していました。

フランクフルトでの南ドイツ放送交響楽団の演奏会で、プログラムが《新世界より》からベートーヴェンの交響曲第七番に突然変更されました。あとで知り合いの楽員に訊ねたのですが、第二楽章のイングリッシュ・ホルン奏者と演奏上の問題で意見が合わず、奏者が怒って帰ってしまったとのことでした。

同じことが、アンネ・ゾフィー・ムター〔Anne-Sophie Mutter：1963-〕との間でもありました。シベリウスのヴァイオリン協奏曲をチェリビダッケと共演するとのことで楽しみにしていたところ、急にハイドンの交響曲（第一〇〇番ト長調）に変更になりました。チェリビダッケのこの曲に対する要求をムターが受け入れず（楽員の一人によれば、チェリビダッケの要求を若い彼女が理解できなかった）、開演直前に黙って彼女が帰ってしまった。このことについてチェリビダッケは、彼女を非難するのではなく、音楽への無知を憐れんでいたとのことでした。

一　伊藤さんのドイツ滞在当時、チェリビダッケはどのように評価されていたのでしょうか？　日本

＊72　シュトゥットガルト放送交響楽団は、創設は一九四五年。当初、南ドイツ放送局〔Süddeutscher Rundfunk：SDR〕に所属していたことから、名称は七五年まで南ドイツ放送交響楽団〔SDR Symphonieorchester〕であった。その後、シュトゥットガルト放送交響楽団と改称。九八年、ドイツの公共放送局の統廃合に伴い、南西ドイツ放送局〔Südwestrundfunk：SWR〕に所属するオーケストラとなった。二〇一六年、同じSWR所属のバーデン＝バーデン・フライブルクSWR交響楽団〔SWR Sinfonieorchester Baden-Baden und Freiburg〕と統合し、新たに南西ドイツ放送交響楽団〔SWR Sinfonieorchester〕が創設された。

では、初来日は一九七七年秋と七八年春に単身で、それまではＮＨＫ－ＦＭ放送で聴く程度の、いわば「幻の指揮者」でした。

チェリビダッケのドイツでの評判は、狂信的信奉者がいる反面、反対派も多く、それは、彼の非妥協性にあったと思います。技術不足のオーケストラ楽員や彼の反対者を取り替えたり、また、彼の音楽を強要したりしたといわれ、「非人間性」を非難するグループがいました。

ミュンヘン・フィルのメンバーと親しくなり、演奏会後ときどき飲む機会がありましたが、演奏に関して妥協することはほとんどなかったが、楽員の音楽に関する要求には、真剣に耳を傾け、その要求を受け入れない場合は、きちんと理由を説明、しかし、楽員の意見を良いと思ったときには、彼らの提案を率直に受け入れたそうです。楽団員の健康状態への配慮など、異口同音に、チェリビダッケの温かい人

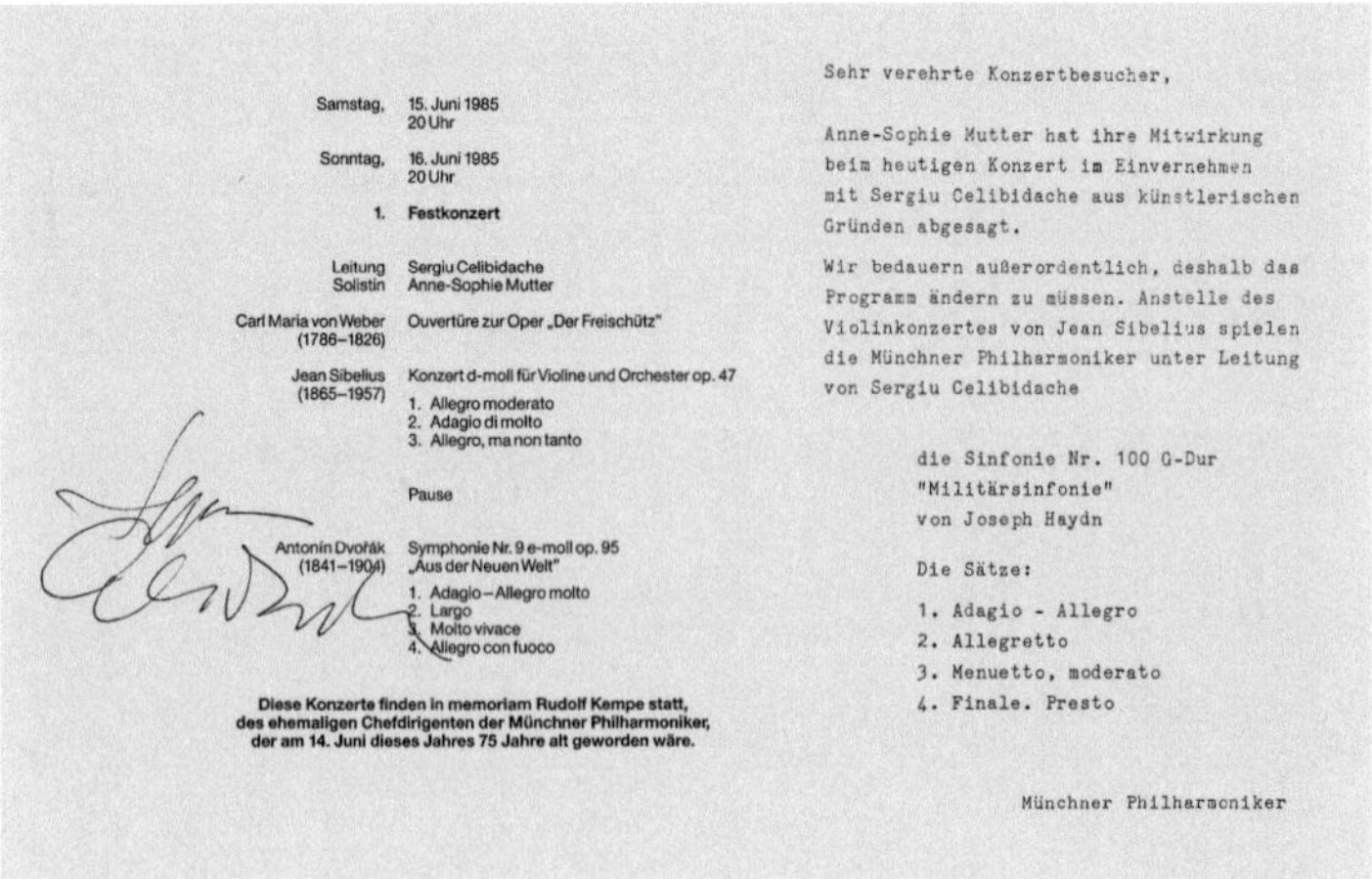
Samstag, 15. Juni 1985 20 Uhr
Sonntag, 16. Juni 1985 20 Uhr
1. Festkonzert

Leitung Sergiu Celibidache
Solistin Anne-Sophie Mutter

Carl Maria von Weber (1786–1826) Ouvertüre zur Oper „Der Freischütz"

Jean Sibelius (1865–1957) Konzert d-moll für Violine und Orchester op. 47
1. Allegro moderato
2. Adagio di molto
3. Allegro, ma non tanto

Pause

Antonín Dvořák (1841–1904) Symphonie Nr. 9 e-moll op. 95 „Aus der Neuen Welt"
1. Adagio – Allegro molto
2. Largo
3. Molto vivace
4. Allegro con fuoco

Diese Konzerte finden in memoriam Rudolf Kempe statt, des ehemaligen Chefdirigenten der Münchner Philharmoniker, der am 14. Juni dieses Jahres 75 Jahre alt geworden wäre.

Sehr verehrte Konzertbesucher,

Anne-Sophie Mutter hat ihre Mitwirkung beim heutigen Konzert im Einvernehmen mit Sergiu Celibidache aus künstlerischen Gründen abgesagt.

Wir bedauern außerordentlich, deshalb das Programm ändern zu müssen. Anstelle des Violinkonzertes von Jean Sibelius spielen die Münchner Philharmoniker unter Leitung von Sergiu Celibidache

die Sinfonie Nr. 100 G-Dur
"Militärsinfonie"
von Joseph Haydn

Die Sätze:
1. Adagio - Allegro
2. Allegretto
3. Menuetto, moderato
4. Finale. Presto

Münchner Philharmoniker

1985年6月15日／16日のプログラム　(右)当日配布されたムター不出演の説明

間性について語っていました。彼は、楽団員全員と彼らの奥さんの名前を、覚えていたそうです。チェリビダッケの演奏、とくにその音の密度の高さと洗練さは、彼独特のものでした。彼の音楽のすごさの一つは、普通は聴き逃してしまう何でもない音楽のパッセージの素晴らしさに無意識に引き込まれていき、演奏者と聴衆全体が放心状態になる。この状態に置かれると、演奏（曲）が終わったことが理解できず、しばらくして我に返り、爆発的な拍手に変わる。私自身、三、四度、こんな状態を体験しました。

――チェリビダッケのブルックナーは何度もお聴きになっていると思いますが…。

チェリビダッケでブルックナーの交響曲を生で聴く機会は、頻繁にありました。スウェーデン放送交響楽団、シュトゥットガルト放送交響楽団、それにミュンヘン・フィルハーモニーで、三番、四番、五番、六番、七番、八番、九番、それにミサ曲第三番を聴いています。[*73]
チェリビダッケは、ブルックナーには特別な思い入れがあったようです。インタビューで「ブル

＊73　チェリビダッケが指揮したブルックナー交響曲の主なコンサートは次の通り――第三番＝ミュンヘン・フィル（1993.4.22）。第四番＝スウェーデン放送響（1969.9.24）、ミュンヘン・フィル（1990.10.6 および 1993.4.24）。第五番＝シュトゥットガルト放送響（1981.11.25）、ミュンヘン・フィル（1985.11.11）。第六番＝ミュンヘン・フィル（1991.11.30）。第七番＝ミュンヘン・フィル（1989.9.22 および 1990.10.13）。第八番＝シュトゥットガルト放送響（1977.2.20）、ミュンヘン・フィル（1990.10.16）。第九番＝シュトゥットガルト放送響（1974.4.5）、ミュンヘン・フィル（1981.10.8）。

ックナーの音楽を演奏する機会に、人生において恵まれたことは、心より幸せに感ずる」と言っています。

ちなみに、ブルックナーは、他の指揮者でも多く聴きました。手許に記録がある演奏会を以下に記します。

ベルナルト・ハイティンク[*74]指揮のベルリン・フィルで第三番（一九六五年六月二五日）
オイゲン・ヨッフム指揮のベルリン・フィルで第一番（一九六五年一〇月二〇日）
ロリン・マゼール指揮のベルリン放送交響楽団で第九番（一九六六年一月一八日）
ギュンター・ヴァント[*75]指揮のベルリン・フィルで第四番（一九六六年二月四日）
ディーン・ディクソン指揮のフランクフルト放送交響楽団で第一番（一九七一年四月二三日）
ミヒャエル・ギーレン[*76]指揮のフランクフルト歌劇場管弦楽団で第八番（一九八〇年四月一四日）

ほかにも、ヴィルヘルム・シュヒター[*77]、オトマール・スウィトナー、カール・ベーム、ヘルベルト・フォン・カラヤン、ヘルベルト・ブロムシュテット、エリアフ・インバル[*78]などを聴いていますが、記録が見当たりません。

結論を言えば、やはりチェリビダッケのブルックナーが、最も心に響きました。ギュンター・ヴァントも良かったと思います。

ギュンター・ヴァントの最後の来日である二〇〇〇年一一月の演奏会は忘れられません。シューベルトの《未完成》とブルックナーの交響曲第九番でした。静謐で、しかし鋭い切り込みの音楽に大変感動しました。チェリビダッケとは全く異なりますが、この二人はブルックナー演奏の双璧だと思います。

＊74　ベルナルト・ハイティンク［Bernard Haitink：1929-2021］は、オランダの指揮者。アムステルダム・コンセルトヘボウ管弦楽団の首席指揮者［1961-88］、ロンドン・フィルの首席指揮者［1967-79］、グラインドボーン音楽祭の音楽監督［1978-88］、ロイヤル・オペラ・ハウスの音楽監督［1987-2002］などを歴任。膨大な録音を残した。

＊75　ギュンター・ヴァント［Günter Wand：1912-2002］は、ドイツの指揮者。一九四六年、ケルン市の音楽総監督に就任。ケルン・ギュルツェニヒ管弦楽団、ケルン放送交響楽団などを指揮して多くの録音を残した。後者とはシューベルトおよびブルックナーの交響曲全集を録音している。八二年、北ドイツ放送交響楽団の首席指揮者に就任。ベートーヴェンおよびブラームスの交響曲全集を録音。北ドイツ放送交響楽団との初来日は九〇年。二〇〇〇年の秋（ヴァント八八歳）、再来日。シューベルトの交響曲第七（八）番、ブルックナーの交響曲第九番が演奏された。深い感動を与えた演奏会であった。

＊76　ミヒャエル・ギーレン［Michael Gielen：1927-2019］は、ドイツの指揮者・作曲家。フランクフルト歌劇場の芸術総監督［1977-87］、南西ドイツ放送交響楽団の首席指揮者［1986-99］などを務めた。二〇一四年、引退。

＊77　ヴィルヘルム・シュヒター［Wilhelm Schüchter：1911-74］は、ドイツの指揮者。ＮＨＫ交響楽団常任指揮者［1959-62］を務めた。完璧を要求する厳格な練習でＮ響を徹底的に鍛え、演奏能力を飛躍的に高めた。一九六〇年、Ｎ響初の世界一周演奏旅行を率いた。シュトラウスの《英雄の生涯》（六〇年六月）、マーラーの交響曲第一〇番《アダージョ》（六〇年一一月）の日本初演も行った。

＊78　エリアフ・インバル［Eliahu Inbal：1936-］は、イスラエルの指揮者。フランクフルト放送交響楽団の音楽監督［1974-90］を務め、マーラーおよびブルックナーの交響曲全集を完成するなど、黄金時代を築いた。その後、ベルリン交響楽団（現ベルリン・コンツェルトハウス管弦楽団）の音楽監督［2001-06］、チェコ・フィルの首席指揮者［2009-12］を歴任。日本では東京都交響楽団との関係が深く、マーラーの全交響曲の演奏を二回行っている。

――ブルックナーを除いて、チェリビダッケで記憶に残るコンサートをあげていただけますか。

私が聴いた彼の演奏会は、それぞれ素晴らしいものであったと思います。そのなかから敢えて一つをあげるならば、一九八二年一一月一五日のコンサートです。演奏はシュトゥットガルト放送交響楽団で、マンハイムのローゼンガルテンのモーツァルトザール［Rosengarten Mozartsaal Mannheim］で行われました。ベートーヴェンの《コリオラン》序曲、シュトラウスの《死と変容》、ブラームスの交響曲第四番でした。このときの《死と変容》の演奏は、彼の最も優れた演奏の一つと思います。このときも、演奏後しばらくの間沈黙が保たれ、爆発的歓声に包まれてオーケストラメンバー、聴衆が全員起立し指揮者を称えました。

ほかにも、ラヴェルの《ダフニスとクロエ》（一九八七年六月二一日）、《ボレロ》（八三年七月五日）、《ラ・ヴァルス》（七六年一一月一九日）、シュトラウスの《ドン・キホーテ》（九一年四月二八日）、《英雄の生涯》（七九年一一月八日および一一月一五日）は、心に焼きついています。

ミュンヘン・フィルの演奏会でラヴェルの《ボレロ》を、アンコールで演奏したときのできごとでした。オーケストラ団員も、聴衆も放心状態となり、曲が終わっても拍手が起こりません。コンサートマスターが、弓で楽譜を叩いたのをきっかけに、ホール全体が爆発的なブラボーの絶叫となり、オーケストラ団員も立ち上がり、聴衆と一体となって拍手を贈るという経験したことのない演奏会となりました。

アルトゥーロ・ベネデッティ・ミケランジェリ［Arturo Benedetti Michelangeli：1920-95］とチェリビダ

ッケの共演をいくつか聴いています。どれも心に残る演奏でした。二人の共演を初めて聴いたのはグリーグのピアノ協奏曲イ短調でした。オーケストラは南ドイツ放送交響楽団です。一九七二年一一月二五日、デュッセルドルフのラインハレでの演奏会でした。この日は、ほかにウェーバーの歌劇《オイリアンテ》序曲、シュトラウスの交響詩《死と変容》、レスピーギの交響詩《ローマの松》が演奏されました。

ミケランジェリとチェリビダッケの共演は、ベートーヴェンのピアノ協奏曲第五番《皇帝》も聴いています。七四年一〇月一六日、パリのシャンゼリゼ劇場で、フランス国立放送管弦楽団〔Orchestre National de l'ORTF〕の演奏です。このコンサートはライヴ録音されてCDが出ています。ラヴェルのピアノ協奏曲ト長調も、フランクフルトからの帰任後、ドイツ出張の際に聴いています（一九九二年六月）。ミュンヘン・フィルです。

これもフランクフルトから帰任してからになりますが、シューマンのピアノ協奏曲イ短調も聴きました。九二年一〇月一五日・一六日、昭和女子大学人見記念講堂でのコンサートで、ミュンヘン・フィルの演奏です。一五日は、ベルリオーズの《ローマの謝肉祭》とチャイコフスキーの交響曲第五番ホ短調、一六日は、《ローマの謝肉祭》とベートーヴェンの交響曲第五番でした。

――チェリビダッケとミケランジェリ、個性の強い二人がどんな演奏をしたのか、とても興味深いものがあります。音の粒がキラキラと光る、というイメージを想像しますが…。

当初、お互いにぶつかり合う大きな音楽になるのではないかと想像していました。しかし実際は、それぞれの音がよく聴こえ、室内楽的な演奏であったと思います。チェリビダッケのミケランジェリを引き立てるような指揮は印象的でした。その点、一九六〇年代にベルリンで聴いたミケランジェリとカラヤンとのシューマンの協奏曲とは対照的でした。

チェリビダッケの小品の演奏も素晴らしいものでした。気が向くとアンコールに応えて演奏しました。ヨハン・シュトラウス二世とヨーゼフ・シュトラウス兄弟の合作による《ピツィカート・ポルカ》、ドヴォルザークの《スラヴ舞曲》、ファリャの《三角帽子》、ブラームスの《ハンガリー舞曲》、ストラヴィンスキーの《サーカス・ポルカ》等は、その面白さで群を抜いていました。ストラヴィンスキーの《サーカス・ポルカ》では、笑い声が起こりました。

6. 頭声

―― アンチェルとチェリビダッケがつくりだす音を、伊藤さんは「オーケストラの頭声」と言っておられますが、その「頭声」について詳しくお話しいただけませんか？

頭声は、ご存じのように声楽で主に使われる用語です。頭声を認識したのは、エリーザベト・グリュンマーとゲルトゥルーデ・ピッツィンガー［Gertrude Pitzinger：1904-97］を通じてですが、具体的に認識したのは、フランクフルトやザールブリュッケンで活躍していたオペラ歌手でボイストレーナーのハンネス・リヒラート〔Hannes Richrad〕による歌手の指導を経験したときのことでした。生徒に発声させながら、体の力を抜かせるという練習です。体の力を抜いていくと声が丸みを帯びて響くようになり、前面の口から出る声ではなく、体に響くようになり、頭の後ろから聞こえてくる声（頭声）になります。

ハンネス・リヒラートは、レッスンでよく「Kopf! Kopf!（頭！　頭！）」と叫んでいました。彼は、体のどの部分に力が入っているのか、生徒に声を出させると瞬時で判断できたようです。A（アー）を発声させて、力の入っている体の個所を触り、力を抜かせていく、そうすると声がどんどん変化していきました。

日本で彼の発声法を修得しているのは、下村洋子（旧姓・中山）でしょう。

グリュンマーのレッスンを聴かせてもらったとき、生徒に指導したときの彼女の言葉を鮮明に覚えています。

「子供のときはどんなに叫んでも、声帯を壊しません。それは、余分な力が体に入っていないからです。大人になるといろいろなところに力が入り、声に影響を与えます。その不要な力みを取っていくことが発声練習です」

グリュンマー、ピッツィンガー、フィッシャー＝ディースカウ等は、頭声を学ばずして自然にできた歌手であったと思います。彼らは、お弟子さんに頭声を修得するための具体的な指導をできませんでした。したがって、頭声を理解していない生徒は、彼らの教えを受けても、あまり意味がない（彼らの指導を受けても、上達しない）と思いました。彼らに、歌い方、芸術的表現などの指導を受けるのであれば、頭声を習得した後で行うべきだと思いました。

ディートリヒ・フィッシャー＝ディースカウは、二〇世紀最大の歌手の一人であったと思います。彼の *pp* は、誰も真似ができないでしょう。彼の歌の素晴らしさは、比類のない美しい *pp* であり、その *pp* ゆえに *ff* が効果的に響き、聴き手を魅了したと思います。彼の歌は、永久に語り継がれていくと私は思います。

オーケストラの音に関してですが、ごく一部の指揮者を除き、ほとんどの指揮者は、とくに *f* から *ff* で、音を直接的に響かせて、洗練さを欠いていると思います。オーケストラの音にも、声楽でいう頭声の響き、抜ける音があり、それを出させることのできる指揮者が、真の指揮者でしょう。それを完全に要求し、響かせた指揮者は、チェリビダッケとアンチェルであったと思います。

7. リヒャルト・シュトラウスの名曲名演奏

――シュトラウスはオーケストラ作品もオペラも随分お聴きになっていらっしゃいますね。思い出深いシュトラウス作品の公演を教えてください。

シュトラウスのオーケストラ作品は、チェリビダッケが指揮をした《英雄の生涯》と《死と変容》は忘れられない演奏となりました。

《英雄の生涯》は、一九七九年一一月八日、シュトゥットガルトのリーダーハレ・ベートーヴェンザールで、そして翌週の一一月一五日、マンハイムのローゼンガルテン・モーツァルトザールで聴きました。演奏は両日ともシュトゥットガルト放送交響楽団で、前半はモーツァルトの交響曲第四一番《ジュピター》でした。

《死と変容》は、八二年一一月一五日のシュトゥットガルト放送交響楽団との演奏が強く記憶に残っています。前半に《コリオラン》序曲と《死と変容》、後半にブラームスの交響曲第四番が演奏されました。マンハイムのローゼンガルテン・モーツァルトザールで聴きました。《死と変容》は、七二年一一月二五日にも、南ドイツ放送交響楽団の演奏で、デュッセルドルフのラインハレで聴いています。しかし、この日はアルトゥーロ・ベネデッティ・ミケランジェリとのグリーグのピアノ協奏曲の印象が勝って、《死と変容》についてははっきりした像を結びません。

前にも触れましたが、ヘルベルト・ブロムシュテットがフランクフルト放送交響楽団を指揮した《英雄の生涯》（八〇年四月二四日）も素晴らしい演奏でした。前半はシューベルトの交響曲第四番《悲劇的》。会場はヘッセン放送局の大ホールでした。

シュトラウスのオペラでは、カルロス・クライバー指揮の《ばらの騎士》、ビルギット・ニルソンが歌った《エレクトラ》と《サロメ》をご覧になっていますね。カルロス・クライバーについては後でまとめてお話を伺いたいと思いますので、ビルギット・ニルソン［Birgit Nilsson：1918-

―2005］についてお願いします。

ビルギット・ニルソンは、強く印象に残っています。素晴らしい歌手だったと思います。フランクフルト歌劇場で《エレクトラ》を何度も聴きました。彼女の題名役は圧倒的でした。ラルフ・ヴァイケルト［Ralf Weikert：1940-］指揮の一九七二年六月一六日の公演、クリストフ・フォン・ドホナーニ指揮の七四年四月二四日と七六年四月二八日の公演、クラウスペーター・ザイベル［Klauspeter Seibel：1936-2011］指揮の七六年二月一五日の公演を聴いています。

また、《サロメ》は、八四年一一月二八日、マインツのラインゴルトハレで聴きましたが、全曲ではありませんでした。レイフ・セーゲルスタム［Leif Segerstam：1944-］の指揮するラインラント＝プファルツ州立フィルハーモニー管弦楽団［Staatsphilharmonie Rheinland-Pfalz / Deutsche Staatsphilharmonie Rheinland-Pfalz］による公演で、このときニルソンは《トリスタンとイゾルデ》の《愛の死》と《サロメ》の《終曲のモノローグ》を歌いました。いずれも彼女の歌唱を代表する場面ですが、彼女だけの、透明な響きをもった、しかも強靭な声で素晴らしい音楽を聴かせてくれました。《トリスタン》は七〇年八月一九日にバイロイト（カール・ベーム指揮）でニルソンとヴィントガッセンが歌った全曲を聴いていますが、《サロメ》は全曲を聴く機会がなかったことがとても残念です。

なお、ニルソンは、《ニーベルングの指輪》でのブリュンヒルデをバイロイト音楽祭で聴くことができませんでした。しかし、ハンブルクとヴィースバーデンで聴くことができました。どれも圧巻でした。ハンブルク国立歌劇場での《ジークフリート》。六九年四月一二日の公演で、指揮はレオポルト・ルートヴィヒ［Leopold Ludwig：1908-79］でした。ヴィースバーデンのヘッセン国立歌劇場［Hessisches Staatstheater Wiesbaden］での《神々の黄昏》。七一年五月二三日の公演で、指揮はハインツ・ワルベルク［Heinz Wallberg：1923-2004］。同じく、ヘッセン国立歌劇場での《ワルキューレ》。七四年五月一八日の公演で、指揮はジークフリート・ケーラー［Siegfried Köhler：1923-2017］。

これらはニルソンのいわば全盛期で、強靭でドラマティックでありながら、煌めく透明感をもった素晴らしい歌唱に出会うことができたのは幸運でした。

テオ・アダムのシュトラウス歌曲の夕べも心に残っています。六六年のバイロイトの《リング》でヴォータン役を聴くことができましたが、リートでも感銘深い歌唱を聴かせてくれました。残念ながらプログラムが見当たらず、リサイタルの日付・場所・曲目がわかりません。

ついでながら、シューベルトの《冬の旅》の歌唱も感動的でした。八四年三月七日、ピアノはルドルフ・ドゥンケル［Rudolf Dunckel：1922-95］、フランクフルトのアルテ・オーパーのモーツァルト・ザールでのリサイタルです。

クリスタ・ルートヴィヒ[*79]［Christa Ludwig：1928-2021］が引退公演で歌ったシュトラウスの《あした！［Morgen!］》は絶品でした。私はフランクフルトでも聴きましたが、一九九三年から九四年に

＊79　クリスタ・ルートヴィヒは、ベルリン生まれのメゾソプラノ。一九五五年、ウィーン国立歌劇場の総監督だったカール・ベームに認められ、そのメンバーとなり、六二年には宮廷歌手の称号を受けた。六三年、カール・ベーム指揮のベルリン・ドイツ・オペラの一員として初来日、ベートーヴェンの《フィデリオ》のレオノーレを歌った。オットー・クレンペラー、ヘルベルト・フォン・カラヤン、レナード・バーンスタインなど、指揮者からの信頼が厚く、数多くの共演とレコード録音がある。

かけて東京を含む世界各地で引退公演が行われました。このときのプログラムも紛失してしまったようで詳細がわかりません。残念です。

――リートのお話がでましたが、今度は《四つの最後の歌》についてお話をお聞かせください。

シュトラウスの《四つの最後の歌》は私の好きな作品の一つです。

シュトラウス生誕一〇〇年に当たる一九六四年、ザルツブルク音楽祭で聴いた《四つの最後の歌》は、カラヤン指揮、ベルリン・フィルの演奏で、エリーザベト・シュヴァルツコップが歌いました。[*80]

昔、キルステン・フラグスタート〔Kirsten Flagstad：1895-1962〕の歌でＬＰ[*81]（指揮はフルトヴェングラーで、フィルハーモニア管弦楽団が演奏）が出ており、聴かせてもらったのを覚えています。残念ながら詳しくは記憶に残っていませんが。

――――――――――

《四つの最後の歌》の愛聴盤をお訊ねしたところ、エリーザベト・グリュンマー、エリーザベト・シュヴァルツコップ、ジェシー・ノーマン、グンドゥラ・ヤノヴィッツのＣＤをお送りいただきました。ありがとうございました。大好きな曲ですので聴きくらべを楽しみました。

エリーザベト・グリュンマーの《四つの最後の歌》（リヒャルト・クラウス指揮、ベルリン放送交響楽団の演奏。一九七〇年のライヴ録音）が断然素晴らしいと思いました。どんな音域でも、澄んだ声がどこまでも自由に伸びていく。それにやわらかくて美しい。この曲は、ブラームスの《ドイツ・レクイエム》の第五曲《汝らも今は憂いあり》［Ihr habt nun Traurigkeit］とともに、ソプラノにとって究極の挑戦なのではないか、と思うのですが…。

ほかの三人は別の演奏で聴いていますので基本は同じですが、チェリビダッケが指揮をした二つのライヴ録音――グンドゥラ・ヤノヴィッツ[*82]（ローマ、一九六九年四月一二日のライヴ録音）およびジェシー・ノーマン[*83]（ミュンヘン、一九九二年一一月一四日のライヴ録音）――は、いかにも彼らしくゆったりとしたテンポで、歌手はよく歌ったものだと感心します。

チェリビダッケはヤノヴィッツの澄んだ声を好ましく思っていたのかもしれませんね。私はカラヤン指揮のベルリン・フィルと共演したCDをずっと愛聴しています。やや硬くなるときがありますが、透きとおった美しい声が、作品と完全に同化していると感じます。

ジェシー・ノーマンは、叫んでいるように聴こえ、驚きました。クルト・マズアとライプツィ

＊80　一九六四年八月一五日のコンサート。この日のプログラムはすべてシュトラウスの作品で、オーボエ協奏曲（オーボエはローター・コッホ）、《四つの最後の歌》、交響詩《英雄の生涯》。

＊81　《四つの最後の歌》の世界初演（一九五〇年五月二二日の公演）を収録したもの。

＊82　グンドゥラ・ヤノヴィッツ［Gundula Janowitz：1937-］はベルリン生まれのソプラノ。一九六〇年代の始めから九〇年に引退するまで、カラヤンをはじめ、クレンペラー、ベーム、ショルティ、バーンスタインなど、巨匠たちとオペラとコンサートで共演を重ねた。またシューベルトをはじめとするリートでも活躍した。

＊83　ジェシー・ノーマン［Jessye Norman：1945-2019］は、米国のソプラノ歌手。オペラとリートで活躍した。陰影に富んだ深みのある声をもち、圧倒的な声量と知的によくコントロールされた表現によって知られる。

ヒ・ゲヴァントハウス管弦楽団とのCDは素晴らしかったという記憶だったからです。久しぶりにそのCDを聴きなおしてみると、やっぱり叫んでいるように聴こえます。私の記憶にあるのは、もっともっと深い声だったのですが…。年齢のせいで私の耳がおかしくなっているのかもしれない、と疑っています。

エリーザベト・シュヴァルツコップは、カラヤン指揮のベルリン・フィルの演奏で、ザルツブルク音楽祭での一九六四年八月一五日のコンサートのライヴ録音とのことですが、今回もいただけませんでした。同じカラヤン指揮、フィルハーモニア管弦楽団との共演でも、ジョージ・セル指揮、ベルリン放送交響楽団との共演でも、天下の大ソプラノには申し訳ないのですが、彼女の過剰な（に感じる）表情づけ、過剰な（に感じる）ヴィブラートを好きになれません。媚びを売るような感じを受けます。時代もあるとは思うのですが。

私も、シュヴァルツコップの歌は一部の演奏を除いて好みません。こういうと素人のくせに何を言うかと言われますが、彼女の高音部の声を私は好きになれませんでした。また、歌曲やオペラを何回か聴いていますが、私には技巧的に聴こえてしまうのです。

チェリビダッケとジェシー・ノーマンとの演奏は非正規版CDですが、よくチェリビダッケが彼女と共演したなあと不思議に思ったものです。

ジェシー・ノーマンは、一九七〇年代・八〇年代にはフランクフルトにたびたびやってきました。フランクフルトのオペラに出演し、そのあと必ず歌曲の演奏会を開きました。最初に聴いたのは

《サムソンとデリラ》で、その天性の声に圧倒されて魅かれたのですが、何回か聴くうちに、オペラはともかく、歌曲は大味でデリカシーに欠けるなと、興味を失っていきました。八七年一二月四日のアルテ・オーパーでのリサイタルでは、マーラー、ベルク、ドビュッシー、シュトラウスの歌曲を歌いました。

8. カルロス・クライバー

――カルロス・クライバーについてお訊ねします。

はじめてカルロス・クライバー〔Carlos Kleiber：1930-2004〕を聴いたのは、シュトゥットガルトのオペラハウス（シュトゥットガルト国立歌劇場〔Staatsoper Stuttgart〕）での《トリスタンとイゾルデ》でした。一九六九年一〇月四日の公演で、クライバーとしては《トリスタン》を振った最初のシーズンだったそうです。

ヴォルフガング・ヴィントガッセンがトリスタンを、イングリッド・ビョーナー[*84]〔Ingrid Bjoner：

＊84　イングリッド・ビョーナーは、バイエルン国立歌劇場が一九七四年に初来日したときに《ワルキューレ》のブリュンヒルデを歌った。ほかに、《影のない女》、《トゥーランドット》、《フィデリオ》などで各タイトルロールを歌って定評があった。

1927-2006〕がイゾルデを歌いました。ほかに、オットー・フォン・ローア〔Otto von Rohr：1914-82〕がマルケ王を、グスタフ・ナイトリンガーがクルヴェナールを、グスタフ・グレーフェ〔Gustav Grefe：1910-97〕がメロートを、ヘルガ・メルクル＝フライフォーゲル〔Helga Merkl-Freivogel〕がブランゲーネを歌いました。演出はヴィーラント・ワーグナーです。

バイエルン国立歌劇場でのシュトラウスの《ばらの騎士》は、素晴らしい演奏でした。七三年八月一日の公演です。七四年秋の初来日公演の一年前です。元帥夫人をグィネス・ジョーンズ〔Gwyneth Jones：1936-〕、オックス男爵をカール・リッダーブッシュ〔Karl Ridderbusch：1932-97〕、オクタヴィアンをブリギッテ・ファスベンダー〔Brigitte Faßbaender：1939-〕、ゾフィーをルチア・ポップ〔Lucia Popp：1939-93〕が歌いました。演出はオットー・シェンク[*85]〔Otto Schenk：1930-〕。一時期を画し、今も語り継がれる公演です。

――一九七五年にはバイロイトで《トリスタンとイゾルデ》をお聴きになっていますね？

七五年八月七日です。めくるめくという言葉がありますが、極度の集中を強いられて、あたかも理性を失うかのような音楽体験でした。

歌手は、トリスタンをヘルゲ・ブリリオート〔Helge Brilioth：1931-〕、イゾルデをカタリーナ・リゲンツァ〔Catarina Ligendza：1937-〕、ブランゲーネをイヴォンヌ・ミントン〔Yvonne Minton：1938-〕、マルケ王をクルト・モル〔Kurt Moll：1938-2017〕、クルヴェナールをドナルド・マッキンタイア〔Donald

McIntyre：1934-]。演出はアウグスト・エファーディング［August Everding：1928-99］です。

カルロス・クライバーのバイロイトでの《トリスタンとイゾルデ》のリハーサルを盗み撮りした映像がYouTubeにあります。バイロイトでクライバーが《トリスタン》を振ったのは七四年・七五年・七六年ですが、何年の映像なのかはっきりしていません。集中と熱気は、それは凄いとしか言いようがないものです。

その映像は知りませんでした。カルロス・クライバーは、実演を聴いた指揮者のなかで、やはり二〇世紀後半の最高の一人に数えられると

＊85　オットー・シェンクは、オーストリアの俳優、演劇およびオペラの演出家。ベルリン国立歌劇場、バイエルン国立歌劇場、メトロポリタン歌劇場など、世界の名だたる歌劇場で演出を手掛けた。伝統的かつ豪華な舞台で知られている。

BAYERISCHE STAATSOPER
NATIONALTHEATER MÜNCHEN

MÜNCHNER FESTSPIELE 1973

Mittwoch, 1. August 1973

DER ROSENKAVALIER

Komödie für Musik in drei Aufzügen
von Hugo von Hofmannsthal
Musik von
RICHARD STRAUSS

Musikalische Leitung: Carlos Kleiber · Inszenierung: Otto Schenk
Bühnenbild und Kostüme: Jürgen Rose
Chöre: Josef Beischer

クライバー指揮《ばらの騎士》（1973年）

Württembergische Staatstheater Stuttgart · Großes Haus

TRISTAN UND ISOLDE

Musikdrama von RICHARD WAGNER

Musikalische Leitung: Carlos Kleiber
Regie und Inszenierung: Wieland Wagner
Spielleitung: Wolfgang Windgassen
Chor: Heinz Mende

Tristan . . . . Wolfgang Windgassen
König Marke . . . . Otto von Rohr
Isolde . . . . Ingrid Bjoner
Kurwenal . . . . Gustav Neidlinger
Melot . . . . Gustav Grefe
Brangäne . . . . Helga Merkl-Freivogel
Ein Hirt . . . . Alfred Pfeifle
Ein Steuermann . . . . Kurt-Egon Opp
Stimme eines jungen Seemannes . . . . Gerhard Unger

Technische Einrichtung . . . . Herbert Grohmann
Inspektion . . . . Friedrich Steigleder

Samstag, 4. Oktober 1969
Beginn 18 Uhr　Pausen nach dem 1. und 2. Akt　Ende 23 Uhr
Außer Miete　Preise von DM 5.— bis DM 30.—

クライバー指揮《トリスタンとイゾルデ》（1969年）

思います。

9. ゲルトゥルーデ・ピッツィンガー

――ゲルトゥルーデ・ピッツィンガーについて、最近、大部の本[*86]を出版なさいましたが、そもそもの彼女との出会いから、彼女の音楽、コンサート、そして本の出版に至る経緯をお話ししていただけますか。

ゲルトゥルーデ・ピッツィンガー〔Gertrude Pitzinger：1904-97〕との出会いは、彼女の最後の愛弟子下村洋子（旧姓中山）の紹介により、彼女の家を訪問したときでした。これが契機となり、彼女との親交がはじまりました。彼女は七〇歳代半ばを過ぎ、一人暮らしであったこともあり、親しくなってからは、私用をすすんで引き受けたりしました。音楽会に一緒に行ったり、また、我が家にお茶に招いたり、夕食を共にしたりもしました。

彼女は、小柄な品のよいごく普通の老婦人でした。しか

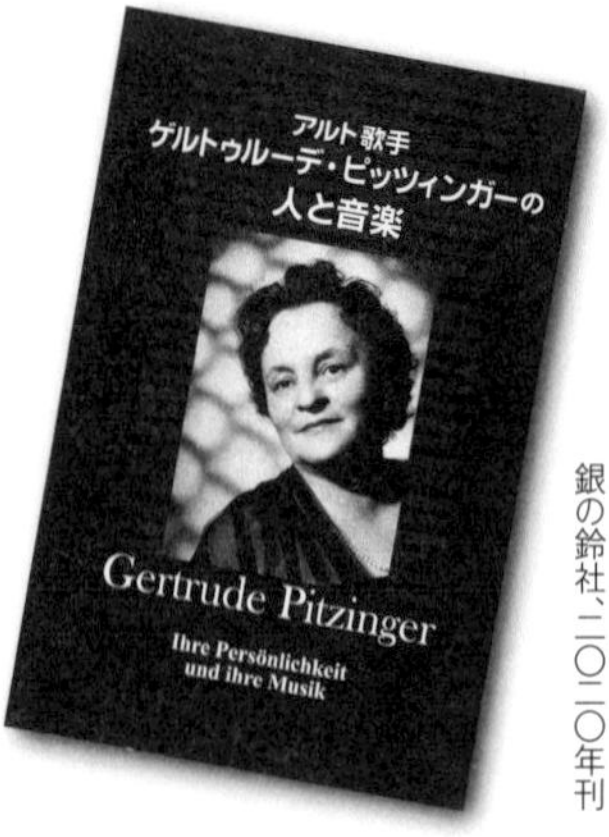

銀の鈴社、二〇二〇年刊

し、立ち居振る舞いと発言は、威厳に満ちていて、彼女を知るに従いその人柄に惹かれていきました。彼女は、誰にでも同じ態度で接し、全く飾らない包容力のある人でした。

フランクフルトには、彼女のファンクラブがあり、そのメンバーは、友人（医者、弁護士）、音楽大学の教授、彼女を慕う歌手、ピアニスト、ヴァイオリニスト、お弟子さん等でした。彼らが毎月一度、土曜日の午後、自然発生的に彼女の家に集い、お茶を楽しみ、場合によっては、ハウス・コンサートの場にもなりました。私たち（妻・娘と私）も、その集いによく招かれ、楽しい思い出に残る時間を過ごしました。

彼女は、全く音楽媒体には興味を示さず、そこに集う人々が、彼女の実況録音のテープ、ラジオでの対談等のテープ、また、レコードやCDを贈ったりしましたが、それらをほとんど聴かなかったようです。その手つかずのテープをはじめ、その他の資料全てが、彼女の死後、私に送られてきて保管しています。

フルトヴェングラーには、彼女は、尊敬と多分男性を感じてい

ピッツィンガーに指導を受ける妻の佐久子
ピアノ伴奏は娘の美保

＊86　『アルト歌手　ゲルトゥルーデ・ピッツィンガーの人と音楽』伊藤光昌編著（銀の鈴社　二〇二〇年刊）

たのでしょう。ときどき彼の話をしましたが、彼について話すときは、いつもテンションが上がっていました。

手許にある資料・記録を調べる限り、一九三五年に初めてフルトヴェングラーと共演、この時の録音は残っていないようです。録音として残っていて市販されているのは、三七年五月一日のロンドンでのジョージ六世の戴冠式で演奏されたベートーヴェンの《第九》[*87]、四二年四月一九日、ベルリンの旧フィルハーモニーで行われた〝アドルフ・ヒトラー総統誕生記念日前夜祭コンサート〟でのベートーヴェンの《第九》です。フルトヴェングラーとの共演は、いつも新しい発見と感動があり、その躍動感に圧倒されたそうです。

〝ヒトラー誕生記念日前夜祭コンサート〟での《第九》は、素晴らしい演奏であったと思います。フルトヴェングラーが鬱積するもの、怒りをぶつけているように思え、とくに第四楽章の終わりの部分の激しさと、音の密度の高さは類を見ないと思います。

なお、彼女は第三帝国との関係について話すことはありませんでした。しかし、戦後、第三帝国への協力者とみなされ、とくに〝ヒトラー誕生記念日前夜祭コンサート〟でのフルトヴェングラーとの共演は、ドイツ全土にラジオ放送されましたし、映像もありますので、戦後それにより大きな困難を味わったようです。また、録音は残っておりませんが、戦後もベルリンのシラー劇場再開の柿落しでフルトヴェングラーの指揮の下、ベートーヴェンの《第九》を歌っています。

――ピッツィンガーが歌ったレコードでほかに記憶に残っているものはありますか？

ギュンター・ラミン〔Günther Ramin：1898-1956〕との《マタイ受難曲》[*88]は、ＣＤを持っており、ときどき聴いています。

フェレンツ・フリッチャイとのモーツァルトの《レクイエム》ですが、一九五二年三月五日の実況録音が残されています。ゲルトゥルーデ・ピッツィンガー（アルト）のほか、エリーザベト・グリュンマー（ソプラノ）、ヘルムート・クレプス（テノール）、ハンス・ホッター（バス）、ＲＩＡＳ室内合唱団、聖ヘトヴィヒ大聖堂聖歌隊、ＲＩＡＳ交響楽団の演奏です。このフリッチャイとの共演は、彼女に大きな影響を与え、モーツァルトの《レクイエム》の彼女自身の歌い方を変える機会となったそうです。このときのプログラムが保管されており、それに彼女はフリッチャイの助言をメモしています。

「『ピッツィンガーさん、ベネディクトゥスの〝d〟の音にアクセントを付けないほうがよいと思

＊87　フルトヴェングラーの旧ＥＭＩおよびDG・DECCAの正規録音の全てをまとめた全集がWarnerから出ており、ピッツィンガーが歌った一九三七年の《第九》が含まれている。全集のタイトルは、「ヴィルヘルム・フルトヴェングラー　正規レコード用録音集大成　ベルリン・フィル、ウィーン・フィル、フィルハーモニア管弦楽団、他（五五枚のＣＤ）」。エリーザベト・グリュンマーが歌っている《マタイ受難曲》もこのセットに入っている。

＊88　ギュンター・ラミンがヘッセン放送交響楽団と合唱団を指揮した一九五二年三月一七日の録音。歌手は、ピッツィンガーのほか、エルンスト・ヘフリガー〔Ernst Haefliger：1919-2007〕、ゲルハルト・グレーシェル〔Gerhard Gröschel：1902-96〕、エルフリーデ・トレッチェル〔Elfriede Trötschel：1913-58〕、ヘルムート・フェーン〔Helmut Fehn：1915-93〕。ギュンター・ラミンは、一九四〇年から死の五六年まで、ライプツィヒの聖トーマス教会のカントルを務めた。J・S・バッハから数えて十二代目に当たる。カール・リヒターの師匠でもある。

いますが、そう思われませんか？』それ以来、私は彼の助言に従って歌うようになった…」

また、ピッツィンガーは、オイゲン・ヨッフム指揮のバイエルン放送交響楽団・合唱団によるハンス・プフィッツナーの《ドイツの精神について》*89（作品二八）で四人の独唱者の一人として歌っていますが、素晴らしい演奏で、よく聴く録音です。四人の独唱者は、ピッツィンガーのほかに、クララ・エーベルス〔Clara Ebers：1902-97〕、ヴァルター・ルートヴィヒ〔Walther Ludwig：1902-81〕、ハンス・ホッターーです。五二年七月一七日のミュンヘンでのライヴ録音です。

さらに、四七年の録音で東ドイツで出されたブラームスの《四つの厳粛な歌》は、これこそリート、と聴くたびに思います。ピアノはヨハネス・シュナイダー＝マールフェルス〔Johannes Schneider-Marfels：1910-67〕です。ＬＰのジャケットにはドイツ民主共和国放送局の許可〔Genehmigung des Rundfunks der DDR〕と記載されています。

――フルトヴェングラーの指揮棒をお持ちだと伺ったことがあります。どんな経緯があったのでしょうか？

東ドイツ（当時）の街ハレに、精神科医で大学教授であったカール・ペーニッツ〔Carl Pönitz〕という人がいました。彼は大の音楽愛好家で、家には多くの音楽家が集い、サロン的存在であったそうです。ピッツィンガーも出入りした一人で、カール・ペーニッツ夫妻と親しくしていました。彼女は、彼のことを“Seele der Musiklebens（音楽の魂）”と書いています。

カール・ペーニッツの死後、夫人のマルガレーテは、西独ビンゲンの施設に入り、ピッツィンガーは、彼女が亡くなるまで配慮し続けました。マルガレーテの亡くなる数ヶ月前、彼女は、夫カール・ペーニッツの大切にしていたニキシュとフルトヴェングラーの指揮棒をピッツィンガーに託し、その保管を託したのです。カール・ペーニッツは、親しくしていたアルトゥール・ニキシュおよびヴィルヘルム・フルトヴェングラーから、これらの指揮棒をそれぞれ個人的に贈られ、それに特別な思い入れがあったそうです。

一九八二年三月二四日、フランクフルトでルドルフ・ゼルキンのピアノの夕べ[*90]があり、ピッツィンガーと我々夫婦で聴きに行きました。ゼルキンのこの晩のプログラムは、ベートーヴェンの最後のソナタ三曲[*91]で、その演奏は素晴らしく、心から感動させられました。彼女も感動し涙をぬぐっていました。

＊89　《ドイツの精神について》は、ハンス・プフィッツナー［Hans Pfitzner：1869-1949］が一九二一年に作曲したアイヒェンドルフの詩による四人の独唱、合唱、管弦楽、オルガンのためのカンタータ。第一部《人間と自然》、第二部《生と歌》からなり、演奏時間は一時間半を超える。二〇〇七年一〇月三日には、「東西ドイツ統一の日」記念演奏会としてインゴ・メッツマッハー指揮のベルリン・ドイツ交響楽団で演奏された。

＊90　コンサートは旧オペラ座［Alte Oper Frankfurt］で行われた。旧オペラ座は、第二次世界大戦の最中、一九四四年に空襲で焼け落ちた。その後、美しい外観は元のまま再現し、内部はコンサートホール専用として再建された。八一年八月二八日、ミヒャエル・ギーレン指揮、フランクフルト・ムゼウム管弦楽団によるマーラーの交響曲第八番の演奏により、アルテ・オーパー［Alte Oper］の名称で開場した。

＊91　ピアノ・ソナタ第三〇番ホ長調（作品一〇九）、第三一番変イ長調（作品一一〇）、第三二番ハ短調（作品一一一）が演奏された。

ゼルキンは、彼女と同郷であり知人でもありました。演奏会後、彼を楽屋に訪ね、旧交を温めています。何回も彼女と演奏会に行きましたが、知人であっても楽屋を訪ねることはほとんどなく、我々が経験したのは、この晩のゼルキンと《冬の旅》を歌ったときのテオ・アダムだけでした。

次の日、彼女から、家に来てほしいと電話があり、彼女を訪ねたところ、アルトゥール・ニキシュとヴィルヘルム・フルトヴェングラーの指揮棒を、その経緯を彼女自身が手書きで認めた贈り状とともにいただきました。

贈り状――

親愛なる伊藤！

一九八二年三月二四日のルドルフ・ゼルキンの素晴らしいピアノ・コンサートの思い出に、貴方に二本の指揮棒を贈ります。この指揮棒は、私にとって、大学教授カール・ペーニッツ、ハレ／ザーレ〔1888-1973〕への貴重な思い出の品です。ペーニッツ教授は、ハレにおいて音楽の魂であり、多くの芸術家と親密な親交がありました（エドウィン・フィッシャー、ガスパール・カサド、ヴィルヘルム・フルトヴェングラー、その他多くの人々）。

この二本の指揮棒は、アルトゥール・ニキシュ[*92]〔1855-1922〕およびヴィルヘルム・フルトヴェングラー〔1886-1954〕よりのペーニッツ教授への個人的な贈り物でした。カール・ペーニッツの死後、その夫人マルガレーテ・ペーニッツが、私たちの長年の友好関係を記念して、私に

指揮棒（左＝フルトヴェングラー、右＝ニキシュ）と贈り状（中央）

RIAS交響楽団公演プログラムに書かれたピッツィンガーのメモ

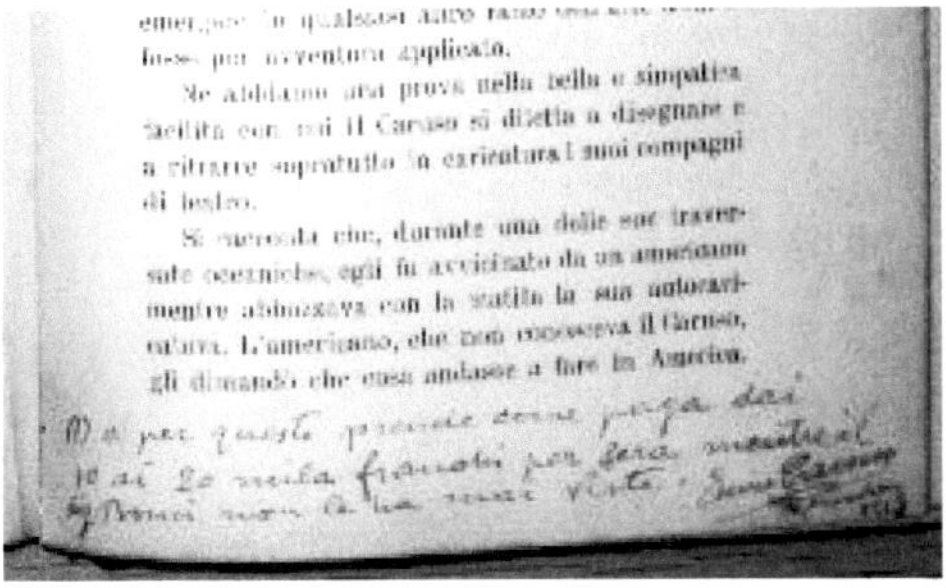

fosse per avventura applicato.

Se abbiamo una prova nella bella e simpatica facilità con cui il Caruso si dilettava a disegnare e a ritrarre soprattutto in caricatura i suoi compagni di teatro.

Si racconta che, durante una delle sue traversate oceaniche, egli fu avvicinato da un americano mentre abbozzava con la matita la sua autocaricatura. L'americano, che non conosceva il Caruso, gli domandò che cosa andasse a fare in America.

カルーソーの書き込み

この貴重な思い出の品を託したのです。

ゲルトゥルーデ・ピッツィンガー

現在、この二本の指揮棒は、彼女の贈り状を中心にして、両サイドに指揮棒を配置し、額に入れて居間にかけています。

もう一つ、ピッツィンガーから託された音楽上の遺産は、一九〇〇年代の初めにローマで出版されたと思われる“Cantati Celebri del secolo XIX”です。それは歌手事典のような本で、エンリコ・カルーソー〔Enrico Caruso : 1873-1921〕は、その二九七頁の上から一二～一三行目の“il Caruso è infriore al Bonci”（カルーソーは、ボンチよりも特別優れているわけではない）に下線を引き、余白に次の文を認めています。

“E per questoo prende come u paga dai 10 ai 20 mila faranci per sera mentre il Sig. Bonci non le ha mai viste. E Caruso XX novembre 1913”

「それ故、カルーソーは、一晩一万～二万フランケンの報酬を得ているが、ボンチ氏は、それを見たこともない。E・カルーソー　一九一三年一一月××日」

つまり、エンリコ・カルーソーは、自身の項の記述に不満で、ボンチに対する皮肉を自ら書き込んでいるのです。

＊

こんなふうに振り返ってみると、二〇世紀後半は、スターが存在し、素晴らしい演奏家が輩出された時代であったと思います。私が実際に聴いた演奏家から何人か名前を挙げると、次のようになりましょうか。

指揮者＝チェリビダッケ、アンチェル、カルロス・クライバー
ピアノ＝ミケランジェリ、ゼルキン、リヒテル、ケンプ、エリー・ナイ、バックハウス
弦楽器＝カザルス、メニューイン、フランチェスカッティ、バリリ、オイストラフ、フルニエ
歌手＝グリュンマー、スコット、テバルディ、シミオナート、ヴァルナイ、ニルソン、デル・モナコ、フィッシャー＝ディースカウ、シエピ、ホッター、テオ・アダム

それに、エラ・フィッツジェラルドの歌唱は、クラシックではありませんが、忘れられない思い出です。

＊92　アルトゥール・ニキシュ［Arthur Nikisch：1855-1922］は、現在のハンガリー出身で、主にドイツで活躍した二〇世紀初期の指揮者。一八八五年一二月三〇日、ライプツィヒ・ゲヴァントハウス管弦楽団を指揮して、ブルックナーの交響曲第七番の初演を行った。一八九五年、ライプツィヒ・ゲヴァントハウス管弦楽団とベルリン・フィルの常任指揮者に就任、亡くなるまでその任にあった。

PART III

音楽の「昨日の世界」と今日

対　　談

［ゲスト］

矢部達哉

矢部達哉（やべたつや）　1968 年生まれ。ヴァイオリニスト。
東京都交響楽団のソロ・コンサートマスター。
ソロ活動、室内楽の分野でも活躍。

1. アンチェルとチェリビダッケ

矢部　今日、いくつか伺いたいと思ったことの一つがカレル・アンチェルのことですけども、アンチェルはもちろん一流の指揮者だということは認識できていたとしても、はたして、「二〇世紀最高の指揮者」みたいな評価を下すという段になると、どうなのかなと思うんです。どれほど伊藤さんがアンチェルの指揮に感銘を受けられたのか、ほかの指揮者と比べてどういうところにアンチェルの真価を感じられたのか、すごく興味がありまして…。

僕自身、アンチェルのCDはいくつか愛聴していて、例えばドヴォルザークやスメタナ、ヤナーチェクとか、あるいはバルトークの「オケコン」とか、非常に好きです。《わが祖国》でいえば、以前、小澤征爾さんから伺ったエピソードがあります。トロント交響楽団でアンチェルを招聘したときに《わが祖国》を指揮して、それがあまりにすばらしかった、と。自分には絶対にこれを超えることはできない、一生この曲を振るのはやめよう…。そう思われて、小澤さんは結局、振らずに終わったんですね。それほど小澤さんに強烈な印象をもたらしたアンチェルという存在。もちろん僕らは生で聴いたことがないし、今の若い音楽家たちにしても恐らくその名さえ知らない人が多いんじゃないかと思うんです。

伊藤　アンチェルは、三回ほど聴きました。最初に聴いたのはベルリン・フィルのドヴォルザークの八番。そのときのことを三谷礼二も書いていますけど、とにかく音に奥行きがあって、洗練されていました。その後、七番をフランクフルト放送交響楽団で聴いて（ラジオ放送）、ますます引きこまれたんです。以来、アンチェルが創り出す音楽に非常に興味を持ちまして。音という観点から同じような表現をするチェリビダッケともども私にとって最高の指揮者だと今でも思っております。

なぜアンチェルか、他の指揮者とどうちがうのかということを批評的に言うことは難しいんですが、なにより彼がオーケストラから引き出してくる音の魅力ということに尽きます。それは一口に、直接的ではない、とでも言いましょうか。じつに洗練された音になっている。こういうときこそ洗練という言葉がふさわしいという感じです。チェリビダッケにもあてはまりますが、絶対に生《き》の音を出さない、と言いますか。

矢部　わかります。オーケストラから音を引き出すとき、無理に何かを引き出すのではなくて、そのオケの持っている自然な響きというものを壊さない、そういうスタイルをもしかしたらアンチェルは身につけていたんですね。ＣＤで聴いても、たとえばクーベリックの華やかさとか情熱とは違って、どこか落ちついた響きというか、響きの美しさというのがよく伝わってきます。やっぱりこういうところがほかの指揮者にはない、アンチェルならではの表現なのでしょうか。

伊藤　そこまで私の耳が確かかどうかおぼつかないところですが、本当に響きが違っておりました。最初のアインザッツと言いましょうか、そこからして違うんです。

矢部　三回聴かれて全部同じ印象ですか。

伊藤　同じでした。

矢部　オーケストラが違っても？　それはやっぱり生で聴かないとわからないのかもしれませんね。僕の勝手なアンチェルに対するイメージなんですが、彼が醸し出す音楽にどこか寂寥感みたいなものを感じられたことがありますか。

伊藤　ことさらにそういうふうな言葉で受けとめたことはありませんが、非常に深いな、という感じはいたしました。深さがどういう深さだか、私にはうまく言い表すことはできませんが。やはりほかの指揮者とは違った音を出してくれる、と。

矢部　僕はCDだけですけど、何かちょっと寂しげなものを感じることが多いかな、と。

伊藤　それは彼の不幸な生い立ちからしてあり得ることだと思います。あんな不幸な人はいないのではないでしょうか。両親をはじめ家族をみな殺されて、彼だけが偶然に生き残ったわけですから。

矢部　チェリビダッケのコンサートもかなりたくさん聴かれていますね。

伊藤　多分五〇回以上聴いていると思います。これ、当時のプログラムです（袋から取り出す）。

矢部　うわーっすごい量ですね。ミュンヘン・フィル、シュトゥットガルト放送響、スウェーデン放送響……どんなオーケストラでもチェリビダッケの音でしたか？

伊藤　ええ、もちろん。

矢部　僕は一度だけサントリーホールでブルックナーを聴いたことがあるんです。二十代はじめの頃で、まだいろんなものを聴いていなかったので、どうこう言えるような立場ではないんですが、ほかのオーケストラとは明らかに響きが違うのはわかりました。響きが正面からではなくて、全部ステージの上の方から来るんです。きれいな倍音が漂っていて、それが全体を包むっていう感じかなあ。それまで聴いてきたアメリカのオケの、会場が爆発しちゃうんじゃないかというくらいの爆音でもなければ、ウィーンとかベルリンのいわゆる豊潤な響きというのとも違って、澄み切った倍音がずっと鳴っている。それは恐らくチェリビダッケにしかできなかったんだろうと思うんですけど、まさに鮮烈な記憶として残っています。それにしても、こうした音を実際にこれだけたくさん聴かれたというのは、本当に羨ましいとしか言えないところです。

伊藤　チェリビダッケが創り上げる音楽というのは、いわゆる室内楽的な緻密なアンサンブルで築かれていた、と私は思うんです。一つ一つの音が明快に聞こえてくる、いや、それぞれの音が生きているといったほうがよいかもしれません。こうした音がどのようにして生まれてくるのか、計り知れないところがありますが。

矢部　弦楽器の奏法でいくと、ベルリン・フィルでブルックナーの七番をやっているリハーサルがあるけど、その練習法がきわめて徹底しているんですね。例えば、弓を押さえつけてはならないとか、あるいはトレモロによって響きが汚くならないようにとか、口を酸っぱくして何回も何回もやらせる。団員はみな鬱陶しがって、イライラしてガムを噛んだり、溜息ついたりしているけれど、お構いなしにずーっと続ける。指揮者のそうした要求をどこまで本番で具現化できたかどうかわからないんですけどもね。僕もその中に入って一度は経験してみたかったという気がします（笑）。

伊藤　チェリビダッケがブルックナーをどう振るのか、その一端が見えて面白かったですね。カラヤンを全部ぬぐい去りなさいとばかり、強烈な印象ですが。

矢部　一回のコンサートではちょっと実現できないのかもしれません。ただ、ベルリン・フィル自体、あれだけの響きを発するには弓を目一杯使って一生懸命弾いている印象があるようですが、近くで見ると弓は軽くあててるだけなんです。けして弓を押さえつけるようにはしていない。ベルリン・フィルでコンチェルトを弾いた人から聞いたんですけど、バックでものすごい音がしていても、自分の音は消されないんだ、と。倍音で包まれるからだというんですね。

伊藤　もうひとつ、これだけ聴いてきてかなり後になってわかったことですが、チェリビダッケの真骨頂は、なんといってもピアニッシモの表現にあると思います。ピアニッシモがあまりにもピアニッシモで美しいものだから、フォルテの音量がさほどなくてもフォルテに聞こえる。しかも、曲の最初から最後まで、ダイナミックの起伏も含めて、自然な流れの中に収まっているんです。

矢部　ハインリヒ・シェンカーという音楽理論家の考えなんですが、おおざっぱに言って、曲の最初から最後まで一貫性（統一性）ということが大事だ、と。フルトヴェングラーもそこから影響を受けて、チェリビダッケに受け継がれていった考え方らしいんですが、チェリビダッケも音楽の流れをずっと尊重して、余計なことは一切しないタイプの指揮者だったんですね。恣意的にどこかのパートを強調したり、極端なダイナミズムで対比を打ち出したりするんじゃなくて、曲が始まったら最後までずっと一つのラインでつながっていくような。

伊藤　そういうふうに言われているんですか。音楽の流れの点では、たしかにブルックナーなど定評がありますが、そこはやはりテンポの取り方も左右してくるわけです。自然な流れに身を置く。そうした点では、フランスもの、《ダフニスとクロエ》とか《ラ・ヴァルス》とかもよかったんですが、圧巻はなんと言っても《ボレロ》でしょうか。ミュンヘンで聴いた《ボレロ》には度肝を抜かれました。あの終わり方。クライマックスから急転直下、バア～ンと落ちるでしょ。その落ち方が本当に絶妙だった。一瞬、会場が静まりかえってしまった。

矢部　聴衆も茫然として…。想像できますね。

伊藤　彼はよくこの曲をアンコールでやったんです。

矢部　そのつどやっぱり遅目のテンポで？

伊藤　最初はそれほどでもなかったんですが、だんだん遅くなっていったような気がします。ちょっと、ミュンヘン・フィルとの一九九四年五月一四日（ケルン）のライヴ映像を見てみましょうか。チェリビダッケ晩年の映像です。

冒頭の小太鼓がリズムを刻む所からして、いつもの聞こえるか聞こえないかの最弱音…。テンポも極端におそい。ブルックナーにしても最晩年のチェリビダッケは、私が向こうで最初に聴いていたころの一・五倍かかっていました。要するに、全部の音がきちんと聞こえるような響きを保持しようとしたら、どうしても長くなるということらしいんです。

矢部　でも、止まりそうな遅さではない。流れがずっと保たれる遅さといいますか。

伊藤　テンポが遅いと、管の人は大変でしょうね。

矢部　うーん。でも、フルートとトロンボーン以外はあんまりプレッシャーかからないんです。

（アタマから四～五分して）今、ここまで聴いただけでも、他の演奏と全然違うのは、拍を刻んで音楽は進んでいくけど、それは単に物理的な時間じゃないんです。タイムレスっていう言葉がいいのかわからないけど、時を刻むという感じはしません。

指揮者というのは、アンサンブルを整える役割というふうにみんな思っていますよね。人数が多いから、アンサンブルが崩れないためにそこにいるというふうに。実際そのとおりなんですけども、彼の場合、みんなで正しい時間をしますっていうことではなくて、音によって時間が流れているという、その縦の線をなくしているんです。つまり横に働く音空間を築くようにしている。

伊藤　縦の線をなくす？

矢部　はい。拍節を小太鼓や各楽器が刻んでいるようで、縦にとらわれずにずっと横にこうやって広がっていく感じ。そうすると、私たちの生活では、一秒、二秒、三秒といった具合に物理的な時間の刻みで暮らしていますが、音楽の場合、できるだけ小節線はなくしたほうが自然な流れになるけれど、メロディのラインというのは譜面どおりにカウントできる形には収まらないんです。そこを、極限まで空間性を出したのがチェリビダッケじゃないかというふうに思っているんですけど。

伊藤　なるほど。

矢部　ほとんどの指揮者は時間です。トスカニーニにしても、ハンガリー系のショルティもセルもライナーにしてもそうですし、日本の指揮者でも、ほとんどはそうだと思うんですけどね。カラヤンの場合は空間性ということではなくて、旋律のラインが横に美しくずっと連なっていく感じかな。

以前、ジャン・フルネさんの指揮で数え切れないぐらいフランス音楽をやりましたけども、この感覚に近いんです。彼は指揮台に立って、少し鼻が悪いのか、鼻息が聞こえるんですけど、誰ともリンクしないくらいそれがゆっくりになっている。ということは生きている時間が違うんです。彼の感じるものが全部ゆっくりに見えるし、全てがスローなんです。だけど、それが彼にとっては心地のいいもので、そこにこうやってみんなが合わせていくと、自分たちではちょっと経験したことのないような時間の流れになっていく。チェリビダッケの空間性とは違うかもしれないけど、経験したことのないような時間の進み方をする。それはふだんの生活では感じ得ないっていうようなことなので、聴衆が惹かれるというのも、そういうところなんじゃないかと思います。経験したことのない時間の進み方というような。

伊藤　特異な音楽的時間のありかたですね。それがチェリビダッケの場合、遅めのテンポを取る。

矢部　必然的に遅くなる。でも、一つ一つの音の中に空間が含まれていますよね。

2. コンダクターシップの風景

矢部　カラヤンも随分たくさん聴かれたようですね。

伊藤　聴きました。なんと言ってもカラヤンはすぐれた指揮者であったとは思うんですけれども、音の効果のほうに重きをおいていたという気がします。

矢部　おそらくベートーヴェンとかブラームスとかチャイコフスキーのシンフォニーをやるときは、リハーサルなんかもそこそこに、いつものレパートリーとしてこなしていたんじゃないかと思うんです。曲全部を通したりはせず、要所のみを断片的に確認してお仕舞い、あとは本番っていう感じだったんじゃないか、と。彼が本当に心血を注いだというか、本当に気持ちを込めてやったもののライヴとかは出来は違ったんじゃないかと、僕には思われるんですが。例えばマーラーのシンフォニーとかを生で聴いたらさぞ素晴らしかったんじゃないか、あるいは時間をかけてやるオペラとか。

伊藤　カラヤンのオペラはよかったですよ。一九六四年、ベルリンのドイチェ・オーパーの《イル・トロヴァトーレ》、あれは極上の出来でした。それと六五年、ザルツブルク音楽祭の《ボリス・ゴドゥノフ》も。

矢部　《ボリス》は、ニコライ・ギャウロフ（ボリス）のですよね。オペラは時間がかかるから、カラヤンのやりたいことが隅々まで見えてくる。しかも、僕が生まれる前の、伝説的な公演だったというふうに思っていて、これを当地で聴いた人が現にいるということにあらためて驚きと羨ましさを感じます。

　実は運のいいことに僕、カラヤンのリハーサルをわりとたくさん見せてもらったんです。ブラームスの一番とかチャイコフスキーの《悲愴》とか、もう晩年だったからオーケストラに弾くに任せて、あんまりエゴを出さないんですよ。ブラームスも第一楽章は割愛して第二楽章から始める。そのリハで出た最初の音っていうのはとうてい忘れられないというか、それ以後、僕はあれよりすばらしいオケの音を聴いたことがないっていう感じがするんです。

伊藤　カラヤン&ベルリン・フィルがフランクフルトに来てやったブラームスの交響曲第三番は強く印象に残っています。一九八五年です。

矢部　僕も八八年、ベルリンで聴きました。彼が人生で最後に振ったブラームスの三番と四番でした。それはそうとカラヤンとバックハウスの共演も聴いておられますね。
伊藤　ブラームスのピアノ協奏曲第二番。一九六四年、ウィーンのムジークフェラインで。
矢部　夢の共演。さぞかし素晴らしかったでしょう。
伊藤　これはディスクにもなっています。
矢部　カラヤンが世界で一番有名な指揮者だというのはいまだに揺るがないと思うんですけど、評論家の皆さんとかはあんまり評価したがらないですよね。どうしてなんだろう。有名すぎて矛先が向かないんでしょうか。
伊藤　カラヤンはたしかに素晴らしい指揮者でした。迫力と心地よさと。けれども、超一流だったのかなという気はしますが。
矢部　ときどき彼のベートーヴェンとかブラームスのシンフォニーとかをCDで聴くと、つまんないことをやっているなっていう感じがあって。ベルリン・フィルも、なんというか、レコーディングではちょっと気の抜けたような弾き方をしていると思うときもありますが。
伊藤　あらためて指揮者の存在が問われますね。
矢部　実は、指揮者なしのベートーヴェンの交響曲全曲シリーズという企画をつづけて来ておりまして、去年の一一月が《第九》だったんです（トリトン晴れた海のオーケストラ第一〇回演奏会ベートーヴェン・チクルスV「第九」）。演奏にあたって、とにかくどんな指揮者のものも参考にせずにやろうと決めていたんですけども、フルトヴェングラーだけは聴いておこうとしたんです。もう今の若い人は顧みることもないと思うんですけど、やっぱり僕にとってはこれが一番心を打つベートーヴェンだなというのは変わりがなくて、ファッションとかスタイルとか時代の流行なんかに左右されない、人間の欲する一番核の部分をつかんでいる気がしたんですね。例えば、六〇年代と現在では、ヘアスタイルだって、眼鏡だって、服装だって違うじゃないですか。だけど、その時代の人、あるいはもっと前の例えば日本でいうと、ちょんまげの時代、ひらひらの貴族衣装の時代にしても人間としての心というか（ごめんなさい、こんな例で）、悲しいと感じる心とかうれしいと感じる心とか、あるいは高貴な心、卑しい心とか、全部含めて人間は変わりがないというふうに僕は思っているんです。

フルトヴェングラーの音楽というのは、今の若い人が聴いたら笑っちゃうのかもしれないけど、僕は心の一番深いところを掴んでいるような気がするんです。他方、カラヤンのレガートな、ああいうきれいなスタイルにも魅せられてしまうんですけども、人によっては、ただ表面だけきれいに整えているんでしょって言われても仕方ないだろうな、と。

伊藤　私が大変親しくしていた往年の名歌手ゲルトゥルーデ・ピッツィンガーさんはフルトヴェングラーのもとで何回も歌ってレコードも出ていますが、フルトヴェングラーとの共演はそのつど新鮮に感じていたとよく言っていました。

彼女は、音楽の話題の時、しばしば「spontan（シュポンターン）」という言葉を使っていました。刹那的という意味もありますけど、「その場ですっと出てくる」ということらしいんです。つまり、自発的ということになるかと思いますが、こうした言い方は、ヨーロッパの音楽通がよく使うようですけども、多分、最大の褒め言葉なのかもしれませんね。

矢部　そのつど湧き起こってくるスポンテイニアスの衝動、そこで新しく何かが生まれるということですね。いい意味での即興性っていうんでしょうか。何か恣意的に思いついたことをやるんじゃない。揺るぎのない根幹の部分では自分の作曲家への共感というか、そういう解釈があって、それをもとに、その場で生まれた新しいものを出してくるっていうことなんじゃないか、と。だから、多分、それは速い遅いとか、大きい小さいとか、長い短いの世界じゃないんですよね。そういう表面のテクニックではなくて、もっと人間の根源的な心を震わせるような違いが出せたんじゃないかと僕は想像しているんです。少なくとも僕自身《第九》を百回くらい弾いてきたので、今回、仲間と一緒にやるとき、とにかく今この曲を初めて見るつもりでやってほしいとみんなに言うんです。今までやってきたことを全て忘れるのは無理かもしれないけど…。

伊藤　そうでしたか。既成観念をなくして取り組むのは、さぞかし新鮮でしょうね。

矢部　一度アタマを真っ白にしてみると、楽譜の読みも違ってきます。ベートーヴェンはここをこういうふうに書いていたんだなと、新たに気づくんです。それをみんなで共有してやることで、楽譜はたんなる記号ではなくなって、ベートーヴェンがこの音を書いたときにどういう気持ちだったんだろうとか、あるいは色でいうと、どういう色を出したかったんだろうということを考える。実際、コンサートのプレイバックを聴いても自分たちの思いの七割ぐらいのことは達成できたんじゃないかと。ことさらフルトヴェングラーの模倣を目指したわけでもないんだけど、何か新しいもの、今までやってきたことにとらわれない気持ちだけは、ちょっとこだわってやってみたっていうのがあります。

伊藤　実際に聴く機会はありませんでしたが、たしかにフルトヴェングラーは偉大でした。彼がベルリン・フィルやウィーン・フィルからどんな音を引き出すか、それはもちろん指揮者の力量ということになるんでしょうけれど、当のオーケストラの特性というか、個性というか、資質というのもあります。たとえば、クリーヴランド管弦楽団。ジョージ・セルが率いていた輝かしい時代の音、アメリカの素晴らしいオケの一つの典型でした。

矢部　このオーケストラ、その時代に生で聴いてみたかったなあ。僕もセル＆クリーヴランドは好きなんですけど、セル＆クリーヴランドのCDを聴くときに、恐らく西洋音楽史の中でここまで緻密なアンサンブルをしたオケってないんだろうな、という感想をいつももっています。アンサンブルということに関してだけで言えば、六〇年代のクリーヴランド以上のものは後世に見あたらないと思うんです。だから、これがオーケストラの極致だと言われたら、僕はもう納得せざるを得ないんですけどね。

伊藤　ヨーロッパで聴くと、響きは異質なんです。同じホールで聴くからわかるんですが、たまたまベルリン・フィルをすぐ後に聴いたんです、サヴァリッシュ指揮とハイティンク指揮とで（一九六五年）。どちらともオーケストラとしては一流だと思いますけど、響きがちょっと違ってた。説得力はありましたが。

矢部　レコードで聴く限り、セルの時代は僕もそうだと思います。響きの点で言えば、どちらかといえば硬めというか、均一性というんでしょうか、フルートもオーボエもクラリネットもファゴットもみんな同じような音を出す。一糸乱れぬという感じのイメージなんですけどね。

伊藤　そうですね。精巧なアンサンブルにもかかわらず、音楽が冷たくならない、と私には思えました。でも、異質なんですよ。中音域から低音にかけて、ヨーロッパのオーケストラの土台がしっかりした響きとは別物でした。その後、マゼールが監督に就きました。フランクフルトにやってきて、音をきちっと鳴らすことはできても、どこか物足りない印象でした。

矢部　さっきもお話ししたように、僕のことを最近、指揮者なしオケの専門家のように見ている人が多いんですけど、僕にとってオーケストラというのはあくまで指揮者しだいだと思っているんです。指揮者がひどかったら、オーケストラのほうで何とかしろよっていうふうにもよく言われてしまいますが。

伊藤　そんなこと、できませんよね。

矢部　アンサンブルを整えることぐらいはできます。それ以上のことになると、やっぱり指揮者なしでは無理です。僕が試みているのはチェンバー・オーケストラの規模だからできることであって、フルのオーケストラで指揮者を無視して音楽的につくり上げようとするのはとうてい無理な話なんですね。それこそ勢いをつけてみんなでがーっと、指揮棒と無関係に行っちゃうことはできるけれど、いい音楽だとは言えないわけです。そういえば、セルはリハーサルを見ていても、こういうふうなリハだったらオケも上手になるという感じはすごくします。ベームとかはそういう感じはしませんが。

伊藤　セルはどんな厳しさなんですか。

矢部　口数は少ないけれど、短い言葉での指示は的を射ていて、フレージングの要求にしてもレヴェルが二段、三段高いところにあるんです。あとはテンポとかリズムの感覚が並外れているから、ハンガリーの人の特徴なのかなあ、リズムのバネとかがあって、それをみんなの心に植えつけながら仕上げていくのがすごく得意です。みんなが同時に同じようなパルスを感じながら弾けるというような。この時代のクリーヴランドを超えるオーケストラっていうのは、僕は技術的な意味ではちょっと考えられません。ほかに、ショルティやハイティンクはいかがでしたか。

伊藤　レコードのショルティの《リング》は傑作だと思うんですが、演奏会はフランクフルトで何回も聴いたけれども、ピンとこなかったですね。

矢部　弦楽器の扱いが雑なのかもしれません。ショルティのことで最近すごいなと思うのは、ワーグナーのオペラとかで、うわーっと広がるところを少しコンパクトに凝縮して一つの方向に向かわせることができたところなんです。ともあれ一九五〇年代から六〇年代にかけてのウィーン・フィルとかを使ってそういうことをできたのはすごい手腕ですね。でも、ウィーン・フィルの楽員たちはこの人を嫌っていたということです。晩年は厚遇しましたけど。

ライナー（在任、一九五三〜）、マルティノン（六三〜）、ショルティ（六九〜）率いるシカゴ響もアメリカでトップって言われてきましたけど、金管を聴いているととてつもなくうますぎて、明らかにトップだなと思うんだけど、よく聴くと木管の音色もよくないし、弦楽器のアンサンブルもあまりよくないんです。だけど、あの金管のすごさでみんな圧倒されちゃうのかな。

伊藤　指揮者とオーケストラの相性のようなものがあるとしたら、それは指揮者の個性に関わってくるものなのでしょうか。オーケストラの内部におられて、いかがですか。

矢部　五年ほど前、ベルリン・フィルの中でひときわ口うるさい楽員たちと飲んだことがあるんですよ。酒盛りの席ですから、みんな言いたい放題。で、案の定、ありとあらゆる指揮者の悪口を吐いてたんですが、ある楽員が「でもね、ハイティンクが振るときはいい音がするんだよ」と。ハイティンクはもう晩年でしたけれど、彼のことだけは悪く言わなかったんです。ハイティンクは個性派というより、究極の中庸路線にあるタイプの指揮者のような気がするんですね。そういう意味では、アンチェルも僕にはそのように見えるんですが。

伊藤　中庸という意味は私にはよくわかりませんが、私の好みからすると、ズデニェク・マーツァルが卓越していました。

矢部　実は、うちの妻がソリスト（澤畑恵美、ソプラノ）で、チェコ・フィルで《第九》をやったときに彼が指揮で、すごくよかったって言うんです。あまりいい楽器は使っていないんだけど、チェコ・フィルってすごくいい音がすると言ってました。

伊藤　マーツァルはよくフランクフルトにやって来ていました。当地のオケを振って、とくにチャイコフスキーの《五番》（一九八二年）など、印象に残っています。思い出深いのは、フランチェスカッティと共演したコンチェルトの夕べ（一九七四年）ですね。フランチェスカッティはほぼ二年おきぐらいにフランクフルトに来ていて、随分聴きました。

矢部　僕もフランチェスカッティは大好きなんです。来日したことがないせいか、日本ではあまり評価されていないような気がします。当時のレコード評でも、音がきれいなだけだというような紋切り型の言い方しかなされていませんでしたが、フランチェスカッティの音は唯一無二ですよね、ほかに比べる人がいないような艶《つや》やかさと言いますか。

伊藤　こういう表現が正しいかどうかわからないけど、非常に色っぽい音楽をする人でした。

矢部　そう、色っぽい、官能的なまでに。彼が使っていた楽器を今はアッカルドが持っていて、アッカルドが日本に来たときに僕の友人がそれを弾かせてもらったところ、とてつもない楽器だったと。で、その前はフランチェスカッティが使っていたとのことで、びっくり。友人もストラドを使っているんですけど、ずばぬけてレヴェルが違っていたと言ってました。

伊藤　とにかく美しい音ですね、レコードで聴いても。

矢部　ちょっとシリアスな感じがしないんですよ、音楽が。常にいつも明るい、いい音で。例えばブラームス、ベートーヴェンにふさわしいところは全然ない。感覚的な喜びと言いますか、何ていい音なんだろうって聴き続けられるのがフランチェスカッティでしょうね。

伊藤　音楽祭もいろいろ聴きましたけど、やはりバイロイトは秀逸でした。ソリストはもちろん、オーケストラもいい。とにかく合唱のすばらしさです。

矢部　リストを見せていただいた中で、僕がやっぱり注目するのはカルロス・クライバーですが、《トリスタン》はいかがでしたか。

伊藤　バイロイトのときにはさほど印象がないんです。だけど、最初にシュトゥットガルトで聴いた《トリスタン》は本当にすごかった。一九六九年です。父の友人から電話が来て、チケットが入手できたから行こう、と誘われて。ヴィーラント・ワーグナー演出、トリスタンにヴォルフガング・ヴィントガッセン、イゾルデにイギリス人のイングリッド・ビョーナー、素晴らしい歌い手でした。

矢部　クライバーは《ばらの騎士》しか聴いたことがないんですけど、一九九四年の日本公演で僕は二度聴いて、それはもう間違いなく人生で聴いたオペラの最高のものでした。最終日に、クライバー自ら感極まって涙を流して「私はもうオペラを振りません」と。最後のオペラ公演だったんですね。そういうこともあって、バイロイトのクライバーがどれほどすばらしかっただろうと想像するばかりですが。クライバー以外に、例えばベームとかクナッパーツブッシュとか。

伊藤　クナッパーツブッシュは聴く機会がありませんでした。ベームは随分聴きました。ベームは私は必ずしも好きな指揮者じゃなかったですけども、一九七〇年のバイロイトでの《トリスタン》はすごかった。ビルギット・ニルソンのすさまじい歌唱。それと、ヨッフムが振った《パルジファル》（七一年）でしょうか。

矢部　《マイスタージンガー》でよかった指揮者は？

伊藤　何回も聴いていますが、とくに二〇〇六年九月三日のフランクフルトの《マイスタージンガー》でしょうか。ローランド・ベール指揮、クリストフ・ネル演出。非常にモダンで、すっきりとした演出でした。指揮者で言えば、やはり、オトマール・スウィトナーでしょうか。彼のオペラはとてもよかったと思います。特に東ベルリンでずっと振っていたころのスウィトナーには大いに好感がもてました。

矢部　バイロイトでブーレーズのとき、オケの響きは変わりましたか。
伊藤　私はどうも好きになれませんで…。
矢部　そうですか。CDだとものすごくクリアで、ハーモニーがよく響いて、いい感じなんですけど、やっぱりドイツの音じゃないという感じですか。
伊藤　そこまで私にはわかりませんけど、どこか分析的になっていて、これがワーグナーか、なんて思いながら聴いてました。
矢部　演出が物議を醸したっていうパトリス・シェローの舞台は？　演出が音楽に及ぼす影響とか。
伊藤　私はあまり演出というのに対してはとやかく言うことはないんです、演奏がよければそれで満足なので。
矢部　そういえば、演出の話題は伊藤さんの鑑賞歴にもあまり出てきませんが、たしか三谷礼二氏の実際の舞台はご覧になっていなかったんでしたっけ。
伊藤　三谷さんが活躍していた頃は、残念ながらドイツ生活が続いていて、舞台を見る機会はなく、もっぱら風の便りで彼の活躍を見守っていたんです。惜しいことをしました。
矢部　僕は一度だけお話しさせていただいたんですが、三谷さんは誰に対しても敬語で話すような方だったんじゃないですか。
伊藤　そうです。
矢部　やっぱり。そのとき、僕は二二歳でしたけども、何々ですか、ああそうですかっていう感じで話してくださったんです。丁寧な方だな、と。それはそうと、《バタフライ》の演出、僕は当時オペラなんてよく知らなかったんですけど、本当に衝撃を受けました。心に突き刺さるような、いまだに忘れられないすごい演出でした。

伊藤　敬語もさることながら、日本語を非常に大切にしていた方でした。それは話しぶりもそうですし、読書量と知識量、語彙の豊富さ、なにより対象《もの》を見る目の確かさ、それが彼独自の批評精神にまで高まっていったんだと思います。

矢部　そうですか。《バタフライ》の演出に関しては、フィンランドではかなりブーイングが出ていて、だけど、いっぽう圧倒的に支持する声もあって、にわかに困惑した記憶があります。それまでブラボーとブーが交差する場面に遭遇したことがなかったので。いまだに忘れ得ぬ経験になっていますが、そんな中でも三谷さんは泰然自若といった風情で、当たり前のこととして静かに受け入れていらしたのを覚えています。

伊藤　三谷さんは若い時代にいいものを世界中でたくさん見聞し、吸収してきたんです。ドイツでは私も一緒にオペラを見て回っておりましたが。足繁く通っているうちに気づいたことは、私がこれはいい舞台だなと思っても必ずブーが出るんです。その表明は、批判かも知れないし、物足りなさかもしれない。しかし、拒否ではないんです。よくよく考えてみると、およそ意欲的な演出や舞台というものは、だんだんそれが本物へと熟していくものなんだな、それを聴衆と共有してつくりあげていくものなんだな、そう思うようになったんです。ですから、聴衆がこぞってブラボーって叫ぶときは私はあまり信用しないことにしております（笑）。

矢部　そうですよね。フランツ・コンヴィチュニーという指揮者が昔いまして、ご子息のペーターが有名な演出家なんですね。で、彼の演出で僕は二度ほどピットで弾いたことがあるんですけど、僕の席からはステージは見えない、何が行われているかは見えないんですけど、二回ともすさまじいブーイングでした、それはもう驚くほど。自分たちの演奏も否定されたんじゃないかと思うぐらいの強烈なブーイングで、あれはちょっとショックでしたけどもね。

伊藤　演目は？

矢部　《サロメ》と《アイーダ》です。

伊藤　彼はいい演出家でした。フランクフルトで私は二度ぐらい彼の演出した舞台を見ています。

3. 歌姫と頭声

矢部　伊藤さんは往年の名歌手もたくさんお聴きになってこられましたね。なかでもご贔屓はエリーザベト・グリュンマーということですが、見事な頭声《コプフシュティンメ》による洗練された歌唱を誇っていた、とか。僕もグリュンマーの名前は聞いたことはあって、CDですけど、カイルベルトの《魔弾の射手》とか、あるいはカラヤンの《ヘンゼルとグレーテル》に、シュヴァルツコップと並んで登場しますよね。この頭声というのは、グリュンマーならではの特質だったのでしょうか。

伊藤　向こうの歌手はおおかた頭声をマスターしていたと思うんですが、本当に頭声で歌えたかというと、厳密にはそうじゃないと思います。グリュンマーが亡くなったとき、シュヴァルツコップがテレビのインタビューで、グリュンマーのことを褒めてこう言ったんです、「グリュンマーは完璧に頭声を習得していた」。

矢部　オーケストラがぐわーっと鳴っていても、グリュンマーの声だけが突き抜けて聞こえてきた……。伊藤さんはそうおっしゃっていますが［一六三頁］、すごく印象に残っているんです。それって何だろうと思って。一応、妻が歌手なものですから、頭声とか胸声とかについてちょっと訊いてみたんですけど、妻いわく、体のいろんなところが共鳴した上で頭上をつきぬけて響くようなもの、と。知り合いの歌手からは別の観点から、その歌手が持っている独自の周波数に関わっている、とも。それが天性のものなのか後天的に身につけるのかわからないけど、そういう声の持ち主は体の小さな歌手でもオーケストラに匹敵するくらいの響きが出せる、と。

伊藤　うまく説明できないんですが、お腹から出すようにして発声し、それが頭部の共鳴をともなって、上方へ響き、頭の後ろから出ていく。そして、ホールの一番後ろまで声が透るわけです。

矢部　ということは、グリュンマーだけが特別その技術を極めたというのではないんですね。

伊藤　歌手ならだれでもそうしていると思いますが、彼女はもう天性で出来ていたから、人に教えることはできなかったんでしょう。とにかく、彼女はステージのどの位置にいてもすべての発声がクリアに聞こえました。《タンホイザー》第三幕のところなど、今でも鮮明に思い出されます。

矢部　このお話で思い出したことがあるんです。クライスラーのリサイタル、ロンドンのロイヤル・フェスティヴァル・ホールでのこと。ここはあまり響かないホールということでしたが、クライスラーの音だけは最後尾の席までよく聞こえてきた、と。だから、ヴァイオリンにも頭声というものがあるとしたら、クライスラーのような音というのもそうなのかなと思ったんですけどね。伊藤さんは、優れた声楽家ばかりでなく、よく訓練されたオーケストラの響きを頭声のメカニズムに結びつけて演奏の善し悪しを語っておられますが。

伊藤　これは間違っているかもしれませんが、歌にかぎらず、最近の演奏を聴いていると、音をすべて直接的に鳴り響かせているような印象があるんです。オーケストラにも頭声があると思います。前にも言いましたように、それが出来た指揮者は、私が聴いた限り、チェリビダッケとアンチェルしかいないと思っています。

矢部　それはオケに対する技術の要求ですか？

伊藤　指揮者の要求と、それに応えられる技術だと思います。だから、それが出来るまでは、私にはほとんどその差がわからないんですが、二〇分も三〇分もかけて繰り返し、その響きを確かめているんです。

矢部　オケにも頭声があるというご指摘はきわめて示唆的です。

伊藤　声楽以外に頭声ということばを当てはめる場合、私は「洗練度」という言葉に置き換えてもよいと思います。洗練された響き。

矢部　なるほど、頭声の応用範囲が拡がります。

伊藤　もともと私は頭声ということに関心があったんです。オペラ歌手のハンネス・リヒラートはボイストレーナーを兼ねておりまして、この方は頭声ということを非常に大切にしていて、A《アー》の音を発声させただけで、体のどこに不必要な力が入っているか、すぐにわかるんです。発声させなががら体にさわって、力の入っている部分の力を抜きなさいというような方法でやっていくわけです。そうすると、力みのない自然な発声ができるようになっていきます。

矢部　とはいっても、そうしたボイストレーニングをやっても頭声というのはなかなか身に付かないものなんでしょうね。

伊藤　よくピッツィンガーのレッスンを覗かせて貰ったのですが、ご自身が特に苦労して獲得したものでなく、生来のものだったんです。だから、声楽の基礎が出来ていない人が習っても、具体的に教えられないので意味がないと思いました。

矢部　そうなんでしょうね、基礎をきちんとマスターしてからでないと。ピッツィンガー先生の指導法というのはどんなでした？

伊藤　レッスンではよく「リーニエ・ハルテン（線を保って）」と言ってました。生徒が歌うそばから、ハルテン、ハルテンといっしょになって注意を喚起してました。一本の線を描くように、しかも丁寧に歌うことが大事なんです。ふつうに歌うと音符間に隙間が出来てしまうけど、先生は一本の線を意識させて丁寧に音楽をつくりあげていくんです。

矢部　そこに頭声が絡んでくるわけですね。

伊藤　歌い手は自分の身体を共鳴させて音を出しますから。

矢部　スペインの歌手でモンセラート・カバリェとか、イタリア系のソプラノ歌手とかとくらべて、響きが違うのでしょうか。

伊藤　違うと思います。イタリアですば抜けていたのはジュリエッタ・シミオナートです。あと、ドイツ人ですけれどもクリスタ・ルートヴィヒ。彼女たちも徹底的に頭声を習得していたと思います。だから、どんなところでも声が通る。

矢部　ジェシー・ノーマンの声、伊藤さんはさほど感銘を受けなかったみたいなことをおっしゃっていますが。

伊藤　声じたいはすばらしいと思うけれど。

矢部　僕は一緒に音を出した歌手の中でジェシー・ノーマンはちょっと別格だったんじゃないかと思うんです。彼女の声は頭でも胸でもなく、あたかも体全部がスピーカーみたいになっていた。僕はピットで弾いていたんですが、それはちょっと唯一無二といっていい声だった。ただ、オペラでどんな役ができるかというと限られてくるとは思うんですけどね。

伊藤　そうでしたか。曲目は？

矢部　ストラヴィンスキーの《エディプス王》です。リハーサルからずっといて、その後、レコーディングも一緒にやりました。テノールはフィリップ・ラングリッジでしたが、レコーディングのときはそのためだけにペーター・シュライアーが来たんです。僕はときどき客席に座って、二人が練習するのを聴いていたんですけどね。やっぱりジェシー・ノーマンだと、ホール全体が鳴るっていう感じがしたんです。

伊藤　それは私も同感です。本当に声はすごかった。でも、あの声だけで、いいんです。フランクフルトに来て、彼女は歌曲をよく歌いました。シューベルト、シューマン、シュトラウス。でも、なんかこれは違っていた気がします。

矢部　伊藤さんが違うっておっしゃるのは想像がつくんですけども、《四つの最後の歌》を生で聴いたら、すごかったんじゃないでしょうか。いわゆるドイツ風の響きではないかもしれませんが。

伊藤　それは素晴らしいでしょうね。

矢部　カラヤンが最晩年にザルツブルクで振った《トリスタン》の映像があるんです。その「愛の死」の最後のシーンでカラヤンを映しているんですが、カラヤンが涙を流さんばかりの表情になっていて、ああここはジェシー・ノーマンの声に完膚なきまでに心を奪われているんだな、と。最近まで気がつかなかったんですが、見直してみたら、カラヤンの本当に感極まる様が見えて感動しました。そういえば、ジェシー・ノーマンはアルバン・ベルクの歌曲もピエール・ブーレーズ＆ロンドン・シンフォニーで歌っていますね。

伊藤　彼女はよくベルクを歌いました。フランクフルトでもベルクが必ずプログラムに入っていました。

矢部　もう一人、別の意味で僕が感銘を受けたのは、若くして引退しちゃいましたけど、バーバラ・ボニー。

伊藤　いいですね。

矢部　バーバラ・ボニーは僕、すごく好きなんです。昔の偉大な歌手を知っている方からしたら、どうも物足りない、かわいらしいっていう感じがあるかもしれないけど、少なくとも僕自身、目の前で弾いて、聴いた感じでは本当に素晴らしいし、彼女の《ばらの騎士》のゾフィーなんかは歴代最高だと思っています。

伊藤　彼女にぴったりですね。

矢部　あれほどのゾフィーは今後出てこないと思うほどです。残念ながら若くして引退した。今はザルツブルクで先生をしているようです。彼女の声はどうでしょうか。やっぱり頭声をマスターした声なんでしょうか。

伊藤　一回しか聴いたことがないので何とも言えませんが。あと私が聴いた中ですごかったのは、ビルギット・ニルソン。体が全部、響いている。グリュンマーのレッスンを私は何度か聴いたことがあるんですが、そこで彼女がニルソンについて言っていたことは、ニルソンは本当に下から上まで寸胴で、理想の体型をしていた、と。

矢部　一九六七年に大阪フェスティバルホールでバイロイト引越し公演があって、そこで初めてニルソンの声を聴いた人たちはもう腰が抜けちゃったそうですね。今まで聴いたことがないっていう世界。ワーグナー・ソプラノといえばニルソンとかフラグスタートっていうことになりますが、先日、伊藤さんは、ヴァルナイだっておっしゃいましたよね。僕はその後、ヴァルナイを聴いてみて、うちの奥さんにも聴かせて、こんなすごい歌手がいたのかと舌を巻くほどでした。

伊藤　もちろんニルソンもすごかったけど、ヴァルナイはちょっと上だったような気がします。フラグスタートは聴く機会がありませんでしたが。

矢部　あっ、それもアンチェルの話と同じで一般の方はあまり知らないんですよね。ヴァルナイはどうやらレコーディングに対してそんなに熱心じゃなかったみたいで、ということはあんまり聴かれていない。だけど、改めて聴くとこんな声の持ち主が昔はいたのかと興奮します。

伊藤　特に私が忘れられないのは、バイロイトで何回か聴きましたけど、ジークフリートがブリュンヒルデにキスをして覚醒する場面（三幕の最後のところ）、あれはもう本当に素晴らしかった。それと、バイロイトとは関係ありませんが、印象深かったのはやはりチェーザレ・シエピです。

矢部　ドン・ジョヴァンニとかメフィストフェレとかを得意とする人ですね。そういえば、《ボリス・ゴドゥノフ》のときのギャウロフってどんな感じでしたか。

伊藤　二度、カラヤンで聴きましたけど、とにかく声がすごいので驚きました。当時、私はまだそれほど耳が肥えていなかったせいもあるかもしれませんが、ただギャウロフはどちらかというと、大味な歌手だったんじゃないかなという気がしておりました。

矢部　僕のイメージでは割とフォルムがしっかりして、端正で、しかも深々とした響きでっていうイメージなんですが…。

矢部　エラ・フィッツジェラルドのコンサートにも行かれたとのこと。あのレヴェルに匹敵する歌手と言ったら、クラシックでもまれなんじゃないですか。

伊藤　クラシックでいうとレチタティーヴォ的に語り歌う。感銘深いものがあります。

矢部　実は僕も好きで、たまに聴くんですけど、こんなすごい歌い手はいないだろうと思うんですよね。少なくとも今、生きている人も亡くなった人も含めて。それと異論はあるかもしれませんが、美空ひばりもいいですよ。

伊藤　美空ひばりのライヴを一度、聴いているんです。一九七〇年かな、日本に一時帰ってきて暮れの買い物のくじ引きで当たって、新宿コマ劇場に行きました。評判のひばり熱唱、楽しめました。
矢部　それこそ彼女も頭声の持ち主だったと思うんです。音程とか倍音とか、そんなことといっさい何も考えずに、天性で、できちゃったっていう。
伊藤　そのとき《トスカ》を歌ったんです。「歌に生き、愛に生き」、とても気持ちがこもっていて、よかった。もちろん、マイクを通しての声でしたけど。

4. 時代の音、音楽のゆくえ

矢部　僕の祖母は、もう亡くなりましたが、大正生まれにしては珍しくクラシックが好きだったんです。昭和の二・二六事件のころにシャリアピンが来て、生で聴いています。そのときの「蚤の歌」などロシアものの印象が鮮烈だったらしい。で、おばあちゃんにギャウロフの「ロシア民謡集」をダビングしてあげたりすると、「これいいね、だけど、やっぱりシャリアピンだよ。レヴェルが違うもん」と言うんですよ。祖母はエルマンやコルトーも聴いていたので、新しい世代の音楽家がだんだん薄味になっていくような印象を持っていたみたいですね。
　昔の例えば、オイストラフとかカザルスのような、僕らから見たらもう神々の領域の演奏を伊藤さんはたくさんお聴きになっているわけで、そこから五〜六〇年経って、演奏家たち、あるいは指揮者も声楽家もそうなんですけども、どこか退化してしまったんじゃないかという印象はお持ちですか？

伊藤　退化という言葉はちょっと違うと思うんですが、いわば絶対的な音楽家がいなくなってしまったということを最近つくづく思うんです。私がドイツにいたころは、グリュンマーがいて、レナータ・テバルディがいて、フィッシャー＝ディースカウやチェーザレ・シエピとか錚々たる歌い手がいた。指揮者では、好き嫌いは別としてカラヤン、ヨッフム、セル、クライバー…といて、充実していた。今やそういう厳然たる存在が希薄になってしまっているような気がします。

どの分野でもそうしたスター的存在は必要であって、そこに人々の目が向けられる。そこが弱まってしまうと、全体が衰退していくものなんですね。ですから、もうそろそろ出てきてもいいのかな、と。矢部さんがおっしゃられたように、テクニックの面では今やみな同じレヴェルのような状態になっていて、しかもそのレヴェルたるやすこぶる上がっていることは確かなようですし、そのこと自体歓迎すべきことではあるんですが、だけど、本当にすごい演奏というのは見あたらないという気がします。間違っているかもしれませんが。

矢部　歌手に関してはちょっと説明がつくかもしれないと考えているんです。世界中を行き来するのが容易になっている昨今、ギャラの面でも変化が出てきた。誰がギャラをつり上げたのかわかりませんが、スター歌手っていうのは寿命が短いから、一回で得られるギャラも大きくなるでしょうし、そうなると、長い時間をかけてひとつの演目をつくり上げることもやりにくくなっているように思えます。声楽家は体が楽器なわけですから、昔のやり方では自分の体を酷使し浪費してしまいかねません。だから、オペラ出演も敬遠する傾向にあるのではないか、と。

リッカルド・ムーティなどは、自分のやりたいヴェルディを実現するために歌手のレヴェルをちょっと下げてでも、長い間練習にちゃんと出てくれる歌手をそろえようとしたんですね。だから、オペラ出演のほうが小粒になってきて、大物とされる人はオペラには出ずに、リサイタルでギャラを得る。そういうふうにちょっと二極化してきたのかなと思います。パヴァロッティもしかりです。そういうことで歌手のありようが変わってきたというのはわかるんですけど、指揮者にしろ演奏家にしろ、昔でいう大巨匠《マエストロ》みたいな人が圧倒的に減ってしまったのはどういうわけなんでしょう。

伊藤　現在、端境期にあるのかなっていう気がしますけど。私の知る六〇～七〇年代にはそれこそきら星のごとく多くの精鋭たちが輩出していたわけですが、もう少したつと、二一世紀にふさわしいスターが出てくるんじゃないかなと、楽しみにしているんです。それこそ個性的で本物の音楽づくりを志向する世代の登場を待望しています。ただ、前にも言いましたように、音楽を音として捉えすぎるきらいがある点、現代の現代たる由縁かもしれません。きれいな音を出すだけに停《とど》まってしまう。最近、「きれい」という言葉と「美しい」という言葉とを使い分けるようにしています。きれいだけれど、はたして真に美しいかどうか、そこなんです、私がこだわりたいのは。

矢部　同感です。オーケストラでヴァイオリン奏者のオーディションを行うとします。三〇人、応募してきました。みんなそれぞれ自信に満ちて、意欲的です。そこそこ個性も感じられる。さて、オーディション本番です。合格ラインに合わせようとしたら、もちろん個性を野放図に発揮することはできません、むしろ邪魔になります。要は、余人に嫌われない音、大きすぎず小さすぎず、硬すぎず柔らかすぎず、はたまた、繊細すぎず豪快すぎずっていうところを突かないと、たくさんの票が集まらない。そんなことがあって、オーディション対策としては、その辺の塩梅をしなくちゃならない…。

伊藤　なるほど、オーディション対策というのがあるんですか。つまりは、ほどほどの力量ということですね。

矢部　世界中のどこのオーケストラでもそうなんですけど、際立った個性とか流儀とかはオーケストラには必要ないんです、特に弦楽器には。管楽器ではある程度必要だけれども。そうすると、コンクールとかでもそうだと思うんですが、審査員に訴えるには、審査員と面識があれば多少有利に働くかもしれないけれど、じっさい音で勝負しようと思ったら、とにかく嫌われない音でなくちゃならない。そうすると、みんなの音が似てくるっていうことは避けられないことになります。

それに今、あるゆる領域にデジタル技術が進み、どんな情報でも即座に入手できる時代になった。今までは容易ではなかった自筆譜などへのアクセスが可能になり、古今東西の名演をすぐさま検索して聴くことができます。若い音楽家たちは昔と比較にならないくらい恵まれた環境にあるんですね。引き出しが多くなって、たくさん研究できる。それなのに、だれしも好みはあるとしても、いざとなると自己規制して、最大公約数的なレヴェルに落ち着いてしまう。だから、真の個性が生まれにくい。

メニューインがあるインタビューで面白いことを語っていたのを思い出します。「私の先生のエネスコはワーグナーのオペラの全てを暗譜していました」と。これ、何がすごいかと言えば、レコードのない時代ですよね、繰り返し聴くことのできない時代にどうやって勉強していたか。スコアを読んで、ピアノを弾いて、自分で歌ってみる。それでスコアを全部頭に入れる。そうした工夫が凝らされていたんですね。もちろん、そうした素養があってのことですけれども。

だから、あの時代、例えば、ベルクの《ヴォツェック》を初演したエーリヒ・クライバーにしてもたくさん練習したかもしれないけど、一から譜面を読んで、自分の解釈を作り上げたんですね。有名なピエール・モントゥーの《春の祭典》初演。これもみんなの想像では、めちゃくちゃな演奏だっただろうって言われてきた。実際にそうだと思うんですけど、モントゥー自身は恐らく完璧に振れたはずなんです。というのは、晩年にシカゴを振っているベルリオーズの《ローマの謝肉祭》を見ても、頭は明晰だし、耳は完璧だし、棒もクリアで、《春の祭典》など余裕で振れるっていう感じなんですよね。オーケストラのメンバーたちは追いつけなかったかもしれないけど、ひたむきに研鑽していた指揮者たちはそういうレヴェルに達していたんです。今や《春の祭典》にしろ《ヴォツェック》にしろ、指揮者になろうという人たちは子供のころから身近なディスクで聴いているわけで、昔のように自分で考えて、自分の心と対峙して作曲家のメッセージを読み取るような仕方でなくても容易にクリアできる時代になってしまったわけです。功罪相半ばするというところですが、僕自身、自戒を込めてなんですけど。

伊藤　今のお話、よくわかります。これは音楽だけの問題ではなくて、あらゆる領域で生じているような気がします。

矢部　オーケストラとの関係で言えば、トスカニーニの時代では、指揮者は人事権も持っていたから、気に入らない楽団員を解雇することも出来た。その後、ユニオンができて、ラジカルなことはできなくなったけど、それでも仕事には査定があるから報酬に関わってくる。だから、上司（指揮者）に対して批判的なことが言えないとか、苦しい立場になる。他方、カラヤンがみんなから好まれていたかどうかは別にして、少なくともこの人がいればメルセデスに乗れるし、ザルツブルクに別荘は持てるし、となる。

伊藤　指揮者とオケの関係の微妙なところですね。

矢部　それで、カラヤンに感謝しなきゃいけないこともあったんですね。かつてＥＭＩがクラシックから撤退しようとしたとき、カラヤンがいるからという事情で踏みとどまったらしい。もしカラヤンやマリア・カラスがいなかったら、クラシックの衰退ってもっと早かったかもしれないんじゃないかな、とも。

伊藤　商業主義の厳しいところですね。

矢部　そういう時代から指揮者に限らず、音楽家の立場というものの危うさがどんどん増していくんですね。朝比奈先生のような明治の威風も通用しなくなった。オーケストラの中でもとにかく、周囲とのバランスを図れる、他者とのほどよい距離感で波風を立てない、そんな社会関係を気にするようになってきた気がしてならないんです。だから、世界的に見ても、嫌われない人って仕事が続くじゃないですか。あそこからも呼ばれて、ここからも呼ばれて、という。今やそういうことをみんな目指し過ぎますよね。ティーレマンみたいに、よくも悪くもマイペース派は例外として、指揮者にせよソリストにせよ、ものわかりのよさが第一義となる。ソリストの華っていうのは、リサイタルじゃなくて、すばらしいオーケストラに呼ばれたときのコンチェルトじゃないですか。そこに呼ばれるか呼ばれないかというのは、そこでみんなに好かれないと、次がないんですよね。そういうふうにおのずと仕事が決まって行くようになっているから、人に嫌われない演奏、玉虫色のきれいな響きだけになってしまうんです。だけど、周囲の思惑を超えて、突き抜けた個性を持っていれば、もうこういうふうにしかできないと割り切って進むことが出来るかもしれません。言うは易しでなかなか実践しがたいことですけれど、そういう人は評価されますよね、パトリシア・コパチンスカヤとか。ああいう人はもう本気で何も取り繕わずに、奇をてらわずにそれをやるわけで、そういう人は一つの個性として容認されますよね。

伊藤　難しい時代だと思います。

矢部　その辺、伊藤さんはどういうお考えですか。現代という中で、ビジネスの世界でも時代の動きというのが大きく関わってくるんじゃないですか。

伊藤　たしかに経営者にしても世界的に小粒になっているかもしれませんし、他方、いわゆる従来の企業家精神といったものがどこか萎縮する傾向にあるんじゃないかと思うんです。ビジネスの世界で大切な要素、つまり明確な意志があってこれこれをやりたいとか、新しいことに挑戦する姿勢が後退しているように見えます。この点で言えば、やはり社会的な視線というのも、特に日本の場合は、失敗が許されないというところに弊害があるような気がしてなりません。ここが一番の問題だと思います。ですから、みんな注意深くなってしまってスケールが小さくなる。マスコミも悪いんですよ。企業家の前向きな意志といったものを尊重せずに、ことさら失敗した部分しか書かない。ですから、時代がもっとおおらかにならなければ、と願うばかりです。

私のドイツ時代（一九七〇年代）、ハーモニック・ドライブ・システムズを立ち上げてから軌道に乗せるまでに十年かかっているんです。長い間、マーケットが見えてくるまでよくぞ我慢できたというのが正直なところです。普通、会社というのは十年も待てないものなんです。今の時代は、すぐに結果を出すことが求められる風潮になっています。結果として申し上げられることですが、何でもやり遂げるという意志もさることながら、時間が必要で、その時間の経過のなかでは、適度に鈍感じゃないと駄目なのではないでしょうか。

矢部　そういう中で、週に一回、コンサートやオペラに通っておられた。

伊藤　ひょっとして逃げていたのかもしれません。当時、我が社の製品は本当に売れませんでしたから。しかし、じゃあやめようかということには一度もならなかったんです。一途になんとかしなければならないという思いだけであった気がします。

オーケストラというものもひとつの社会構成体として成長のプロセスをたどるとしたら、ビジネスの世界と同じような紆余曲折もありそうですね。

矢部　都響の結成当時、すごく苦労した時期があったらしいんですが、そこから何十年もかけて、外国の指揮者を招いて切磋琢磨し、力をつけてきました。いつしか、どうしてこんなに弾けるの！と驚かれるほどにはなってきて、ようやく外からの評価も得られるようになってきたんです。とはいえ、日本のオーケストラでいえば、どこのオーケストラも長い間やっているようで、まだ第一歩を踏み出したっていうところだと僕は思っていますが。

伊藤　日本のオーケストラは成熟が遅い？

矢部　成熟したらもうピークが来て、落ちていくのが運命ですから。セル&クリーヴランドだって、そのピークと言えば一九六〇年代じゃないですか。日本のどこのオケもまだその頂点をきわめた時期っていうのがないんですよ。本当の意味で国際的なレヴェルになったとはいえないのではないでしょうか。かろうじてサイトウ・キネンが技術的なレヴェルとしては外国オーケストラのトップと伍したと評価される時期もあったとはいえ、それもベルリンとかウィーンの首席奏者の力を借りてだったんです。僕は三〇年間やってきましたけど、とてつもないレヴェルだなと感じたことは何回もありました。しかし、はたして聴衆はどう見ていたでしょうか。

伊藤　なんといってもオーケストラを支えるのは聴衆ですから。ドイツから時々日本に帰ってきて、三谷さんたちといろんなことをやってつくづく思ったことは、やはり日本の生活のなかでクラシック音楽は本当に必要なのか、という思いでした。ひょっとして必要ないのかもしれない、音楽がなくても生きていけてしまう、そこが一番の大きな問題だと思って、私は身近な演奏家の方たちと話す際、一人一人が本当の音楽ファンを最低五人はつくりましょうと提案したものです。自分たちのそれこそ義務意識みたいにして音楽ファンを増やそうと、そんなことをよく言っていたんです。とにかく音楽を聴きたいという雰囲気をつくること。聴衆を育てなければ、という思いです。

矢部　当時からドイツでは環境が違っていたんですね。例えば、バイロイトには学生券みたいなものがあって安く行けたとかいうお話。そういうのは日本にはないですよね。

伊藤　一九六〇年代、私のドイツ留学時代のベルリンでは、学生は本当に優遇されていたと思います。向こうでもクラシック音楽に対する危機感が強かったからかもしれません。ベルリンでは、クラシック音楽だけじゃありませんでしたが、当時、一枚八〇ペニヒで年間三枚の観劇のためのクーポンが学生に提供されたんです。私はそれを必要としない学生から一マルクで買って随分音楽会に行きました。オペラでも演劇でも一回八〇ペニヒで年三回まで行けるわけです。こういう優待券みたいな工夫にしても、やるべきじゃないかな、日本でも。だって、もともと生活の中に音楽が必要ないわけですから。そこをどうするかということだと思います。

矢部　そうですね。しかし、なんらかの改革がなされたとしても、状況はますます厳しくなってくると思わざるを得ないんですね。というのは、日本がこれから経済大国に戻るということはちょっと想像できないじゃないですか。恐らく収入とかも上がらない中で、結婚して夫婦で二枚チケットを買って、コンサートに行って、ちょっと何か食べて帰ろうとしたら、二万円はかかる。二万円というのは三〇年前ではそんな大したお金じゃなかったかもしれないけど、今の家庭の二万円って、とてつもない額なんですよ。僕は見ていて、よくわかるんですね。毎月コンサートにお金を使ってくれる家庭がどれだけいるのかって。それはもうあんまり期待できそうもないですよね。

それと、iPhone の中の Apple Music とか Amazon Music の音のよさ、イヤフォンで聴いたときにはもうとてつもなくいい音で、それで完結しちゃうっていう世界があって、どうなってしまうんだろうという危惧はありますね。この傾向は、日本だけじゃなくて欧米にも出てきていて、はたして若い聴衆が育っているとは言い切れないところが多分にあるような気がします。今後、何か大きく、クラシック音楽のあり方というのは変わっていくだろうというふうに思っています。

伊藤　ですから、私がさっきから申し上げているスターが必要だというのはそこなんです。スターがいると必ず一つの動きが出てきます。それが今の世の中には希薄になっている。
矢部　スターといっても、実力とかそういうものがぬきんでたスターではなくて、テレビとかインターネットで有名な人がスターっていう感じになっていますからね。
伊藤　そこは違うんです。そんなことでは長続きしない。
矢部　だから今、クライバーみたいな指揮者がいたら、どこでも聴きに行きたくなりますものね。お金と時間さえあれば、ですけれど。

5. 聴衆への橋渡しとして

矢部　コロナ禍の状況で考えたことがあるんです。うまく話せるかどうかわかりませんが、率直なところの話をぜひ聞いていただきたいと思います。
　僕は音楽家としてスタートしましたが、この世界に出れば、周りは天才だらけだし、その中でやっていかなきゃならないプレッシャーをもう三〇年間ずっと抱いてきたんです。僕は当初、オーケストラもコンチェルトもリサイタルも室内楽も、全部やっていくのを理想としていたんですけど、体を壊したりスランプに陥ったりして考え込むこともしばしばでした。何が一番好きなんだ、自分が真に打ち込めるのは何なのか、そういう自問自答を繰り返してきて、あるとき、軸足をオーケストラに移して、余裕のあるときにソロの活動をしようというふうに決めたんです。一九九〇年代のことですが。

それ以来、ずっと一生懸命練習し、ステージでの緊張に耐えながら最善を尽くし、それが終わって楽屋に戻ってきたら、次のコンサートのことを考えるという感じで、正直なところ、ずっとずっと苦しい思いをしてきました。楽しいと感じることもなくなり、ヴァイオリンを弾くことさえ苦痛になることも。練習するのはもともとあまり好きじゃなかったけど、音楽は大好きで、それを表現する手段がヴァイオリンしかないから、ヴァイオリンをやめたら表現できなくなる。そう思って歯を食いしばってきたんです。

だけど、コロナ禍で、四〜五ヶ月間、ぽっと仕事がなくなり、音楽家同士の交流も途絶えて、一緒に音を出す、人の音に耳を傾ける、果ては演奏を披露することがなくなってしまった。まさに百害あって一利なしのような状況で、僕はその〝一利〟を求めようとしたんです。こんな経験はもちろん初めてです。かりに自分だけ病気になって入院したとしても周りは活動しているから、自分に焦りがあってもいつかは元に戻れる。でも、今般はみんなごそっと仕事がなくなっちゃって、空洞の時間が過ぎてゆくばかりになった。

それでもしばらく経って、少しずつ活動を始めた。お客さんも半分ぐらいだけど、舞台に出ていって拍手をいただいて、自分たちも音を出すのがうれしいし、そこで出た音というのは自分たちの心を動かすに十分だった。仲間の音に心を奪われる、その相乗効果で、それを聴いたお客様から感動の拍手をもらう…。何だ自分のやってきたことってこんなにシンプルなことだったのか。何のために音楽が存在して、何のために仲介する自分たちがいるのか、聴衆との間に。そうか…、音楽家はみなこの橋渡しをすることが役割なんだということを思い知らされたんです。

作曲家が書いたものは何百年たっても消えることがない。コロナの脅威にはまったく影響を受けず、これまでに戦争も革命も災害等もいろんなことがあっても、びくともしないで生き続けてきた。自分たちの存在なんて、音楽を仲介させていただくことへの感謝しかない…。僕はそのことに気づかなかったんですね。苦しい思いをしつつこんなにも練習してきたのにという恨み辛みみたいものが急に引っ込んじゃったんです。

それ以後、僕は舞台に立つたびに、大きな喜びを感じるようになったんです、ある種の快い緊張といいますか。で、練習していても楽しいし、同僚たちの音を聴いていても幸せだし。来年でヴァイオリンを弾き始めて五〇年ですけど、音楽ってこういうものなのかと、恥ずかしながら、ようやく気づいたんです。恐らく伊藤さんがドイツ時代に、音楽によってどれだけ御自身の人生とか生活に潤いとか豊かさをもたらされていたのか、そういうこともひょっとしたら、コロナがなかったら僕は気づかなかったかもしれないんですね。

今から思えば理不尽な思いなんですが、こんなことがありました。人から言われます──「いいですね、自分の好きなことを職業にできて」とか。そのたびに僕はプチッと切れて「じゃあ、あなたはおすしが好きだとして、あしたもあさっても来年も再来年も毎日食べ続けられますか」って、内心怒りを抑えきれない自分がいた。僕は音楽が好きだけど、あしたもあさってもずっと弾き続けなきゃならない…。そんな理不尽に苛まれていたんですね。でも、今はもうそうは思わなくなったんです。ヴァイオリンを与えてくれてありがとう、弾かせていただいてありがとう。ベートーヴェンのスコアを見るときにも、こんなすばらしいものを残してくれてありがとうっていう気持ちが生まれた。だから、コロナの一利あったのは、そこなんですね。立ちどまって何もなくなったときに、ふとそういうことを気づかせてくれる時間を持てたことに感謝しなくてはいけない、と。

もうひとつ。僕の中では大転換があったんです。ブラームスのヴァイオリン・ソナタの「二番」って、すごく散文的だし、フレーズは途中で途切れるし、一体この曲はどう捉えたらいいんだろうって、何十年も悩んできたものが、あるときストーンと吹っ切れたんですね。一つの流れとして捉えられるようになったんです。ピアニストからも、細部にとらわれていたところがまったくなくなって、全体が見えるようになった、と言われた。表面上は自分の解釈と奏法が変化して実を結んだわけですが、客観が働くようになったと言いますか、自分の中で音楽を大きく捉えられるようになったんですね。一番大切な音楽することの醍醐味、聴き手を意識して最高の音楽を届けようという気持ちに至ったんです。

こうしたことがあって、にわかに使命感をもち、間近にいる聴き手に音楽を届けようという気持ちになったんです。で、ちょうどご縁があって静岡県三島市に活動の拠点を設け、子供たちの各種施設や病院、学校とかに定期的に出向いて生の音楽を届けるプロジェクトを仲間と一緒に立ち上げることにしました。それを自分の活動の柱の一つにしようと思ったんです。今の子どもたちはクラシックには興味がないかもしれないけど、自分たちが全力で何かを届けようとしたときに生まれる空気っていうのを、実は子どもたちはちゃんとわかっているんですね。これは、やる価値がある。今までは従来の音楽会システムのなかでしか考えられなかったけれども、開かれた形で、こちらから出向いて音楽を提供するという試みです。

例えば、朗読でこう始まります――「国境の長いトンネルを抜けると雪国であった」。プロなら淡々と語る。だけど、プロじゃない人は「国境の長いトンネルを抜けると雪国であった」って、文末を強調したりして、一見わかりやすくしようとしますよね。そのほうが聴いている方はおもしろく感じ、なによりそこで始まるドラマの風景がより鮮明になる。だから、音楽でも後者のように表現を変えて「これがクラシックだよ」ってやっちゃうのは、多分まずいだろうなと思うんですよ。わかりやすさとか親しみやすいとかのレヴェルではなく、正真正銘のクラシックを正攻法で伝えていく。僕たち、まだ未熟だけど、それでも本当に大真面目に取り組もうとしているんです。

先日、イトーヨーカドー三島店の入口のところで、障害のある方とコラボのようなイヴェントをやったんです。障害者の方が一生懸命つくった雑貨があって、一個四〇〇円とか五〇〇円なんですけど、それで自分たちが弾いて、これが気に入ったら買ってくださいねって言って、トータル十二万円売れたんです。みなさんちゃんと立ちどまって聴いてくれて、館内放送は流れていたけど、仲間の音楽家たちがみんな心を込めてやってくれた。ややもすると軽い気持ちでというふうになりがちなんだけれど、そんなことではダメなんだ、本当に届けようっていう気持ちがなければと、ここでも自分たちのモットーを貫いたんです。

音楽を心から渇望する人々があってこそクラシックも生きてきたという思い。伊藤さんの時代にまだ残っていたクラシックへの憧憬。僕が知っているのは、戦時中、フルトヴェングラーを聴くために自分の洋服とか靴を売ってチケットを買ったという方。そういう時代の名残が一九六〇年代にはまだあって、やっぱり音楽っていうのは特別に何か自分から得ようとするものじゃなくて、そこにあるものだったんですね。安いチケットを買って信じられないような演奏がそこにあって…となれば、そりゃあ行きますよね。そんな経験をしたら、次も行こう、次も行こうってなるに決まっている。そういう時代は終わっちゃったのかもしれないけど、だとしたら自分たちが出向こう。神々しい演奏じゃないかもしれないけど、一生懸命三〇年間頑張ってきたものを一滴でも二滴でも伝えようと。

おもしろい話があるんです。ここの活動を手伝ってくれたのは地元議員の秘書の方で、一昨年かやりとりしてきたんですが、僕たちの演奏を聴いて、「私、秘書をやめます、そしてあなたたちのサポートをします」と言ってきたんです。その方はあまりクラシックには馴染んでいなかったんですが、びっくりして理由を訊くと「もうクラシックなしでは生きていけなくなっちゃった。無報酬でもいいから、団体をつくって活動していきたい」と。これも音楽の力なんですね。

僕の運転手さんにはもう十年以上もお世話になっているんですが、全くクラシックに興味がなさそうだったんです。たまたま松本まで行ったときに「きょう、先生のヴァイオリンを聴いてみたい」と言うので、どうぞって誘ったら、チャイコフスキーの《弦楽セレナーデ》で涙を流しちゃって、以来、彼も毎日音楽なしでは生きていけなくなった…。今はベートーヴェンの「七番」にハマっているらしいです。

だから僕は少なくともこの期間に二人、こっちの世界に呼んできたっていう自信はあります。

ともあれ、伊藤さんの時代は自分たちから見たら手の届かないような、十万円出しても二十万円出してもう聴けないようなものが日常的にあって、それが人々の心にどれだけ潤いと豊かさ、幸せをもたらしていたのかなっていう稀有の時代。それはもう二度とない時代に、そのときにドイツにおられて、貴重な体験をされていたということは何にも代えがたいことだったのではないかと、つくづく思います。

6. 音楽の励まし

矢部　…というわけで、僕、ちょっと心がとまっちゃっていたんですね。四～五ヶ月間というもの、ヴァイオリンを弾かない日々が続いたんです。毎日、政治家のところへ交渉に行ったりして、結構シリアスな問題を抱えて、オーケストラの今後についての交渉ごとに没頭していました。それはもう、自分が犠牲になって助かるんだったらキャリアを捨ててもいいぐらいの気持ちだったんですけれど、それに忙殺されて心がとまっちゃったんです。

でも結局、大好きな音楽、《トスカ》とかを聴いて励まされ、また動き出すんですね、心が。なんか、コロナ禍であっても、音楽を聴いたら一発で、よーしっていう気持ちになれる。フレーニ／パヴァロッティ／カラヤンの《ボエーム》とか、イタリア・オペラってすごいヴァイタリティをもたらしてくれるじゃないですか。オペラが心を解放してくれる感じ。伊藤さんはそういう音楽が第一級の演奏で身近にあった時代の一番いいところを体験されて、ずっと携えてこられた、そして今もそれを大事になさっている。そんなところに、音楽というものの力をつくづく感じます。

伊藤　時代が進んで、音楽に対する向き合い方や価値観が変わってきたのかもしれませんが、でも本質は変わっていないんじゃないでしょうか。

矢部　僕もそう思いたいです、どんなにスタイルや好みが変わっても。ただ、そうした本質を担う音楽家の存在としては時代とともにいろんなスタイルが試されて、受け狙いが横行してしまうというような場面もありますからね。今やきちんと捉えてくれる人がどれぐらいいるんでしょうか。

伊藤　昔、ベルリンのシュターツオーパーでスウィトナー指揮の《ワルキューレ》を聴いて、とても感動したことがあるんです。そこではまだ東のスタイルというか、作品に即した表現が残っていました。こうした方向がまた復活してきてもいいんじゃないかとときどき思うんです。というのは今、カラヤンの責任じゃないけれども、アメリカ的といいますか、あまりにも音ばっかり響かせる音楽になってしまって、オペラでもどこかドラマの機微が伝わってこないんですね。音楽そのものに語らせるような泥臭さというのでしょうか、そうした表現力が求められると思います。そうしないと、みんな音楽が嫌いになってしまうんじゃないかと、余計な心配をすることになってしまっているんですが。

矢部　コロナでコンサートがなくなったときに、音楽家たちはみんなインターネットの動画で配信しましたよね。あれはあれでいいんですけども、その多くがセルフプロモーション的なつくりになっていたのは残念です。この時期に音楽の力とかって言いながら結局はセルフプロモーションに成り下がっている。もちろん、本当に外連味《けれんみ》のない素晴らしい音楽を聴かせてくれた人もいますが。

だけど、会場が少しずつ戻ってきたときに、生で空気が振動して伝わってくるものは、到底インターネットでは無理なんですね。

その生の価値が改めて見直されてきたかとも思うんですが、普通に演奏活動が再開されたら、またそれが当たり前っていうことになっちゃうのかなあと思って。

伊藤　しかし、音楽文化はそこにとどまっているものではないような気がします。

矢部　ともあれ、伊藤さんのドイツでの鑑賞リストを見せていただいて、憧憬と羨望の気持ちに満たされてしまいます。生まれ変わったら、その時代にドイツで生きてみたい…。

伊藤　当時は本当に政治的ないろんな問題もありましたけど、それだけに文化ということに対してみんな真剣だったんではないかという気がいたします。今はもう、文化なんていうのはどうでもいい、金儲けだといった機運も見え隠れしていますが、ここをなんとか乗り切りたいですね。それには、さっきから言っているとおり、本当にスターが出ないとだめだと思います。

矢部　音そのもの、声そのものでみんなを惹きつけられるような、そういうスターの存在ですね。

伊藤　不思議なもので、ヴァルナイもそうだったし、ニルソンもそうでしたが、たった一人であっても満場の観客を呑みこんでしまうっていう、そんな雰囲気が昔はありました。弦にしても、ヴァイオリニストはもちろんのこと、チェロだってたくさんいましたから。

矢部　チェロは今の若い人のレヴェルというのは、テクニックでいったら昔の人の水準を超えちゃったんですね。ある時期、ヨーヨー・マが出て、こんなに弾ける人はもう出ないだろうと見ていたら、今はテクニックの面からすると、ヨーヨー・マ超えの人が何人もいて、ヴァイオリンのように軽々とチェロを弾ける子たちがたくさん出てきた。だけど、ほとんどみんな同じように見えてしかたがないんです。

伊藤　自分で培ってきた音ではない？

矢部　自分の音じゃない。みんなすごく上手なんですけど、ほとんどみんな同じに聴こえてしまう。さきほどもお話ししたように、みんな同じ情報を共有して、似たような演奏観を持つようになっているわけで、そうなると、みんな似てきちゃうんです。

伊藤　最近のピアニストでもそんなきらいがありますね。うまい表現が見つからないんですけど、華やかなテクニックを披露する反面、肝心の音じたいが単純化している。複雑な音と言いますか、要するに「濁音を含んでいる音」というふうに私はよく言うんですが、そういうふくよかな奥行きのある音がなくなってしまったという感じを持っています。ピアノの場合、それこそ最初の打鍵一音からしてもう違ってくるはずなんです。エリー・ナイはすごい音を出したんです。彼女の最初の一音は今でも忘れられません。ナチスの信奉者だった人です。それで戦後は非常に疎まれてしまい、ベルリンとミュンヘン、せいぜいニュルンベルクで弾いていました。限られた演奏環境で細々と古今の名曲を全身全霊で奏でていました。ベートーヴェン弾き、すごい人でした。

矢部　そうでしたか。エリー・ナイ、僕も聴いてみよう。

（二〇二二年二月一七日）

あとがき

そもそもの発端は、畏友金田光夫氏とのクラシック談義から始まりました。根っからの音楽好き同士のやりとりは、メール交換というかたちで、いつしか私自身のドイツ時代（一九六三〜八九年）の体験談（音楽鑑賞歴）として集約されていきました（PART II）。

一九六〇〜八〇年代のドイツ・ヨーロッパ音楽界は、輝かしい黄金時代を迎えつつ、他方、まだローカル色が残っていたように思われます。いま、当時のコンサートやオペラのプログラムを部屋に並べては、あらためて足繁く通った思い出が甦ってまいります。そして、そこに居合わせた私は、その幸運を得た者として感慨深いものがあります。

こうしてメール交換による対話原稿が整って一段落したある日、金田氏から出版計画の話がもちあがりました。

「伊藤さんの社会人・企業人として歩んでこられた道と趣味の音楽鑑賞歴について、一冊にまとめてみませんか…」

私が歩んできた歳月に、はたしてどれだけの意味があるのか、自問自答してみました。その解は見つかっておりませんが、齢八〇を超えた自分の人生を、今一度振り返るよい機会になるのではないかと思い、金田氏が敷いた本作りのレールに乗せられることになりました。そして、彼の旧知の編集者高梨公明氏が興味を示して下さって、昨秋から具体的な作業が始まった次第です。

こうしてインタビュー構成と私自身の文章を組み合わせたPART Iと、ヴァイオリニストの矢部達哉氏との対談を掲げたPART IIIができあがりました。二世代も離れた矢部氏は、私が聴いてきた時代の音楽家に憧れを抱いていたらしく、対話は大いに盛り上がり、本書に華を添えていただきました。なにより、私の音楽体験に親密な共感を抱かれ、当時の演奏家のすばらしさに今日的な意味を見出して下さいました。

*

私のささやかな人生の場面で、じつに多くの人たちにお世話になり、たくさんの有益な教えを賜ったことは言うまでもありません。なかでも飯田善國と三谷礼二のお二人は、私のベルリンでの学生時代に知り合い、彼らが亡くなるまで親しくお付き合いさせていただきました。お二人との邂逅は、私にとってまさに人生における僥倖ともいうべきものであったと思います。

当時のベルリンは、壁により東西が分断され、政治的に緊迫していて、西ベルリン市民は、常に心の中に不安を抱いて生活しており、私もその一人でした。

飯田善國と三谷礼二は、ジャンルは違えど、やはりベルリンに魅せられていました。その模様はPART Iに記したとおりです。

私の二回目のドイツ滞在は、社会人・企業人として一九六八年から八九年に及ぶ長きにわたりました。ご両人は再三、来独され、フランクフルトの我が家を拠点に活発に活動されていたことが懐かしく思い出されます。

＊

本書の上梓にあたり、企画のご提案をいただいた金田光夫氏及び、それを推進して下さった春秋社編集部の高梨公明氏のお二方には、一方ならぬご尽力を賜りました。心より御礼申し上げます。最後に、飯田善國及び三谷礼二との長い付き合いにおいて、大きな役割を演じてくれた妻佐久子に心から感謝を表します。

伊藤光昌

二〇二二年七月

付　録

［1］20世紀音楽を楽しむ会

「5年間の記録」1967〜71

［2］講演　伊藤美保

『ぼうぼうあたま』

日本語版“STRUWWELPETER”

［付録 1］

20世紀音楽を楽しむ会
「5年間の記録」1967～71

相談役：入野義朗、戸田邦雄

同人：三谷礼二、沖晃司、伊藤光昌

演奏会場［A］青山タワーホール
［G］ジロー渋谷店
［K］経団連ホール
［N］日仏会館ホール
［Y］山手教会礼拝堂

1967年5月28日・6月4日［G］

〈1910年代の音楽〉

バルトーク　アレグロ・バルバロ
Pf.：藤沢弥生
スクリャービン　ピアノ・ソナタ第9番 Op.68
Pf.：建部佳世
ベルク　「七つの初期の歌曲」より
M.-sop.：春日成子　Pf.：白石隆生
サティ　梨の形の三つの曲
Pf.：入野義朗、高橋冽子
ストラヴィンスキー　猫の子守唄（フランス語版）
M.-sop.：桐生郁子　Cl.：北爪利世、他
シェーンベルク　三つのピアノ曲 Op.11
Pf.：山口裕子
ウェーベルン　五つの歌曲 Op.4
Sop.：渡辺洋子　Pf.：加納悟郎
アイヴス　コンコード・ソナタ
Pf.：和田則彦　Fl.：薗武史

1967年6月18日・25日［G］

〈1920年代の音楽〉

ストラヴィンスキー　ピアノ・ソナタ
Pf.：和田則彦
ミヨー　「ブラジルの想い出」より
Pf.：山田富士子
プーランク　ホルンとトランペットとトロンボーンのためのソナタ
Hn.：黒沢勝義　Tpt.：山田進一郎
Trb.：平田泰資
ヒンデミット　無伴奏ヴァイオリン・ソナタ Op.31-2
Vln.：岸邉百百雄
シェーンベルク　ピアノ組曲 Op.25
Pf.：藤沢弥生
ウェーベルン　弦楽三重奏曲 Op.20
Vln.：植木三郎　Vla.：菅沼準二
Vc.：高橋忠雄

1967年7月9日・16日［G］

〈1930年代の音楽〉

ヴァレーズ　密度 21.5
Fl.：野口龍

シェーンベルク　三つの歌曲 Op.48
M.-sop.：長野羊奈子　Pf.：若杉弘
ウェーベルン　クラリネット、テナーサックス、ヴァイオリン、ピアノのための四重奏曲 Op.22
Cl.：船橋八郎　Ten.-Sax.：石渡悠史
Vln.：友田啓明　Pf.：坪田昭三
コープランド　ピアノ・ソナタ
Pf.：和田則彦
ジョリヴェ　五つの呪法
Fl.：野口龍
メシアン　「ピアノのための前奏曲集」より
Pf.：辛島輝治
〔特別演奏〕
ショスタコーヴィチ　ポルカ
Pf.：和田則彦
ヴィルヘルム・キーンツル　オペラ "Der Evangelimann" よりアリア
M.-sop.：西内玲　Pf.：中村ミキ子

1967年10月1日・8日［G］

〈1940年代の音楽〉

シェーンベルク　ナポレオンへの頌歌 Op.41
指揮：三石精一　朗読：伊藤武雄
Vln. I：田中千香士　Vln. II：堀江悟
Vla.：兎束俊之　Vc.：徳永兼一郎
Pf.：近江康夫
メシアン　「世の終わりのための四重奏曲」より
Cl.：北爪利世　Vln.：厳本真理
Vc.：黒沼俊夫　Pf.：坪田昭三
オルフ　歌劇「賢い女」より
Sop.：酒井美津子　Bar.：芳野靖夫
Pf.：白石隆生
デュティユー　フルートとピアノのソナチネ
Fl.：倉辻友子　Pf.：佐橋茉莉

諸井三郎　弦楽三重奏曲
Vln.：田中千香士(1日)／蓬田清重(8日)
Vla.：兎束俊之　Vc.：徳永兼一郎
〔特別演奏〕
バルトーク　弦楽四重奏曲第2番 Op.17
Vln. I：岸邉百百雄　Vln. II：太胡晴子
Vla.：大友満由子　Vc.：馬場省一

1967年10月29日・11月5日［G］

〈1950年代の音楽〉

ストラヴィンスキー　「シェイクスピアによる歌曲」
Sop.：宮崎博子　Fl.：峰岸壮一
Cl.：斉藤明　Vla.：小野耕之輔
ブリテン　オヴィディウスによる6つのメタモルフォーゼ Op.49
Ob.：鈴木清三
ブーレーズ　ピアノ・ソナタ第2番
Pf.：ハンス・マルティン
メシアン　音価と強度のモード
　　　　　ヌーム・リトミック
Pf.：本荘玲子
入野義朗　ヴァイオリンとチェロのための音楽
Vln.：岸邉百百雄　Vc.：馬場省一
シュトックハウゼン　ルフラン
Perc.：山口保宣、浦田健治郎
Pf./Perc.：三宅榛名

1967年11月26日・12月3日［G］

〈1960年代の音楽〉

メシアン　「鳥のカタログ」より
Pf.：沢村千栄子
ブーレーズ　ピアノ・ソナタ第3番
Pf.：ハンス・マルティン
シュトックハウゼン　ピアノ曲第9番

Pf.：和田則彦
カスティリオーニ　フルートとピアノのための「ジメル」
Fl.：カレン・レイノルズ
Pf.：ロジャー・レイノルズ
バツェヴィチ　小さな三部作
Pf.：阿部緋沙子
セロツキ　ピアノへの提示
Pf.：阿部緋沙子
カーター　弦楽四重奏曲第２番
Vln. Ⅰ：田中千香士　Vln. Ⅱ：堀江悟
Vla.：兎束俊之　Vc.：徳永兼一郎
〔特別演奏〕〉
マルティン　小形式のソナタ（11月26日）
四つのピアノ曲（12月3日）
Pf.：ハンス・マルティン
即興演奏　インタープレイ
Pf.：和田則彦

1968年1月7日・8日（特別例会）［G］

〈フランスの詩と音楽の夕べ〉
詩朗読：パリ「ユシェット」座のニコラ・バタイユとジャック・ルグレ
〔第1部〕
ラヴェル　「夜のガスパール」
Pf.：加藤伸佳
ルイ・ベルトラン「夜のガスパール」(詩朗読)
ドビュッシー　ベルガマスク組曲
Pf.：江戸京子
ヴェルレーヌ「艶なる宴」(詩朗読)
〔第2部〕
サティ　梨の形の三つの曲
Pf.(連弾)：入野義朗、高橋冽子
サティ　ジムノペディ
Pf.：加藤伸佳
ボードレール「悪の華」(詩朗読)

1968年4月25日［Y］

シェーンベルク　弦楽四重奏曲第２番 Op.10
(シュテファン・ゲオルゲの詩によるソプラノ独唱付)
Sop.：滝沢三重子
Vln. Ⅰ：田中千香士　Vln. Ⅱ：堀江悟
Vla.：兎束俊之　Vc.：徳永兼一郎
(THUT 弦楽四重奏団)
ストラヴィンスキー　舞踊劇音楽「きつね」
（ドイツ語版、スライド投影つき）
指揮：森正
合奏団：千葉馨　田中千香士　坂本玉明
奥邦夫　小出信也　似鳥健彦
有賀誠門　本荘玲子　他
独唱・重唱：東京混声合唱団員

1968年5月19日・26日［G］

入野義朗　木管五重奏のためのパルティータ
Fl.：小出信也　Ob.：丸山盛三　Cl.：内山洋　Hn.：山田桂三　Bsn.：山畑馨
入野義朗　弦楽六重奏曲
Vln. Ⅰ：植木三郎　Vln. Ⅱ：板橋健
Vla. Ⅰ：菅沼準二　Vla. Ⅱ：三宅達也
Vc. Ⅰ：高橋忠男　Vc. Ⅱ：伊東毅
戸田邦雄　ソプラノとクラリネットとハープのためのメッセージ（レイモンド・ダンカンの詩による）
Sop.：三石暁美　Cl.：北爪利世
Harp.：山畑松枝
戸田邦雄　万葉集による七つの歌
Sop.：三石暁美　Pf.：三石精一
戸田邦雄　琴の音による幻想曲
Pf.：和田則彦
戸田邦雄　ヴァイオリンとピアノのためのソナタ
Vln.：服部豊子　Pf.：井上二葉

1968年6月14日［Y］

ベリオ　サークルズ
M.-sop.：三石暁美　Harp：ヨセフ・モルナール　Perc.：有賀誠門、百瀬和紀
シュトックハウゼン　チクルス
Perc.：山口保宣
ヴァレーズ　イオニザシオン
指揮：三石精一
Perc.：東京パーカッション・アンサンブル
有賀誠門　小林美隆　池田好道　百瀬和紀　瀬戸川正　今村三明　網代景介　本荘玲子（Pf.）　山口浩一　山口保宣　佐藤英彦　勝亦健　熊谷弘

1968年9月25日［Y］

ミヨー　八重奏曲（第14番及び第15番の弦楽四重奏曲）Op.291
＊それぞれの第1楽章を弦楽四重奏として奏し、ついで全曲を八重奏で演奏する
第1クァルテット
Vln. Ⅰ：田中千香士　Vln. Ⅱ：堀江悟
Vla.：白神定典　Vc.：徳永兼一郎
第2クァルテット
Vln. Ⅰ：川上久雄　Vln. Ⅱ：前沢均
Vla.：内田智雄　Vc.：斉藤鶴吉
シェーンベルク　セレナーデ Op.24
指揮：山岡重信
Cl.：柿島敦　Bass Cl.：松代晃明
Guit.：小原聖子　Mandolin：——
Vln.：植木三郎　Vla.：菅沼準二
Vc.：高橋忠男　Bar.（声）：木村俊光

1968年10月6日・13日［G］

ジョリヴェ　マナ
Pf.：加藤伸佳
ベルク　アダージョ（室内協奏曲の第2楽章、作曲者の編曲による）
Vln.：林よう子　Cl.：北爪利世
Pf.：坪田昭三
ダッラピッコラ　アナクレオンによる二つの抒情詩
Sop.：渡辺洋子　Cl.：北爪利世
Cl.（E♭）：岩井丈郎　Vla.：小野耕之助
Pf.：加納悟郎
ベルク　私の両眼を閉じてください（調性版及び12音版）
Sop.：三石暁美　Pf.：三石精一
柴田南雄　金管六重奏のためのエッセイ
Tpt. Ⅰ：北村源三　Tpt. Ⅱ：福井功
Tpt. Ⅲ：金石幸夫
Trb. Ⅰ：伊藤清　Trb. Ⅱ：関根五郎
Trb. Ⅲ：牧野守英

1968年11月3日・10日［G］

清瀬保二　琉球舞曲Ⅰ、Ⅱ、Ⅲ
Pf.：三宅榛名
ウェーベルン　三つの民族詩 Op.17
Sop.：伊藤叔　Cl.：岩井丈郎、斉藤明
Vln.（Vla.）：林よう子
ペンデレツキ　クラリネットとピアノのための三つの小品
Cl.：手塚武　Pf.：阿部緋沙子
ヤナーチェク　歌劇「カーチャ・カバノヴァ」より
Sop.：平田恭子　Ten.：金谷良三
Pf.：白石隆生
（監修：ズデニェク・コシュラー）
コダーイ　無伴奏チェロ・ソナタ Op.8
Vc.：徳永兼一郎

1968年12月8日・15日〔G〕

ベルク　ピアノ・ソナタ Op.1
Pf.：ヤーノシュ・ツェクレディ
ウェーベルン　弦楽四重奏のための「バガテル」Op.9
Vln. I：堤久美子　Vln. II：田中直子
Vla.：川崎雅夫　Vc.：磯村幸哉
黛敏郎　文楽
Vc.：松下修也
ヒンデミット　歌劇「カルディヤック」より
Sop.：滝沢三重子　Ten.：山岸靖
Bar.：島田孝克　Pf.：山崎冬樹
バルトーク　ピアノのための「組曲」
Pf.：ゲオルク・ヴァシャヘーリ

1969年4月2日〔Y〕

プーランク　カンタータ「仮面舞踏会」
指揮：若杉弘
Bar.：丹羽勝海　Ob.：丸山盛三
Cl.：内山洋　Bsn.：山畑馨
Cornet：北村源三
Perc.：有賀誠門　Pf.：本荘玲子
Vln.：田中千香士　Vc.：徳永兼一郎
ストラヴィンスキー　「兵士の物語」(秋山邦晴訳による)
指揮：若杉弘　演出：観世栄夫
振付：高橋彪
Cl.：内山洋　Bsn.：山畑馨
Cornet.：北村源三　Trb.：伊藤清
Perc.：有賀誠門
Vln.：田中千香士　Cb.：田中雅彦
朗読：林昭夫　兵士：井上博文
悪魔：若松美黄　王女：岡本佳津子
美術：阿部信行　照明：牧武志
舞台監督：田原進

1969年5月15日〔Y〕

〈スクリャービン　後期のピアノ曲〉
ソナタ　第6番 Op.62　Pf.：草川宣雄
第7番 Op.64　Pf.：加藤伸佳
第8番 Op.66　Pf.：草川宣雄
第9番 Op.68　Pf.：雨田信子
第10番 Op.70　Pf.：藤沢弥生
「焰に向かいて」Op.72*
Pf.：加藤伸佳
二つの舞曲「花飾り・暗い炎」Op.73*
Pf.：加藤伸佳
*）カラー投影つき　照明：青方浩人
〔特別演奏〕
ジュリアン・スクリャービン（スクリャービンの子息）　プレリュード　Op.3-1&2
Pf.：藤沢弥生

1969年6月13日〔Y〕

ヒンデミット　弦楽四重奏曲第4番
Vln. I：小栗まち絵　Vln. II：辰巳明子
Vla.：永富美和子　Vc.：藤原真理
ベリオ　五つの楽器と磁気テープのためのディファレンス
指揮：ルチアーノ・ベリオ
Fl.：野口龍　Cl.：浅井俊雄
Harp：ヨセフ・モルナール
Vla.：瀬尾麗　Vc.：岩本忠生
(テープ：高野昌昭)
シェーンベルク　弦楽四重奏曲第4番 Op.37
Vln. I：岩淵竜太郎　Vln. II：弓山アヤ
Vla.：野口高子　Vc.：白石将

1969年10月6日／13日〔Y〕

メシアン　「幼子イエスに注ぐ20のまな

ざし」(全曲を二晩にわけて演奏)
Pf.：木村かをり

1969年11月15日［Y］

シェーンベルク 「架空庭園の書」Op.15
Sop.：長野羊奈子 Pf.：小林道夫
シェーンベルク 二つの歌曲 Op.1
Bar.：原田茂生
シェーンベルク 二つの歌曲 Op.14
Alto：伊原直子
シェーンベルク 三つの歌曲 Op.48
Alto：伊原直子

1969年12月22日［K］

ヴァレーズ オクタンドル
Fl.：宮本明恭 Ob.：似鳥健彦 Cl.：内山洋 Bsn.：山畑馨 Hn.：宮田四郎 Tpt.：北村源三 Trb.：伊藤清 Cb.：田中雅彦
平尾貴四男 管楽五重奏曲
Fl.：宮本明恭 Ob.：似鳥健彦 Cl.：内山洋 Hn.：宮田四郎 Bsn.：山畑馨
シュトックハウゼン クロイツシュピール
Ob.：似鳥健彦 Cl.：内山洋 Pf.：本荘玲子 Perc.：有賀誠門、今村三明
ジョリヴェ ラプソディ
Cl.：内山洋 Bsn.：山畑馨 Tpt.：北村源三 Trb.：伊藤清 Perc.：有賀誠門 Vln.：田中千香士 Cb.：田中雅彦

1970年4月18日［Y］

高田三郎 前奏曲集
Pf.：木村かをり
ベルク 弦楽四重奏曲 Op.3
Vln. Ⅰ：厳本真理 Vln. Ⅱ：友田啓明 Vla.：菅沼準二 Vc.：黒沼俊夫
リゲティ 「アヴァンチュール」「ヌーヴェル・アヴァンチュール」
指揮：若杉弘 演出：栗山昌良
Sop.：林靖子 Alto：長野羊奈子
Bar.：中村義春 Fl.：宮本明恭
Hn.：千葉馨 Vc.：三谷秀樹
Pf./Celesta：本荘玲子 Cembalo：三石精一 Cb.：田中雅彦 Perc.：岡田知之
美術：水野和子 照明：いながきかつひこ

1970年5月23日［Y］

バルトーク ２台のピアノと打楽器のためのソナタ
Pf.：大江章子、喜田容子 Perc.：高橋明邦、樋口治代
ブーレーズ ル・マルトー・サン・メートル
＊作曲者ブーレーズ氏監修による
指揮：若杉弘
Alto：中山洋子 Fl.：小泉浩
Vla.：江戸純子 Guit.：伊部晴美
Vib./Xylorimba：安倍圭子、今村三明
Perc.：岡田知之
シュトックハウゼン 「若人の歌」(電子音楽)
オペレーター：デヴィッド・ジョンソン

1970年6月13日［Y］

ヒンデミット ハープ・ソナタ
Harp：木村茉莉
ヒンデミット 「マリアの生涯」
Sop.：瀬山詠子 Pf.：小林道夫

1970年9月15日［N］

〈アントン・ウェーベルン没後25年記念〉
弦楽四重奏のための五楽章 Op.5

厳本真理弦楽四重奏団（Vln. Ⅰ：厳本真理　Vln. Ⅱ：友田啓明　Vla.：菅沼準二　Vc.：黒沼俊夫）
「6つの歌」Op.14
Sop.：奥村淑子　Cl.：柿島敦、塚原建二
Vln.：植木三郎　Vc.：服部善夫
「5つのカノン」Op.16
Sop.：奥村淑子　Cl.：柿島敦、塚原建二
「ピアノ変奏曲」Op.27
Pf.：高橋アキ
「協奏曲」Op.24
指揮：若杉弘
Fl.：野口龍　Ob.：大野守　Cl.：柿島敦
Hn.：黒沢勝義　Tpt.：内田国三
Trb.：坂本辰則　Vln.：植木三郎
Vla.：江戸純子　Pf.：徳丸聡子

1970年10月9日［K］

アンドレ・ジョリヴェ　礼拝組曲
Ten.：三林輝夫　Ob.：虎谷迦悦
Vc.：脇俊文　Harp：山畑松枝
アンドレ・ジョリヴェ　ピアノ・ソナタ第2番
Pf.：木村かをり
アンドレ・ジョリヴェ　12の楽器のための12のインヴェンション
指揮：アンドレ・ジョリヴェ
Fl.：小出信也　Ob.：丸山盛三　Cl.：内山洋　Bsn.：山畑馨　Hn.：千葉馨
Tpt.：北村源三　Trb.：伊藤清　Vln.：田中千香士、武藤伸二　Vla.：白神定典
Vc.：徳永兼一郎　Cb.：田中雅彦
副指揮：本荘玲子
タデウシュ・バイルト　弦楽四重奏曲
田中千香士弦楽四重奏団（Vln. Ⅰ：田中千香士　Vln. Ⅱ：武藤伸二　Vla.：白神定典　Vc.：徳永兼一郎）

1970年12月5日［Y］

フランク・マルタン　オラトリオ「魔法の酒」（舞台上演）
（ベディエ編「トリスタンとイズー物語」による）
Sop.：1 佐野順子／2（金髪のイズー）林靖子／3（ブランジァン）牧山静江
Alto：4（白き手のイズー）宇治操／5（イズーの母親）荘智世恵／6 岩波由美子
Ten.：1 鈴木寛一／2（トリスタン）曽我淑人／3（カエルダン）前多孝一
Bar.：4（マルケ王）松本雄二／5（オエル公）塩沢孝通／6 安部嘉伸
Vln.：田中千香士、蓬田清重
Vla.：白神定典、兎束俊之
Vc.：徳永兼一郎、倉田澄子
Cb.：田中雅彦　Pf.：本荘玲子
指揮：若杉弘　副指揮：田中信昭
演出：三谷礼二　美術：阿部信行
照明：川本周二　舞台監督：田原進

1971年4月28日［A］

〈フランス現代音楽の夕べⅠ〉
〔第1部〕ストラヴィンスキー追悼特別曲目
ストラヴィンスキー　ディラン・トマス追悼
指揮：福村芳一
Ten.(声)：唐津東流
Vln.：植木三郎、板橋健
Vla.：江戸純子　Vc.：馬場省一
Trb.：平田泰資、坂本辰則、春山和雄、秋山鴻市
〔第2部〕現代フランス音楽（解説：イーヴ・クラウエ）
シャルル・シェイヌ　弦楽四重奏曲（世界初演）
Vln. Ⅰ：田中直子　Vln. Ⅱ：安永徹

Vla.：数住岸子　Vc.：毛利伯郎
モーリス・オアナ　単旋のソナチネ（ピアノ・ソロ）
Pf.：木村かをり
ベッツィ・ジョラス　四重奏曲第２番〜ソプラノ・ヴァイオリン・ヴィオラおよびチェロのための
Sop. Coloratura：三石暁美　Vln.：植木三郎　Vla.：江戸純子　Vc.：馬場省一

1971 年 5 月 12 日［K］

〈フランス現代音楽の夕べ II〉
（解説：イーヴ・クラウエ）
アラン・バンキャール　ECORSES II
Vln.：植木三郎　Cl.：柿島敦
Hn.：黒沢勝義　Pf.：高橋アキ
アントワーヌ・ティスネ　フルートとピアノのためのソナタ
Fl.：野口龍　Pf.：土屋律子
ジャン＝ピエール・ゲゼック　弦楽三重奏曲
Vln.：安永徹　Vla.：田中直子
Vc.：毛利伯郎
クロード・バリフ　IMAGINAIRE I
Fl.：小泉浩　Cl.：柿島敦　Tpt.：内田国三　Trb.：坂本辰則　Harp.：永廻万里　Vln.：植木三郎　Vc.：服部善夫
指揮：福村芳一
ジルベール・アミ　INVENTIONS I—II
Fl.：小泉浩　Pf./Csta.：高橋アキ
Harp：永廻万里　Vib./Mba.：安倍圭子
イーヴ・クラウエ　弦楽四重奏曲
Vln.：堀江悟、公門俊之　Vla.：村山弘
Vc.：三谷広樹

1971 年 6 月 18 日［A］

〈アルノルト・シェーンベルクの音楽（没後 20 周年記念）〉
幻想曲 Op.47
Vln.：小栗まち絵　Pf.：富田裕子
弦楽三重奏曲 Op.45
Vln.：梅津南美子　Vla.：江戸涼子
Vc.：倉田澄子
ピアノ曲 Op.33-a/b
Pf.：木村かをり
組曲 Op.29
指揮：熊谷弘
Cl.：内山洋　Cl.(E♭)：堀内信彦
Bass-Cl.：斉藤明　Vln.：田中直子
Vla.：安永徹　Vc.：西内荘一
Pf.：喜田容子

1971 年 10 月 13 日［A］

シェーンベルク　弦楽四重奏曲第３番 Op.30
Vln. I：梅津南美子　Vln. II：堤久美子
Vla.：江戸涼子　Vc.：毛利伯郎
メシアン　歌曲「地と天の歌」全 6 曲
Sop.：滝沢三重子　Pf.：木村かをり
ブーレーズ　ストリュクチュール第１番
Pf.：内藤純子、森葉子
ストラヴィンスキー　七重奏曲
Cl.：池松和彦　Bsn.：井料和彦
Hn.：安藤栄作　Vln.：磯恒男
Vla.：玉置勝彦　Vc.：馬場省一
Pf.：前橋由子
ストラヴィンスキー　ふくろうと子猫ちゃん（最後の作品）
Sop.：島田祐子　Pf.：入野義朗

1971 年 11 月 17 日［A］

〈日仏現代音楽の夕べ I〉
マリユス・コンスタン　“WINDS”

Fl.：小出信也、木下芳丸　Ob.：浜道晃　Cl.：浜中浩一、内山洋　Bsn.：霧生吉秀　Hn.：千葉馨、田中正大　Tpt.：北村源三、祖堅方正　Trb.：伊藤清、三輪純生、牧野守英　Cb.：田中雅彦
指揮：尾高忠明

藤田厚生　「瞑想と祭への序奏」
（イーヴ・クラウエ「現代音楽工房」提出作品）
Fl.：小泉浩　Vla.：田中直子　Pf.：木村かをり　Harp：井上久美子

石井真木　「旋転」
Perc.：有賀誠門　（テープ：高野舞台音響）

アンドレ・ブクレシュリエフ　アルシベル第4番
Pf.：木村かをり

イヴォ・マレク　彼女のためのカンタータ
Sop.：林靖子　Harp.：井上久美子
（テープ：高野昌昭）

1971年12月8日［A］

〈日仏現代音楽の夕べ II〉

セルジュ・ニグ　ピアノ・ソナタ第2番
Pf.：第1楽章＝高橋アキ／第2楽章＝平尾はるな／第3楽章＝木村かをり

共同制作 Musique pour sept cascades *
＊イーヴ・クラウエ「現代音楽工房」スタッフ（藤田厚生、藤田耕平、北爪道夫、永田みどり、長与寿恵子、野平一郎、高橋克行）
指揮：細野孝興
Fl.：斉藤隆　Cl.：亀井良幸　Hn.：鑑牧和生　Guit.：北村賢　Perc.：岡田真理子
Pf.：喜田容子　Vln.：斉藤よし子
Vla.：竹内晴夫　Vc.：藤沢俊樹

諸井誠　対話五題
尺八：横山勝也、青木静夫

北爪道夫　コンタジオン*
＊イーヴ・クラウエ「現代音楽工房」提出作品
Fl.：野口龍、青木明、西沢幸彦
Perc.：有賀誠門、菅原淳

アラン・ルーヴィエ　アグレッスールのためのエチュード
Pf.：藤沢弥生

イーヴ・クラウエ　弦楽四重奏曲（桐朋学園弦楽四重奏団のために）（新作・世界初演）
Vln. I：田中直子　Vln. II：安永徹
Vla.：川崎雅夫　Vc.：毛利伯郎

［付録2］講演（原文＝ドイツ語）

『ぼうぼうあたま』

日本語版“STRUWWELPETER”

伊藤美保

私は伊藤美保と申し、日本の“Struwwelpeter”（もじゃもじゃペーター、日本語版タイトル『ぼうぼうあたま』）の翻訳者、伊藤庸二の孫に当たります。

最初に自己紹介を簡単に致したいと思います。私は、父（光昌）の仕事の関係で、生まれて半年後に『ぼうぼうあたま』の町、フランクフルト・アム・マインにやって参り、この地で18歳まで過ごしました。

オーバーラートのグルネリウス小学校に通い、カール・シュルツェ・ギムナジウムに入学、第2学年まで席を置きました。その後、ロンドンの日本人国際学校で4年間過ごし、再びフランクフルトへ、オーバーウアセルのインターナショナルスクールでIB（国際バカロレア）を取得し、日本の大学で理工系を選択、卒業後、米国のペンシルベニア大学へ留学し、都市工学を修めました。現在、三菱総合研究所にて東南アジアの都市開発等に携わっております。

私の幼年期、フランクフルト滞在中に私の両親は、祖父の訳した『ぼうぼうあたま』を日本語でよく読んでくれました。私の幼い頃に慣れ親しんだこの絵本について、今日、このような場でお話できることは、まことに光栄に思いますとともに、祖父が多分天国で喜んでくれていると思います。本日、このような機会を私に与えてくださった、ハインリヒ・ホフマン協会の皆様及び関係者の方々に、伊藤家及びぼうぼうあたま博物館とは姉妹関係にある御宿町の名において、心から御礼申し上げます。

ぼうぼうあたま博物館が姉妹提携をした御宿町の五倫文庫の創設者、私の大祖父について、まずお話致したいと思います。

大祖父伊藤鬼一郎（1866–1932）は、太平洋に面した小さな半農半漁の町（現在人口8000人）の御宿で生まれ育ち、そこの小学校の校長をつとめておりました。伊藤家は、約250年間代々名主をこの村でつとめており、その関係から、村の子供たちの教育・躾等に長年力を入れていたようです。

1902（明治35）年の台風で小学校が壊滅し、学校がなくなってしまいました。当時、鎖国を解いて間もない日本は、混乱期にあって地方の学校再建まで中央の手が届かなかったと考えられます。そこで、村は、大祖父の指導の下、独自で学校の再建に踏み切ったのでした。村中の家が、1908年より一日一戸5厘の貯金を始めました。当時、230軒余、9年かかって3万円が集まりました。この金を元に学校の再建を行ったのです。そこでこの学校は五倫の条と5厘を掛けて“五倫黌”と名付けられました。また大祖父は、女性教育にも力を入れており、その地方では、初めての女学校を設立しました。

伊藤家には、江戸時代初期からの初等教科書がたくさん残されておりました。当時は、学校といった形のものがなく、寺子屋がその代わりをしておりました。初等教科書と申しましても、主に生活に直結したもので、例えば、「百姓往来」、「船方往来」とか、「裁縫往来」といった類いの物です。それらを大祖父は、伊藤文庫（1892）と名付けて大切に保管し、それが、今日の社団法人「五倫文庫」の礎となりました。

大祖父は、理想家であったと思われます。彼は、世界の平和は、各国々がお互いの初等教育を理解することによって、その一歩が始まると信じておりました。そこで、学校教育に携わってから、実際に使用した教科書を収集し、さらに、その収集が全世界に広がっていきました。そして、各国の初等教育を教科書から分析する作業を始めたのです。当時は、今と違い、国際的教科書の収集は、大変困難な作業であったと思います。

現在、初等教科書の蔵書は、約34,000冊に及びます。そのうち、8,000冊が、国外の教科書です。ドイツにおいては483冊、そのうちワイマール時代、第三帝国時代、戦後の西独、東独の教科書が揃っております。

その事業を継いだのが、私の祖父で『ぼうぼうあたま』の翻訳者伊藤庸二（1901–55）でした。1955年の死まで、五倫文庫の活動を積極的に進め、1950年には共益法人となり、今日に至っております。彼は、東京帝国大学工学部を卒業後、帝国海軍に入隊し、電波兵器の開発に従事しておりました。1926年、日本国からドイツ、ドレスデン工科大学に留学を命ぜられ、弱電界の碩学、真空管の研究で世界的に名高いハインリヒ・バルクハウゼン教授の下で研究、1928年に博士の称号を得ました。この留学中に、ベルリンに旅をして、ベルリン動物園駅の売店で偶然見つけたのが、“Struwwelpeter”です。彼はこの本にたいへん興味を持ち、即日本語に訳して、初めての甥に贈ったのでした。

これが日本語版『ぼうぼうあたま』です。祖父は、この1848年に刊行された本に多大な共感を覚えたらしく、繰り返し繰り返し手を入れて、今日の形にしました。訳文は、韻を踏み、大変覚えやすい文となっています。

祖父の長男、私の伯父の治昌が、3歳になった1936年、多分、ホフマン博士に倣ったと思います、この本を出版しました。これが、日本語版『ぼうぼうあたま』初版です。

この表記には、当時の表記法であった片仮名が、使われています。

当時、海軍軍人は、軍人としての責務以外、商業活動とかに携わってはならなかったようで、初版の訳者は、義理の弟の名前になっています。

初版に対する反響は、今となっては、詳しく解りません。しかし、私の親戚には、初版で育った祖父の甥姪が存在しており、彼らと話す機会を得ました。

彼らは、異口同音に、大変怖かったが、絵と文が印象的で、幼心にしっかりと入り込んできて、忘れられない非常に特異な作用があったと言

っております。彼らは、現在65～80歳の間ですが、今もなお、全文を諳んじていて、幼い頃の良き思い出になっているそうです。彼らは自分の子供、そして孫にもこの本を与えているそうです。

第二版は、1980年、私の父、伊藤光昌が中心となって、ハインリヒ・ホフマン協会、ゲアハルト・H・ヘルツォーク氏等の援助の下に出版致しました。15,000部です。第二版は、片仮名からひら仮名に直して、戦後文部省によって定められた現代表記に改めました。

日本語版第二版の出版を通じて、ハインリヒ・ホフマン協会及び、ぼうぼうあたま博物館と密接な関係が樹立しました。同博物館は、館長ヘルツォーク氏のイニシアチブの下に、日本語版『ぼうぼうあたま』の紹介、五倫文庫の紹介を積極的に推進してくれました。

さらに、この関係を深めるために、ぼうぼうあたま博物館と五倫文庫の間で、姉妹提携を結ぼうという話が、自然の成り行きとして持ち上がり、ハインリヒ・ホフマン協会、フランクフルト市及び御宿町の後押しによって実現に至りました。1991年11月、ヘルツォーク夫妻が来日、御宿町で調印されました。

第三版は、1995年に10,000部出版されました。今回の再版に際して、訳の上で一点大きな変更を余儀なくされました。

ここ数十年、日本では「差別語をなくす」と称する実に不可解な運動が、日本の文学界及びマスメディアを支配しています。日本語版がそれにひっかかったのです。クロンボという訳がそれに該当するというのです。多くのやりとりがあって、第三版は、次のように変更されました。

(略)

日本では、私の知る限りにおいて、この本に対する評価は、二つに分かれているようです。第一は、非常に子供のために良いとするグループ、第二が、子供の情操教育という観点から、残酷性において問題がある、というものです。

前者は、元来子供は、残酷であった、この本によってむしろ子供の残酷性が殺《そ》がれ、よい影響を与えると考えているように思えます。後者は、

個性尊重と言っている層に多いようで、この本の持つ残酷性が、子供たちに悪影響を与え、萎縮させると考えているようです。

前にも申しました通り、この意見は、あくまでも私の知る狭い範囲のものであって、一般論ではないということを申し添えておきます。（略）

私自身未婚で、子供はおりませんが、将来私が子供を得た場合、この本を与えると思います。

最後に、日本語版第二版の後書きを書かれた飯田善國氏のこの本に対する文を引用して私の話を終えたいと思います。

……『ぼうぼうあたま』の絵は、素人くさい素朴と稚拙を持っていることで、子供たちの心に素直に沁み込んでゆく、ある不思議な魅力を湛《たた》えているのだ。

絵が判り易いということは子供の絵本の一つの大切な要素である。その点、この『ぼうぼうあたま』は子供が判り易いように苦心し工夫して描かれている。絵が判り易いのは、起った事件や事実の因果関係が一目で判るように、ひとつの画面に継続的に統一されて描き込まれているからである。

これは日本の昔の絵巻物などに見られる手法で、子供はこういうものを好む。なぜかと言えば、眼は同一画面上を継続的に追いながら、瞬時にして因果の理法を納得できるからであり、子供はそういう世界が昔から好きなのである。子供は「なぜ？」「どうして？」「どこから？」などを連発する。それは子供の知的好奇心の最初の発現である。この絵本はそういう子供の好奇心をうまい具合に充たすように作られている。

ドイツ語から日本語に移されたテキスト訳文は、ドイツ語原文のもつリズム感と躍動感とある種の超現実主義風のブラック・ユーモアの感覚を忠実に再現しようと苦心を払っている。ところどころ脚韻さえ巧みに踏んでいるのである。

『ぼうぼうあたま』の魅力は、やはりテキストと絵との緊密な一

致にある。それらはどこか間の抜けた可笑しみのようなものと、ちょっぴり不気味さを感じさせるブラック・ユーモアとの混合である。想像力が飛び抜けて豊かというわけではないこの絵本が一つの古典として残ったのは、これらの条件を具えていたからである。

『ぼうぼうあたま』はドイツ人の発明した子供向け「十戒」であるように私には思われる。

当エッセイが収録されている
書籍の表紙

プロフィール

伊藤光昌（いとうみつまさ）

1939年生。株式会社ハーモニック・ドライブ・システムズ 取締役会長。

1970年、Harmonic Drive System GmbH（ドイツ）代表取締役。1994年、ハーモニック・ドライブ・システムズ代表取締役社長。2003~2022年、同社代表取締役会長。2008年、ドイツ連邦共和国功労勲章功労十字小綬章。1985年~ 財団法人みやぎ産業科学振興基金評議員。2009年、公益財団法人海洋化学研究所理事長。2012~2020年 公益財団法人海洋化学研究所評議員。

2017年、公益法人ハーモニック伊藤財団理事長（現任）。

海外歴：1963~1966年及び、1968~1989年、在ドイツ。

音楽活動：1967~1973年、「20世紀音楽を楽しむ会」同人。1980年以降、ハーモニックコンサート（安曇野市）主催。1988~2008年、Internationale Hugo Wolf Akademie für Gesang, Dichtung und Liedkunst e. V. Stuttgart 評議委員。

音楽のある部屋

ディレッタントの流儀

2022年８月20日　第１刷発行

著　　者：伊藤光昌

発 行 者：神田　明

発 行 所：株式会社 春秋社

東京都千代田区外神田2-18-6

電話　営業部　03-3255-9611

　　　編集部　03-3255-9614

〒101-0021　振替　00180-6-24861

https://www.shunjusha.co.jp/

装　　丁：本田　進

印刷製本：萩原印刷株式会社

定価はカバーに表示

ISBN 978-4-393-93524-8